地球の今と歴史がわかる

WHAT'S WHERE
in the WORLD

ビジュアル世界大地図

日本語版監修
法政大学教職課程センター教授
左巻健男

日東書院

A Dorling Kindersley Book
www.dk.com

Original Title: WHAT'S WHERE in the WORLD

Copyright©Dorling Kindersley Limited, 2014

Japanese translation rights arranged with
Dorling Kindesley Limited, London
through Tuttle-Mori Agency, Inc., Tokyo

[日本語版監修]

左巻健男（さまき たけお）

法政大学教職課程センター教授。1949年生まれ。栃木県出身。千葉大学教育学部卒業。東京学芸大学大学院修士課程修了（物理化学・科学教育）。中学・高校の教諭を26年間務めた後、京都工芸繊維大学教授、同志社女子大学教授、法政大学生命科学部環境応用化学科教授を経て現職。雑誌『理科の探検（RikaTan）』誌（発行元：株式会社SAMA企画）編集長。検定中学校理科教科書編集委員・執筆者。科学啓発をはじめとして編著書多数。

[翻訳] 梅田智世（うめだ ちせい）
[カバーデザイン] Cycle Design
[本文DTP] リリーフ・システムズ

ビジュアル世界大地図

2014年11月10日　初版第1刷発行

監修者　左巻健男
発行者　穂谷竹俊
発行所　株式会社 日東書院本社
　　　　〒160-0022 東京都新宿区新宿2-15-14
　　　　TEL 03-5360-7522（代表）
　　　　FAX 03-5360-8951（販売部）
　　　　振替 00180-0-705733
　　　　URL http://www.TG-NET.co.jp

本書の無断複製（コピー）は、著作権法上の例外を除き、著作権、出版社の権利侵害となります。
落丁・乱丁本はお取り替えいたします。小社販売部までご連絡ください。

日本語版 ©Nitto Shoin Honsha CO., LTD. 2014
Printed and bound in Hong Kong
ISBN978-4-528-01005-5 C0625

目 次

世界の自然

世界の生きもの

はじめに	6	はじめに	42
地殻	8	恐竜の化石	44
地震	10	捕食者たち	46
山	12	危険な生きものたち	48
火山	14	外来種の侵略	50
海底	16	鳥の渡り	52
海流	18	クジラ	54
川と湖	20	サメ	56
クレーターと隕石	22	川の怪物たち	58
暑さと寒さ	24	昆虫	60
雨と雪	26	植物の世界	62
ハリケーン	28	生物多様性	64
バイオーム	30	固有の生きもの	66
森林	32	絶滅のおそれがある動物	68
砂漠	34	絶滅した動物	70
氷	36		
時間帯	38		

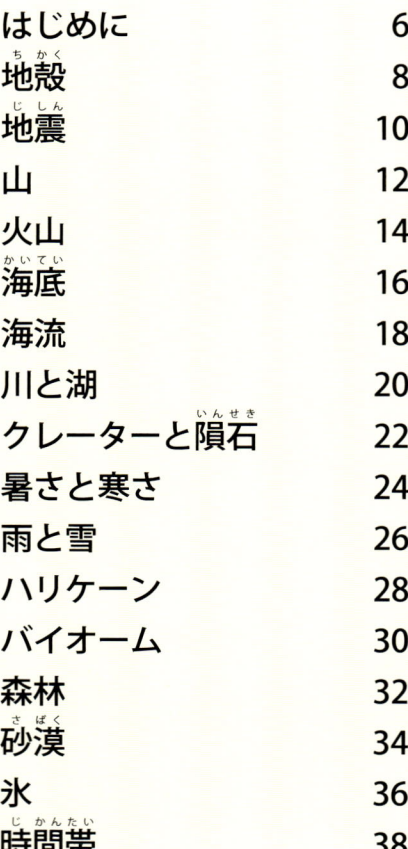

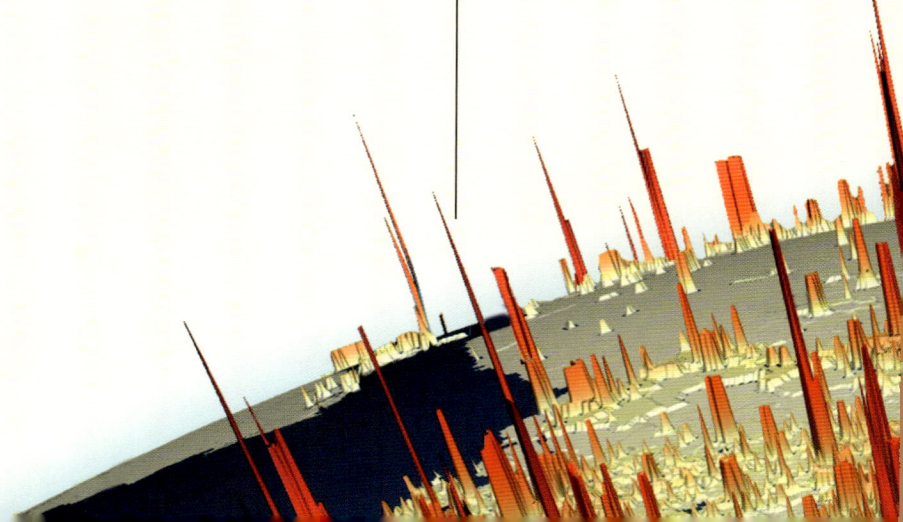

人間と地球

はじめに	74
人間の住む場所	76
遊動民	78
世界の年齢分布	80
健康	82
パンデミック	84
貧困	86
世界の金	88
億万長者	90
食料生産	92
世界の摂取カロリー	94
読み書きの能力	96
環境汚染	98
ごみと廃棄物	100
きれいな水	102
化石燃料	104
代替エネルギー	106
気候変動	108
原生地域	110

工学と科学技術

はじめに	114
航空交通	116
海上輸送	118
鉄道	120
道路	122
高層建築物	124
インターネット接続	126
人工衛星と宇宙ごみ	128
軍事力	130

世界の歴史

はじめに	134
人類の化石	136
先史時代の文化	138
古代の帝国	140
驚異の古代建造物	142
ミイラ	144
中世の偉大な建造物	146
中世の帝国	148
城	150
戦場	152
最後の帝国	154
革命	156
難破船	158
近代技術の賜物	160

世界の文化

はじめに	164
言語	166
聖地	168
旅行	170
美術	172
彫像	174
祭り	176
テレビ	178
スタジアム	180
自動車レース	182
ジェットコースター	184
世界の国旗	186
索引	188
Acknowledgements	192

世界の自然(しぜん)

スケルトンコースト(ナミビア)
スケルトンコーストは、大西洋とアフリカのナミブ砂漠の端がぶつかる場所だ。ここの年間降水量が10 mmを超えることはめったにない。

はじめに

わたしたちの惑星、地球はつねに動いている。地軸を中心に自転しながら、太陽のまわりを猛スピードでまわっている。地球の大気と海も、太陽光線に温められ、たえず動いている。地球の内側では、中心部の熱気が、休むことなく地球内部の熱い岩石をかきまぜている。地球が生命であふれているのは、そうしたさまざまな動きのおかげだ。

地球内部の動き

マントルの岩石は絶えず流動し、地表近くに上昇しては、横方向に流れ、また内部へ沈んでいく。この流動の力が、地殻のプレートを引きさいたり、地殻の一部をマントルに引きこんだりする。

海底
マントルの岩石が上昇して海底を割り、裂け目に新しい地殻ができる。

大陸
地下で動くマントルに引っぱられている。

マントル
地球中心部の熱のパワーでゆっくり循環している。

地殻
地中に沈むマントルの流れに引きずられ、地殻が壊れる。

水循環

太陽の熱で海水が蒸発すると、空気中に水蒸気ができる。上空へのぼって冷やされるにつれて、水蒸気は凝縮され、水滴や氷晶（氷の結晶）でできた雲になる。水滴や氷の結晶が大きくなると、雨や雪として下に落ちる。陸地に降った雨や雪の一部は、地表を流れて川や湖に集められ、やがてまた海へ戻る。雨の大部分は、土や岩の裂け目にしみこむ。しみこんだ水は「地下水」とよばれ、そのまま地下にとどまることもあれば、少しずつ海へ流れていくこともある。この絶えまない水の動きを「水循環」という。

植物
蒸発作用により、葉から水分を放出する。

雨と雪
空気が高地の上空にのぼって冷やされ、空気中の水滴や氷晶が増えると、雨が降る。

雲
水蒸気が凝縮され、水滴になると、雲ができる。

蒸発
海水が太陽の熱で温められ、水蒸気に変わる。

川
水をまた海へ運ぶ。

地下水
岩のあいだを流れ、一部は海へ戻る。

地球の構造

地球の一部を切りとってみれば、この惑星がいくつもの層からできていることがわかるはずだ。中心部には固体でできた内核があり、そのまわりを液体の外核がとり囲んでいる。どちらの核も、おもに重い鉄でできている。外核のまわりには、「マントル」とよばれる厚い層がある。マントルは重くてきわめて温度の高い固体状の岩石でできている。核の熱が、上昇するマントルの流れを生み、マントルの岩石をたえずゆっくりと動かしている。地殻（マントルが冷えた、硬い外側の部分）はいくつものプレートで構成されている。

大気
地球を毛布のように覆っている気体。

山脈
地殻が押され、地面がひだになると、山脈ができる。

水滴でできた雲
下層大気で天気の大きな流れを生みだしている。

💧 水の分子は、およそ3200年を海

世界の自然

太陽のエネルギー

赤道に近い熱帯では、太陽光線が直角に近い角度でまっすぐ地球にあたるため、エネルギーがぎゅっと凝縮される。いっぽう、極地の近くでは、太陽光線が斜めにあたるので、太陽のエネルギーが拡散し、加熱効果は弱くなる。そのため、極地は熱帯よりもずっと寒くなり、北極や南極に氷ができる。緯度による太陽の加熱効果の違いが、大気のかたまりや海水を動かし、風や海流を生んでいる。

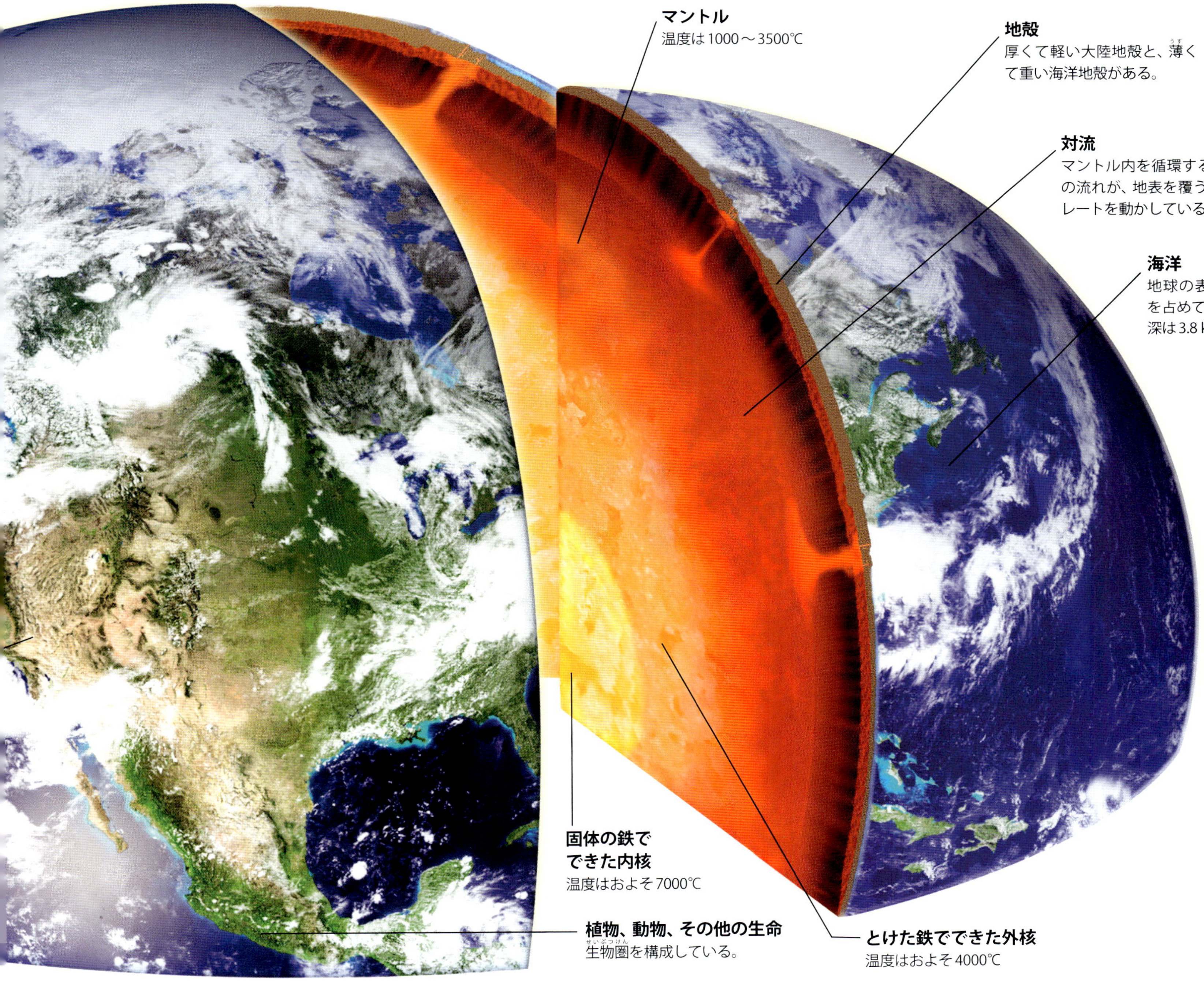

高緯度（極地の近く）
太陽光が斜めにあたるため、熱帯よりも広い面積に熱エネルギーが拡散する。

熱帯（赤道の近く）
太陽光が直角に近い角度であたるため、熱が極地よりも小さい面積に集中する。

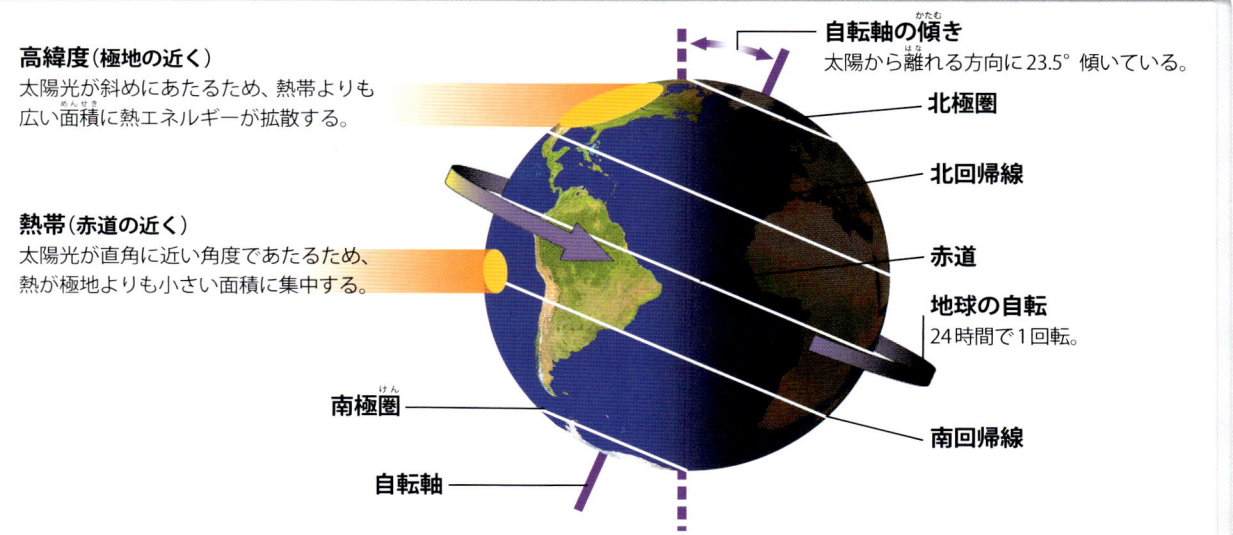

自転軸の傾き 太陽から離れる方向に23.5°傾いている。
北極圏
北回帰線
赤道
地球の自転 24時間で1回転。
南極圏
南回帰線
自転軸

マントル 温度は1000〜3500℃

地殻 厚くて軽い大陸地殻と、薄くて重い海洋地殻がある。

対流 マントル内を循環する流れ。この流れが、地表を覆う地殻のプレートを動かしている。

海洋 地球の表面積の71％を占めている。平均水深は3.8 km。

固体の鉄でできた内核 温度はおよそ7000℃

植物、動物、その他の生命 生物圏を構成している。

とけた鉄でできた外核 温度はおよそ4000℃

すごしてから蒸発し、大気中に放出される。

7

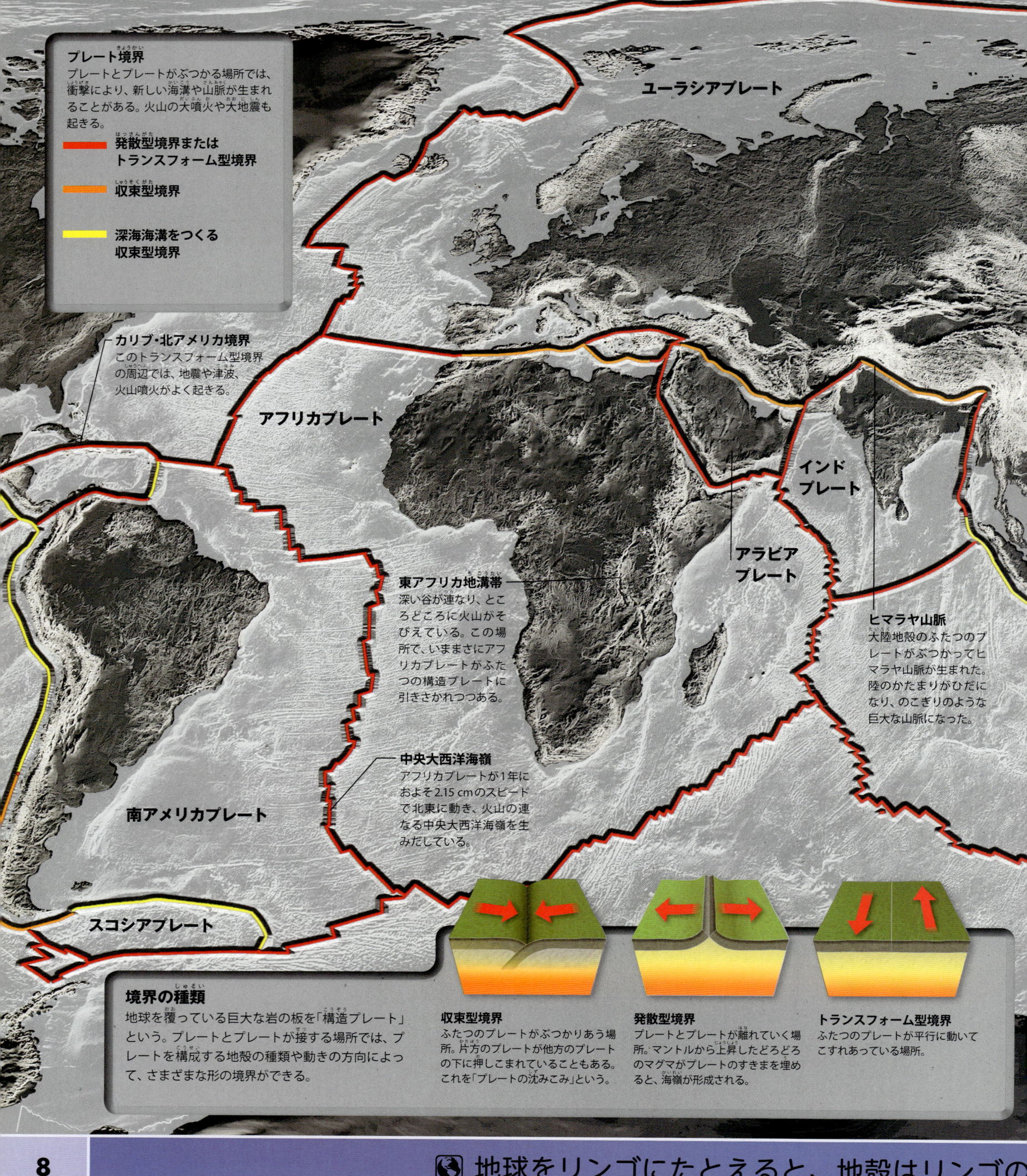

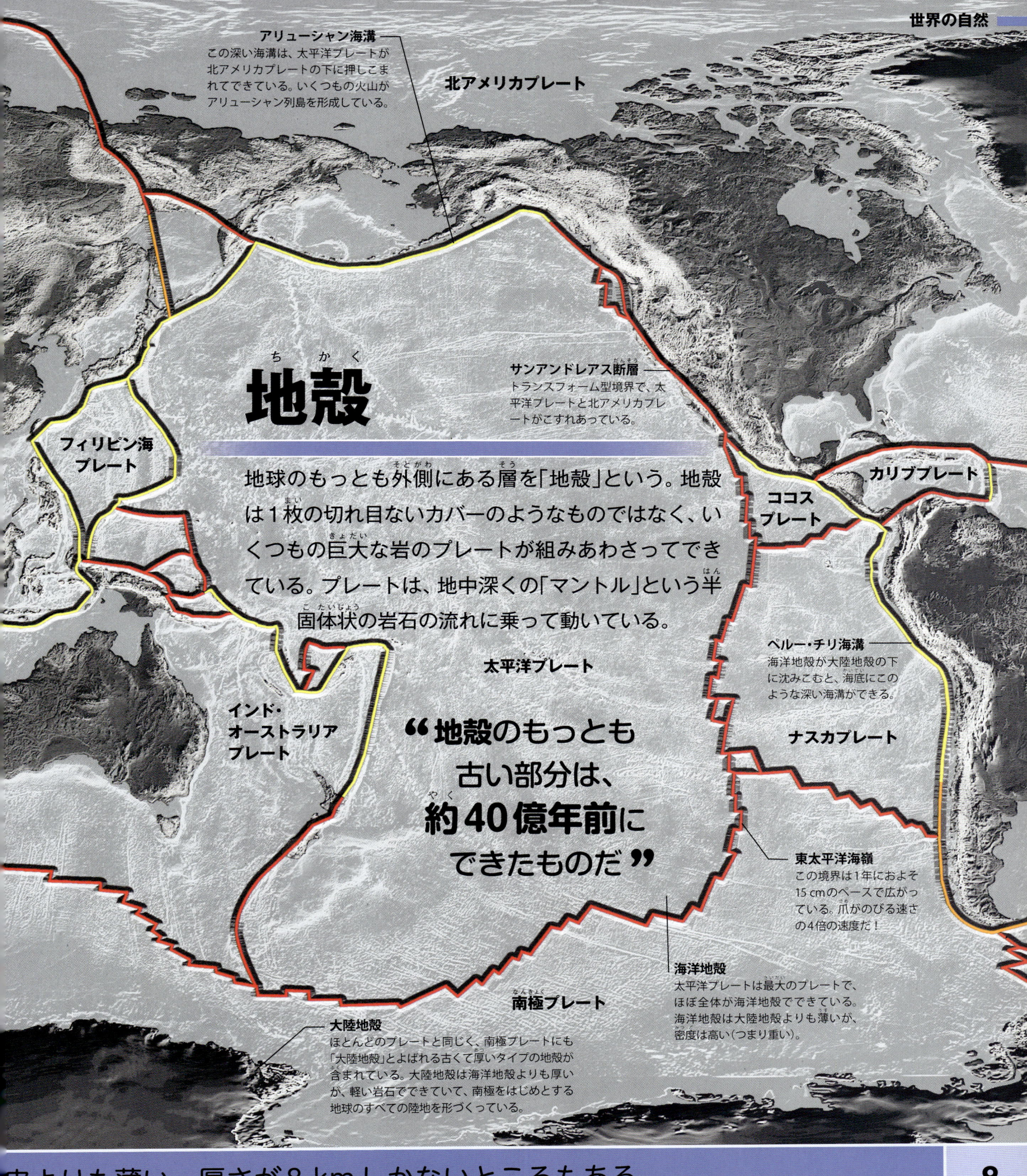

1900年以降の大きな地震

① バルディビア（チリ）—1960年5月22日
マグニチュード9.5を記録し、1655人が死亡した。津波が日本、フィリピン、アメリカを襲った。

② プリンスウィリアム湾（アラスカ州）—1964年3月27日
アラスカを襲ったマグニチュード9.2の地震。地震により15人が死亡し、さらに113人が津波により死亡した。

③ インド洋—2004年12月26日
海底を震源とするマグニチュード9.1の地震で、津波により22万7898人が死亡し、170万人が被災した。

④ カムチャツカ（ロシア）—1952年11月4日
マグニチュード9.0の地震により、太平洋全域で津波が発生した。ハワイでは、死者はいなかったが、ウシ6頭が死んだ。

⑤ 日本の東北地方—2011年3月11日
マグニチュード9.0の地震と津波により1万5000人以上が死亡し、原子力発電所が破壊された。

ポイント
この地図では、地震の発生場所と大きさ（マグニチュード）を丸で示している。マグニチュード9.0の地震のエネルギーは、マグニチュード8.0の地震の約32倍になる。

過去100年の地震
- マグニチュード7.0未満
- 7.0〜7.5
- 7.5〜8.0
- 8.1以上

史上最大規模の地震
- 記録に残る最大の地震
- 記録に残る最多死者数の地震

地震

地震の多い地帯のほとんどは、地殻を形成する構造プレートの端にある。プレートどうしが押しあうと、圧力が大きくなっていき、ついにはプレートが突然がくんと動いて、「地震波」とよばれる衝撃がまわりに伝わる。

10　　6500万年前、地球に小惑星が衝突して、マグニチュード10以上

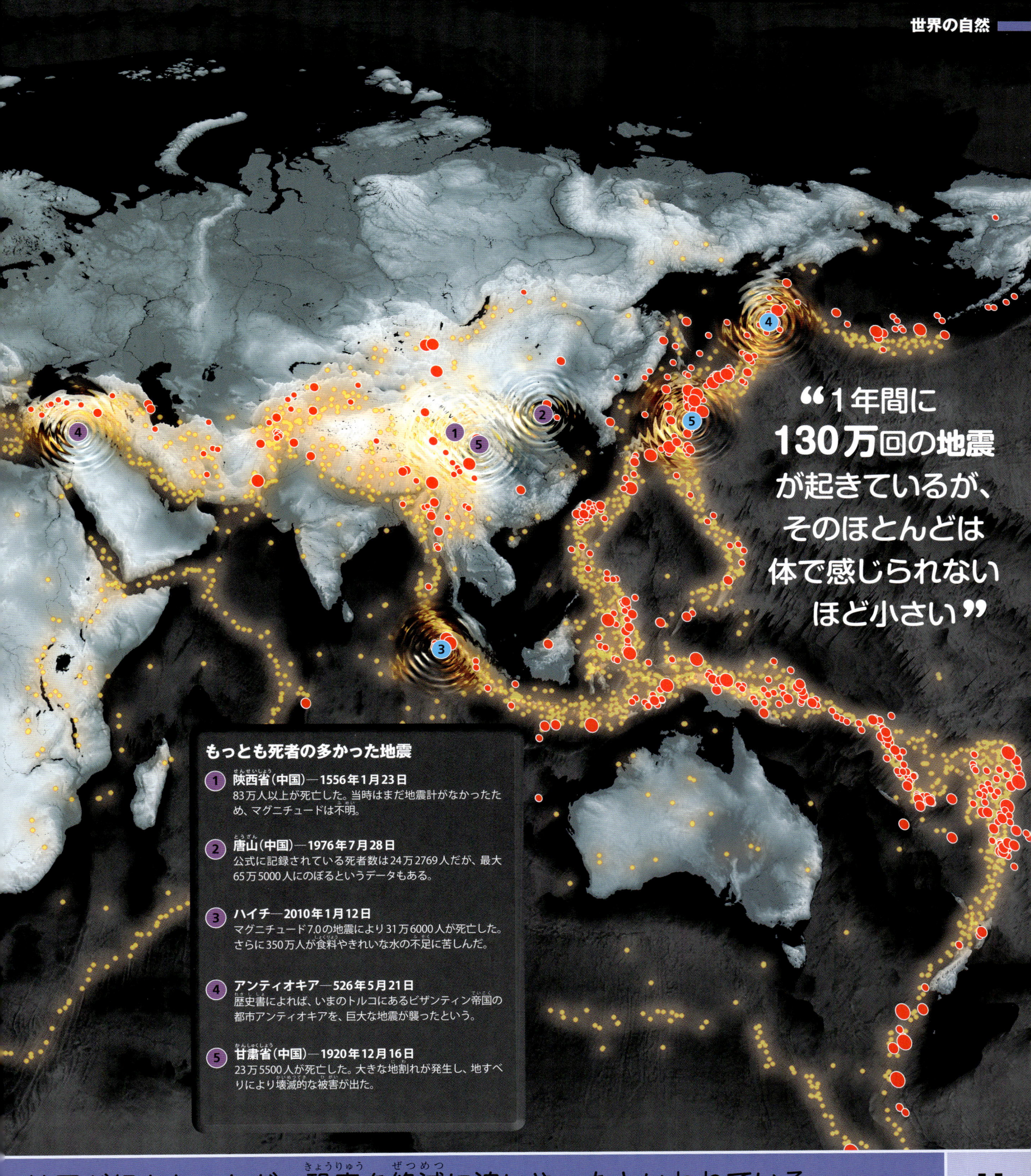

世界の自然

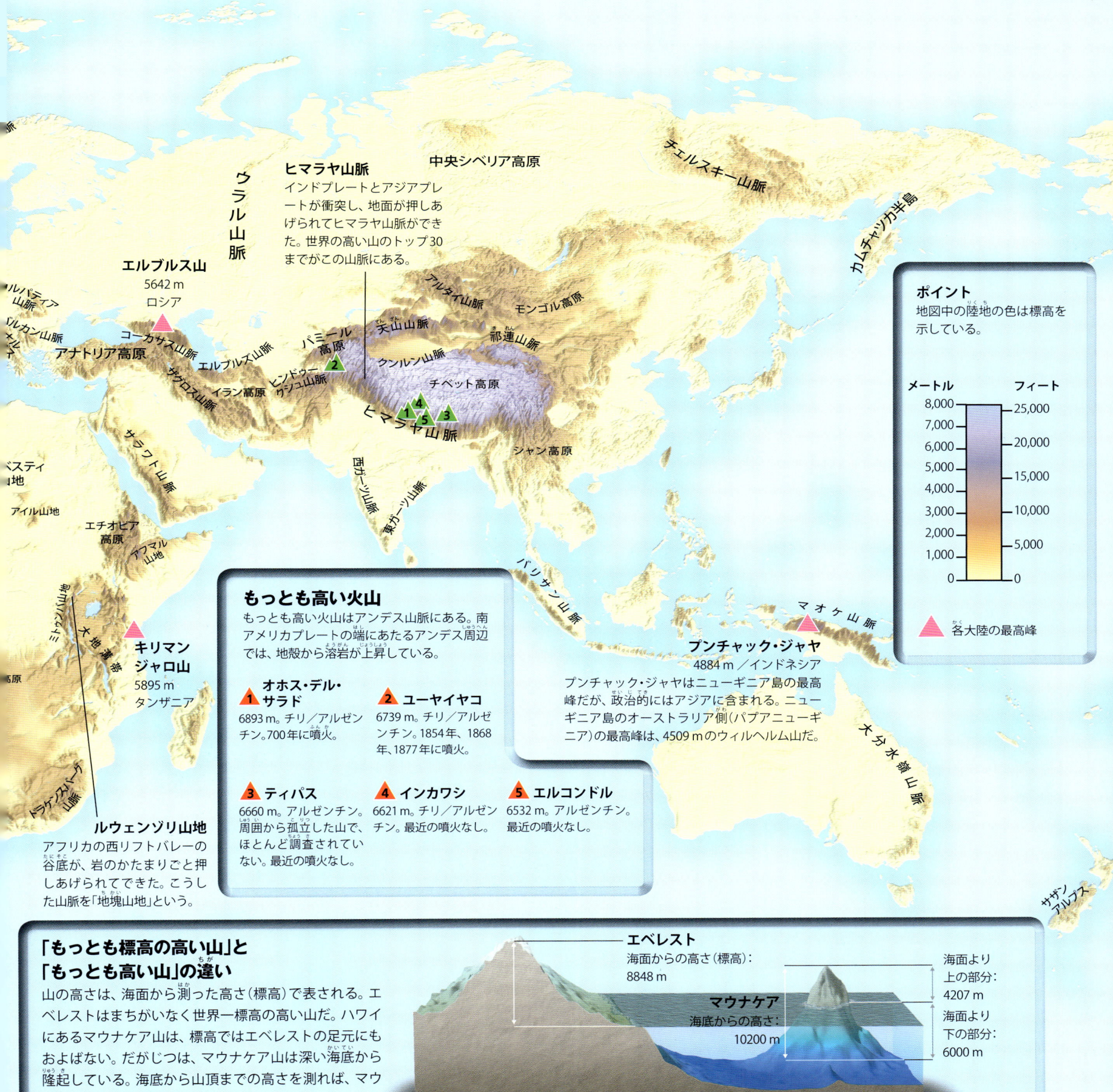

ヒマラヤ山脈
インドプレートとアジアプレートが衝突し、地面が押しあげられてヒマラヤ山脈ができた。世界の高い山のトップ30までがこの山脈にある。

エルブルス山
5642 m
ロシア

キリマンジャロ山
5895 m
タンザニア

ルウェンゾリ山地
アフリカの西リフトバレーの谷底が、岩のかたまりごと押しあげられてできた。こうした山脈を「地塊山地」という。

もっとも高い火山

もっとも高い火山はアンデス山脈にある。南アメリカプレートの端にあたるアンデス周辺では、地殻から溶岩が上昇している。

1 オホス・デル・サラド
6893 m。チリ／アルゼンチン。700年に噴火。

2 ユーヤイヤコ
6739 m。チリ／アルゼンチン。1854年、1868年、1877年に噴火。

3 ティパス
6660 m。アルゼンチン。周囲から孤立した山で、ほとんど調査されていない。最近の噴火なし。

4 インカワシ
6621 m。チリ／アルゼンチン。最近の噴火なし。

5 エルコンドル
6532 m。アルゼンチン。最近の噴火なし。

プンチャック・ジャヤ
4884 m／インドネシア
プンチャック・ジャヤはニューギニア島の最高峰だが、政治的にはアジアに含まれる。ニューギニア島のオーストラリア側（パプアニューギニア）の最高峰は、4509 mのウィルヘルム山だ。

ポイント
地図中の陸地の色は標高を示している。

メートル ／ フィート
8,000 ／ 25,000
7,000
6,000 ／ 20,000
5,000
4,000 ／ 15,000
3,000 ／ 10,000
2,000
1,000 ／ 5,000
0 ／ 0

▲ 各大陸の最高峰

「もっとも標高の高い山」と「もっとも高い山」の違い

山の高さは、海面から測った高さ（標高）で表される。エベレストはまちがいなく世界一標高の高い山だ。ハワイにあるマウナケア山は、標高ではエベレストの足元にもおよばない。だがじつは、マウナケア山は深い海底から隆起している。海底から山頂までの高さを測れば、マウナケアが世界でもっとも高い山ということになる。

エベレスト
海面からの高さ（標高）：8848 m

マウナケア
海底からの高さ：10200 m

海面より上の部分：4207 m
海面より下の部分：6000 m

のオリンポス火山。標高は25km近くになる。

13

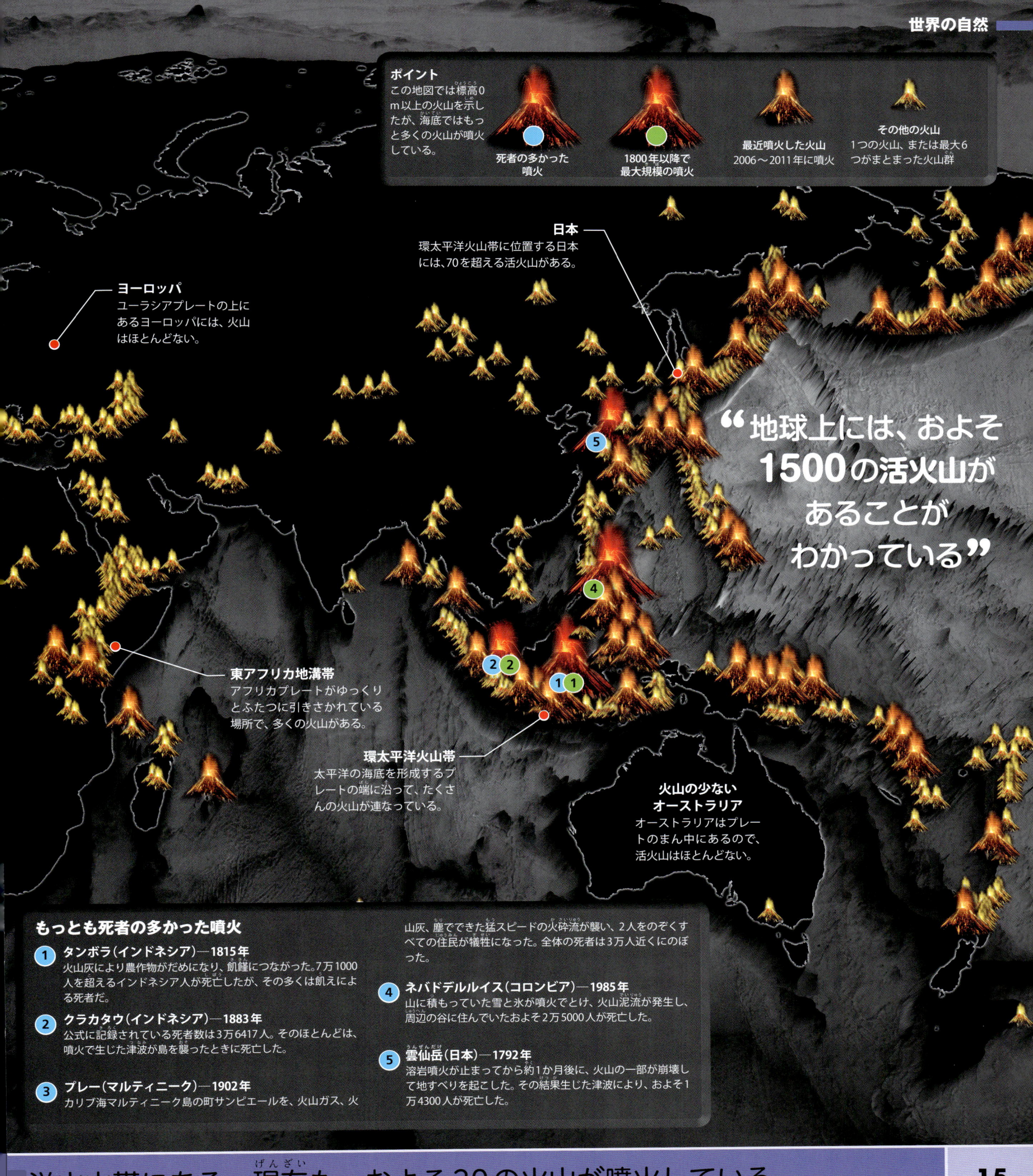

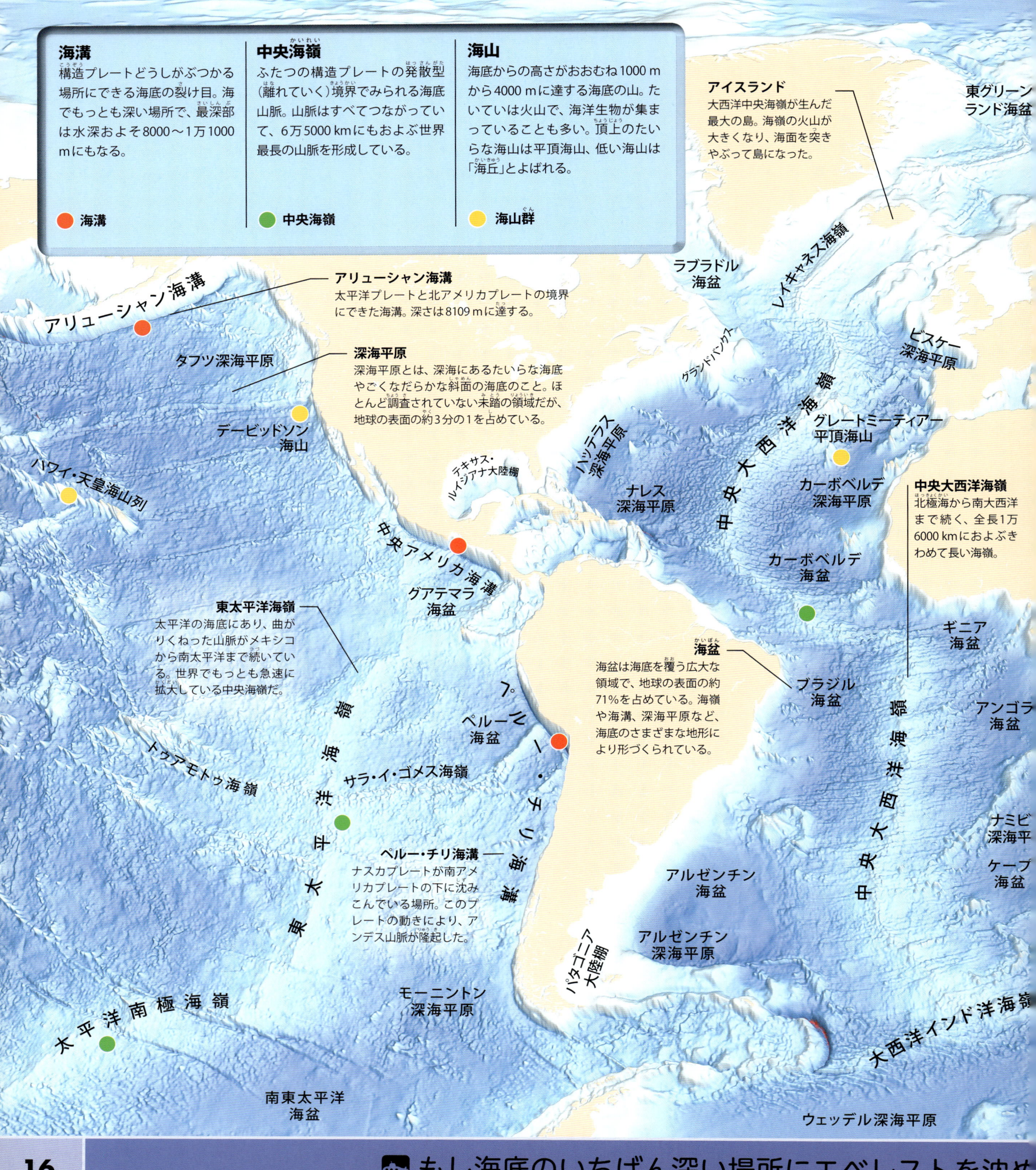

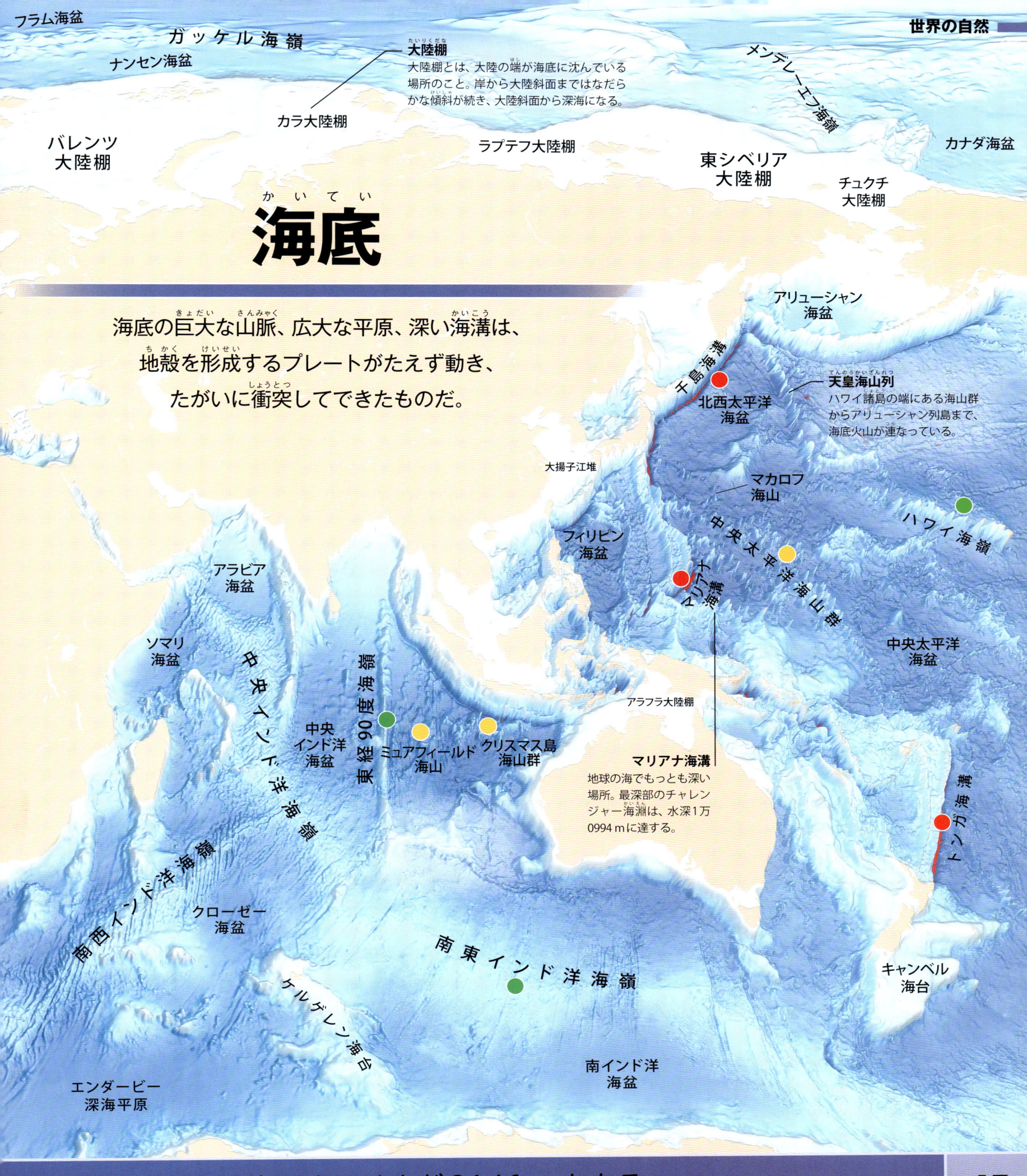

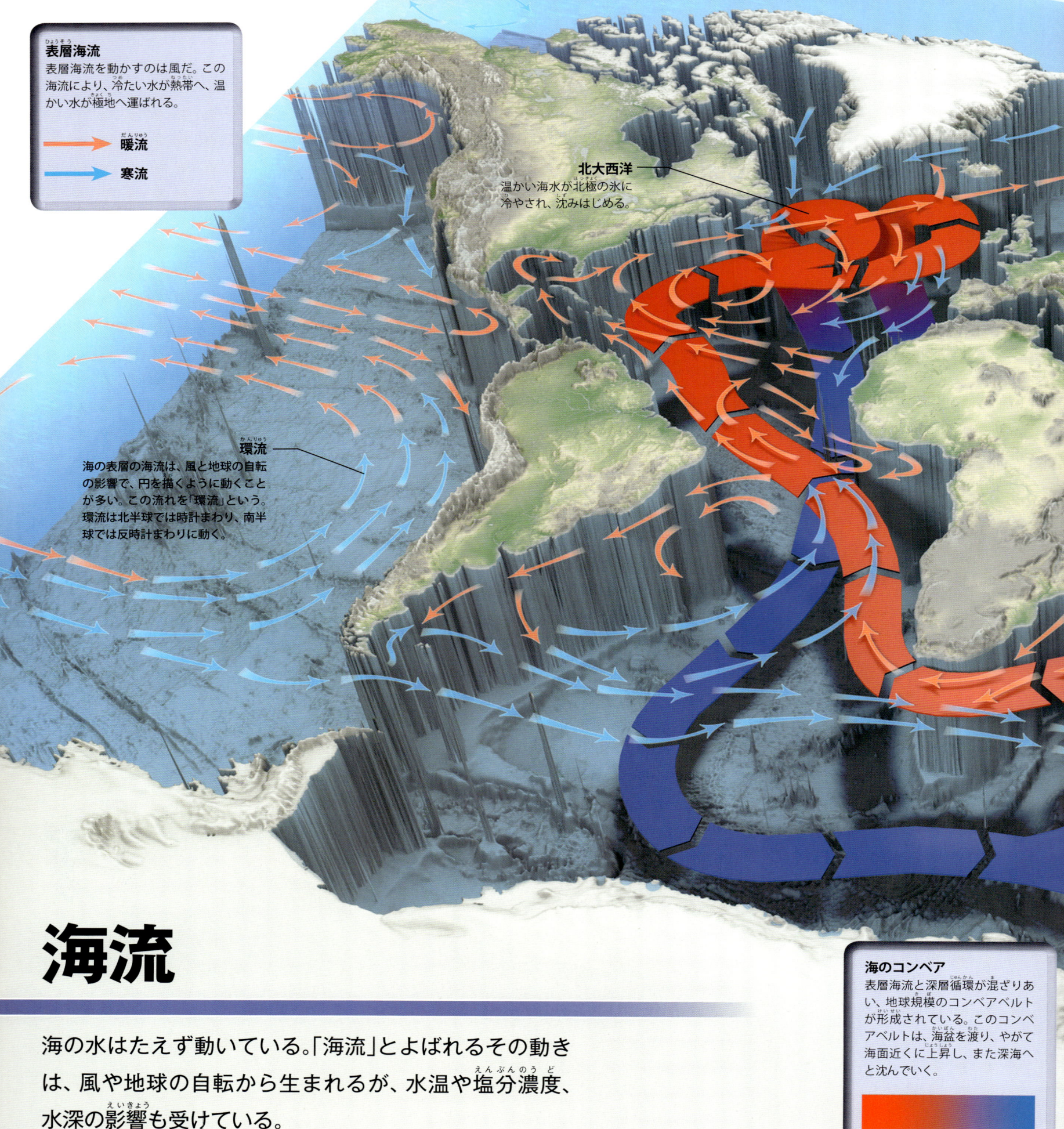

海流

海の水はたえず動いている。「海流」とよばれるその動きは、風や地球の自転から生まれるが、水温や塩分濃度、水深の影響も受けている。

表層海流
表層海流を動かすのは風だ。この海流により、冷たい水が熱帯へ、温かい水が極地へ運ばれる。

→ 暖流
→ 寒流

環流
海の表層の海流は、風と地球の自転の影響で、円を描くように動くことが多い。この流れを「環流」という。環流は北半球では時計まわり、南半球では反時計まわりに動く。

北大西洋
温かい海水が北極の氷に冷やされ、沈みはじめる。

海のコンベア
表層海流と深層循環が混ざりあい、地球規模のコンベアベルトが形成されている。このコンベアベルトは、海盆を渡り、やがて海面近くに上昇し、また深海へと沈んでいく。

温かい　　　冷たい

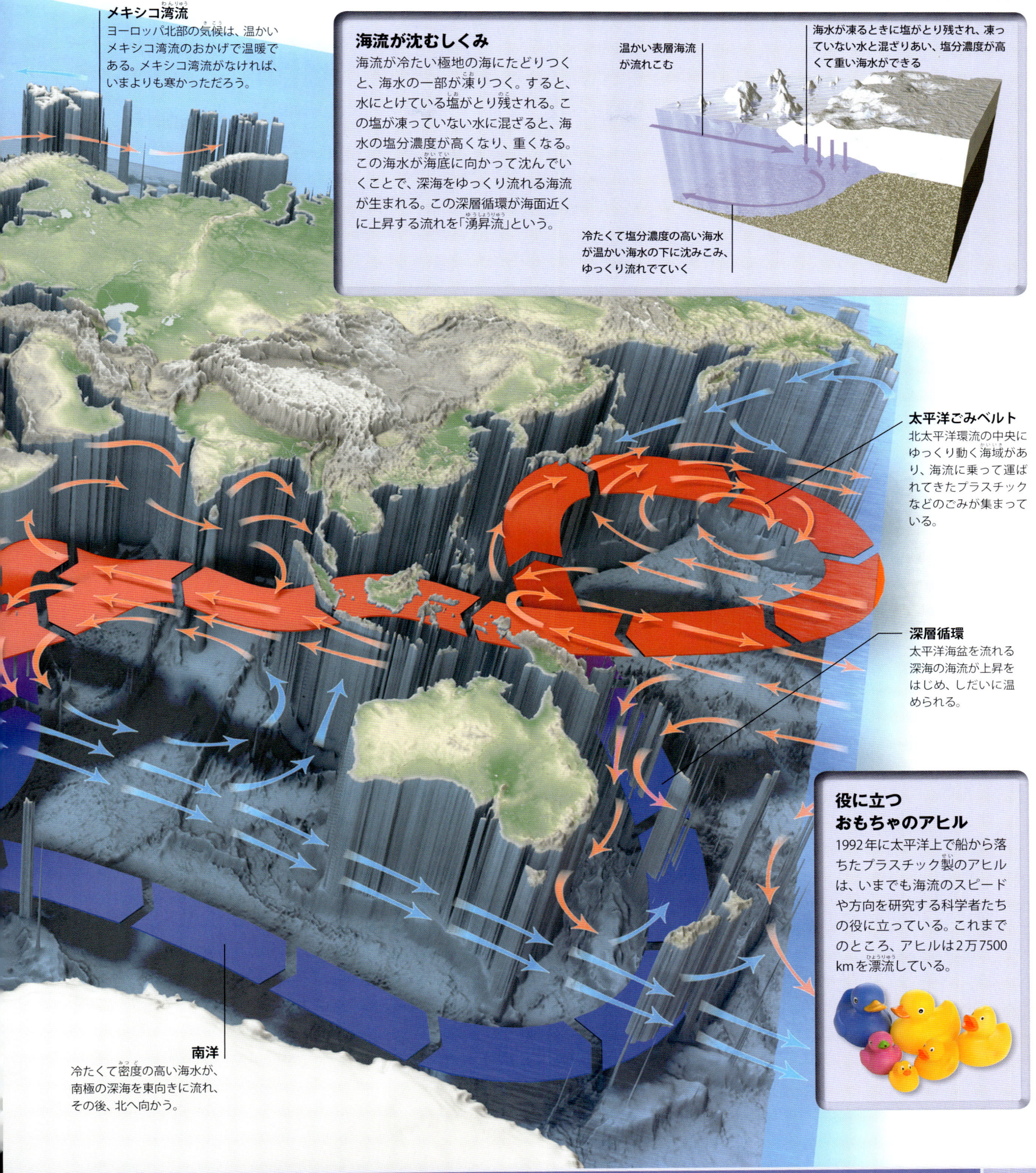

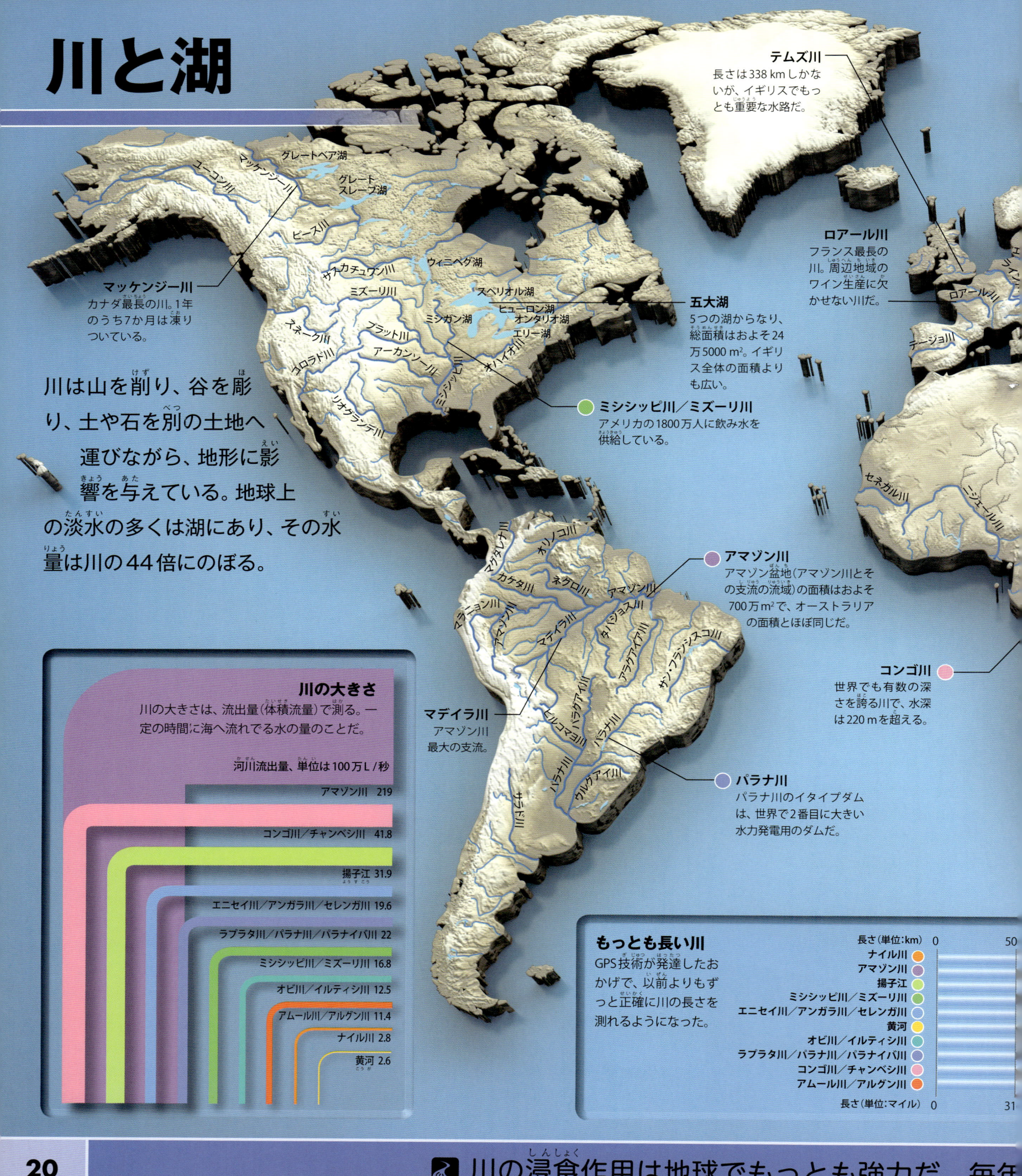

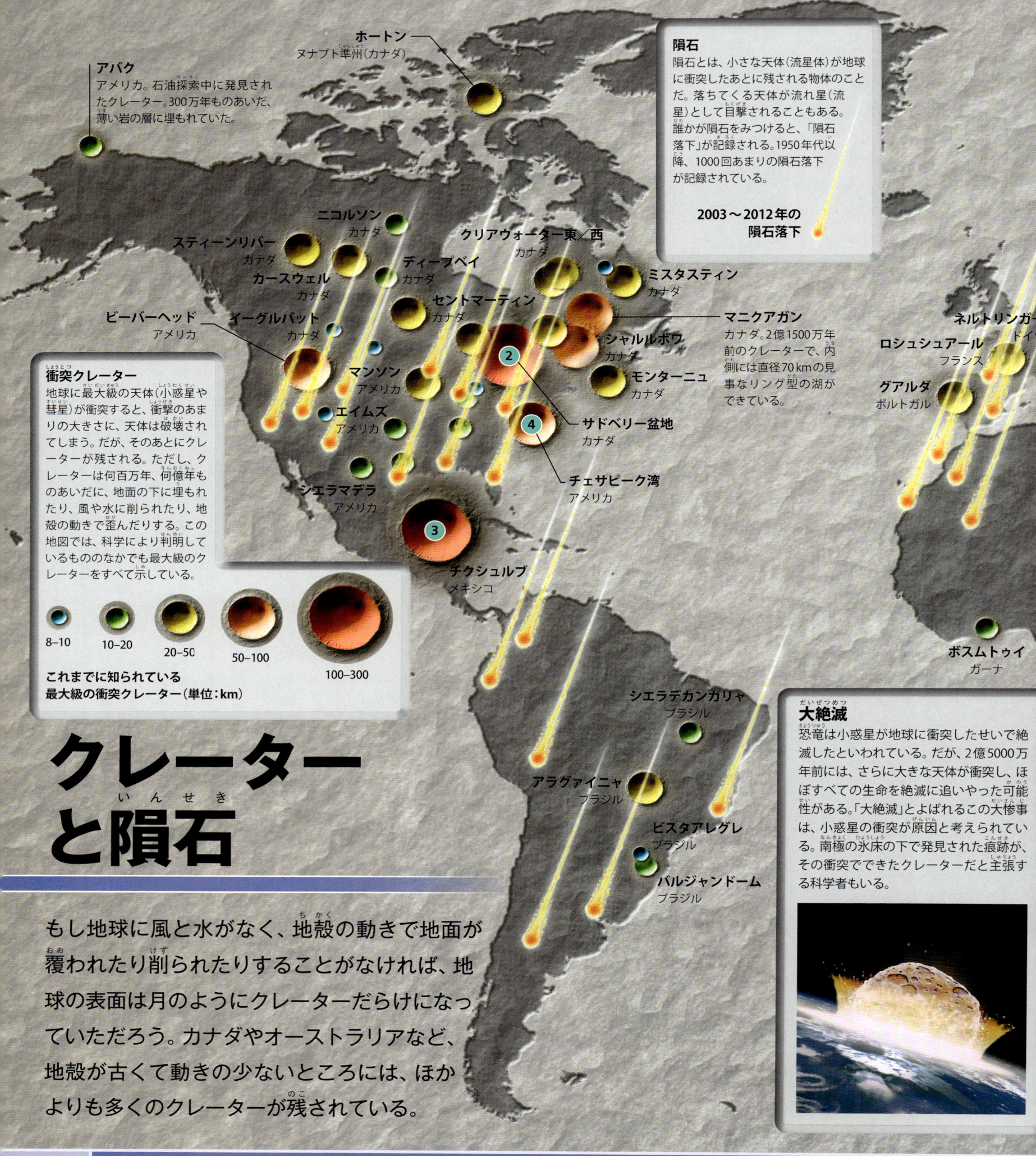

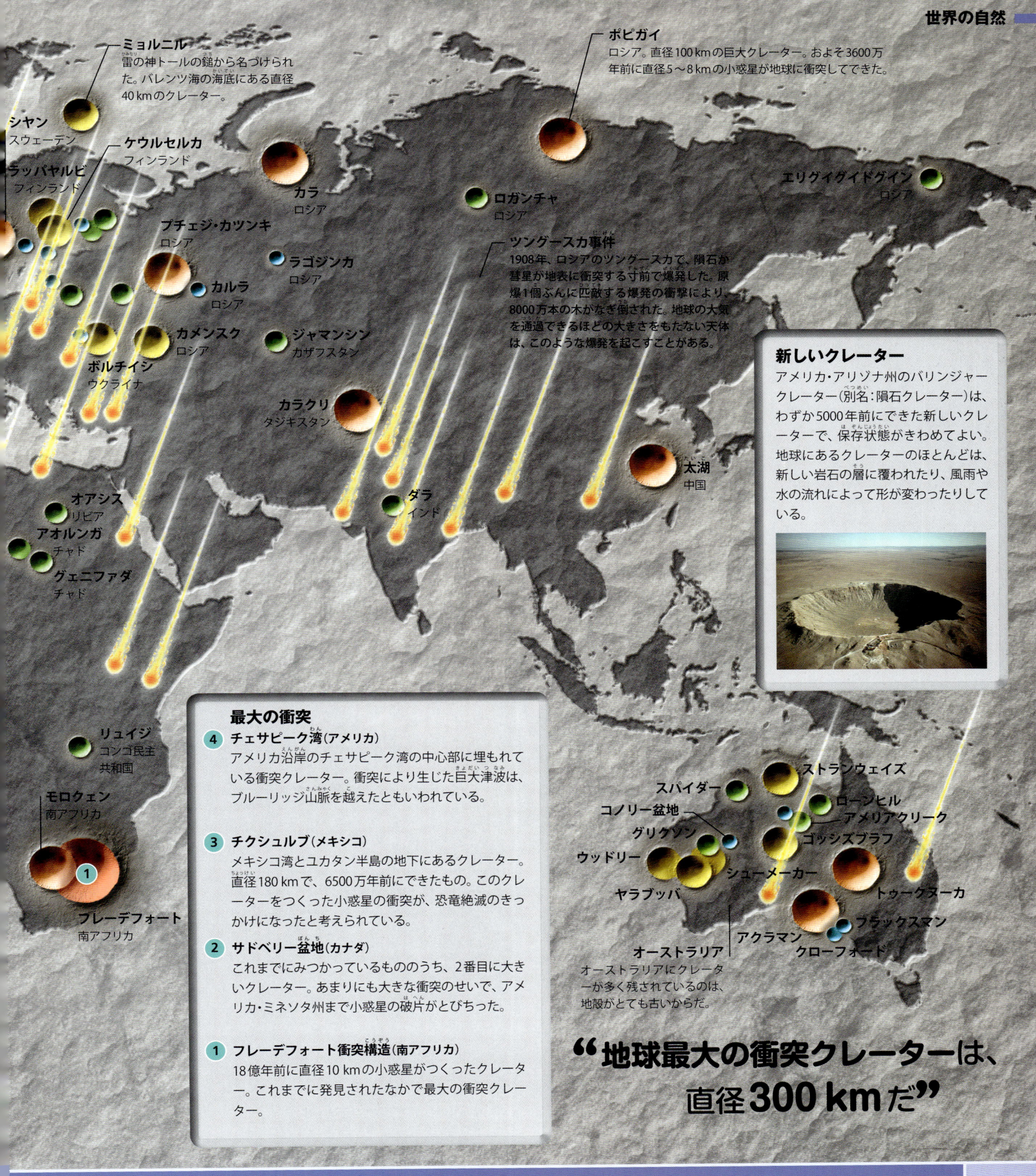

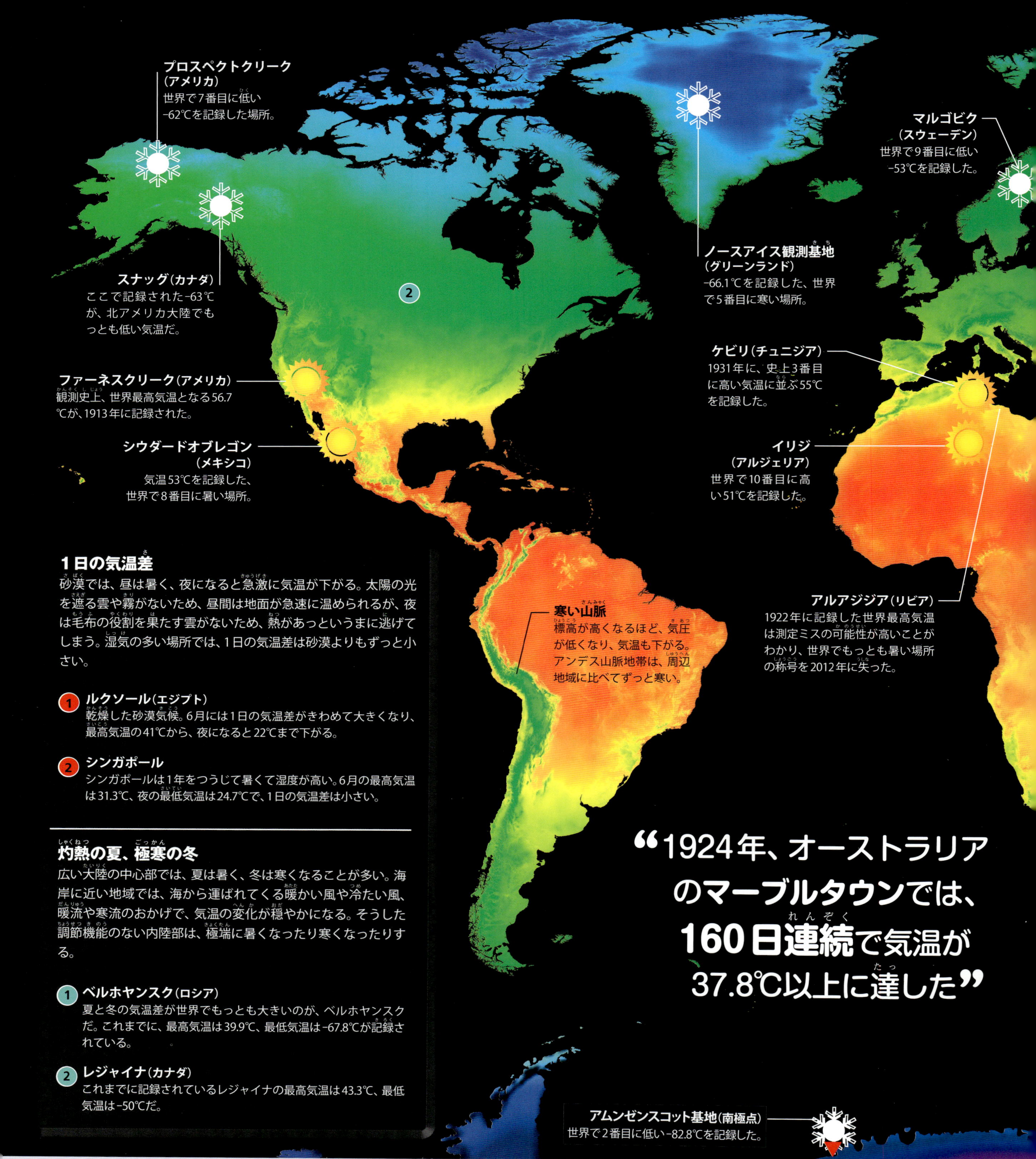

プロスペクトクリーク（アメリカ）
世界で7番目に低い−62℃を記録した場所。

スナッグ（カナダ）
ここで記録された−63℃が、北アメリカ大陸でもっとも低い気温だ。

ファーネスクリーク（アメリカ）
観測史上、世界最高気温となる56.7℃が、1913年に記録された。

シウダードオブレゴン（メキシコ）
気温53℃を記録した、世界で8番目に暑い場所。

ノースアイス観測基地（グリーンランド）
−66.1℃を記録した、世界で5番目に寒い場所。

マルゴビク（スウェーデン）
世界で9番目に低い−53℃を記録した。

ケビリ（チュニジア）
1931年に、史上3番目に高い気温に並ぶ55℃を記録した。

イリジ（アルジェリア）
世界で10番目に高い51℃を記録した。

アルアジジア（リビア）
1922年に記録した世界最高気温は測定ミスの可能性が高いことがわかり、世界でもっとも暑い場所の称号を2012年に失った。

寒い山脈
標高が高くなるほど、気圧が低くなり、気温も下がる。アンデス山脈地帯は、周辺地域に比べてずっと寒い。

1日の気温差
砂漠では、昼は暑く、夜になると急激に気温が下がる。太陽の光を遮る雲や霧がないため、昼間は地面が急速に温められるが、夜は毛布の役割を果たす雲がないため、熱があっというまに逃げてしまう。湿気の多い場所では、1日の気温差は砂漠よりもずっと小さい。

① ルクソール（エジプト）
乾燥した砂漠気候。6月には1日の気温差がきわめて大きくなり、最高気温の41℃から、夜になると22℃まで下がる。

② シンガポール
シンガポールは1年をつうじて暑くて湿度が高い。6月の最高気温は31.3℃、夜の最低気温は24.7℃で、1日の気温差は小さい。

灼熱の夏、極寒の冬
広い大陸の中心部では、夏は暑く、冬は寒くなることが多い。海岸に近い地域では、海から運ばれてくる暖かい風や冷たい風、暖流や寒流のおかげで、気温の変化が穏やかになる。そうした調節機能のない内陸部は、極端に暑くなったり寒くなったりする。

① ベルホヤンスク（ロシア）
夏と冬の気温差が世界でもっとも大きいのが、ベルホヤンスクだ。これまでに、最高気温は39.9℃、最低気温は−67.8℃が記録されている。

② レジャイナ（カナダ）
これまでに記録されているレジャイナの最高気温は43.3℃、最低気温は−50℃だ。

> "1924年、オーストラリアのマーブルタウンでは、160日連続で気温が37.8℃以上に達した"

アムンゼンスコット基地（南極点）
世界で2番目に低い−82.8℃を記録した。

24  メキシコ湾流のおかげで、ヨーロッパ北西

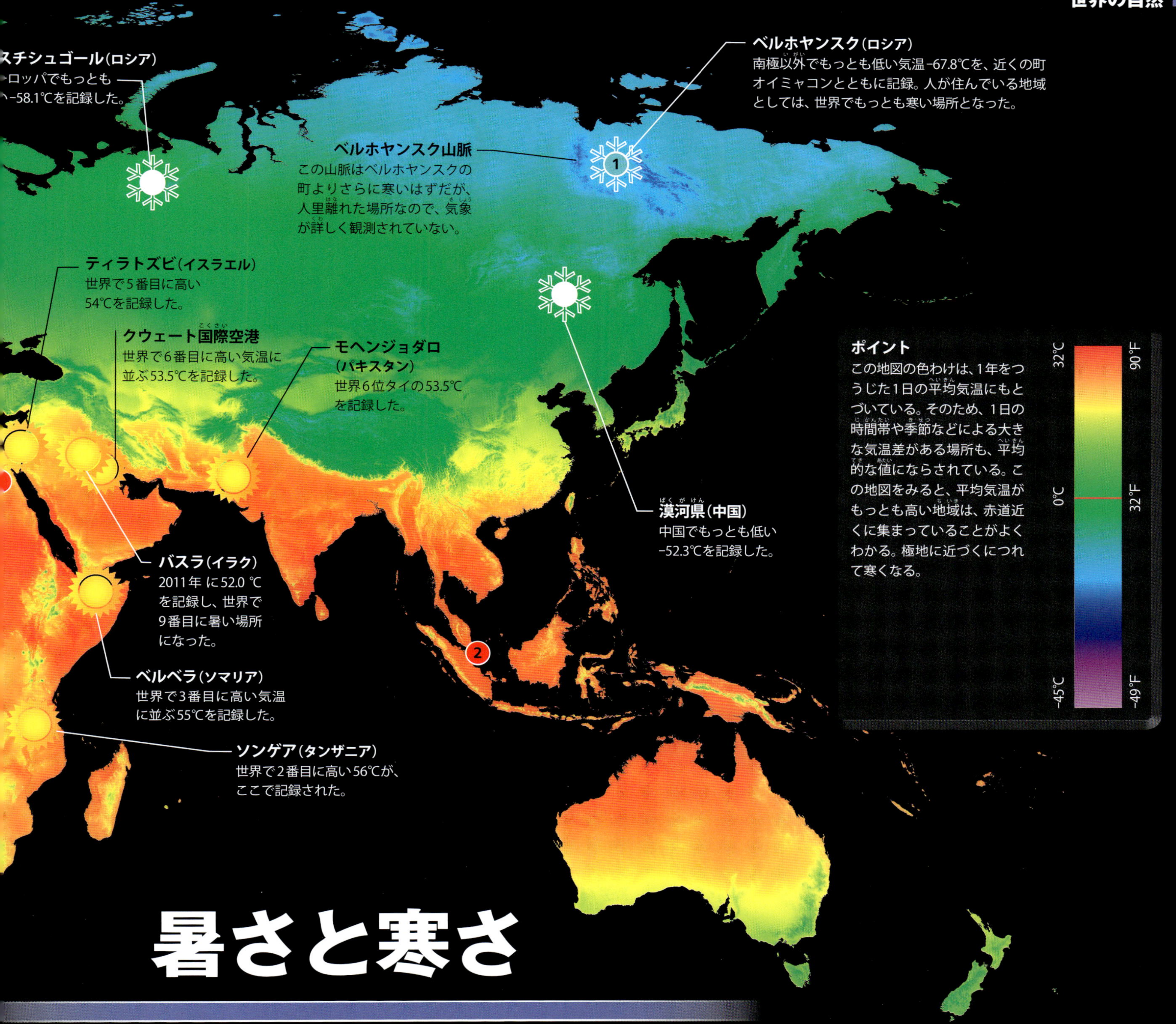

世界の自然

暑さと寒さ

場所によって暑かったり寒かったりするのは、おもに赤道との距離に関係があるが、海流や標高などの要素も大きく影響している。

スチシュゴール(ロシア)
ヨーロッパでもっとも低い−58.1℃を記録した。

ベルホヤンスク(ロシア)
南極以外でもっとも低い気温−67.8℃を、近くの町オイミャコンとともに記録。人が住んでいる地域としては、世界でもっとも寒い場所となった。

ベルホヤンスク山脈
この山脈はベルホヤンスクの町よりさらに寒いはずだが、人里離れた場所なので、気象が詳しく観測されていない。

ティラトズビ(イスラエル)
世界で5番目に高い54℃を記録した。

クウェート国際空港
世界で6番目に高い気温に並ぶ53.5℃を記録した。

モヘンジョダロ(パキスタン)
世界6位タイの53.5℃を記録した。

バスラ(イラク)
2011年に52.0℃を記録し、世界で9番目に暑い場所になった。

ベルベラ(ソマリア)
世界で3番目に高い気温に並ぶ55℃を記録した。

ソンゲア(タンザニア)
世界で2番目に高い56℃が、ここで記録された。

漠河県(中国)
中国でもっとも低い−52.3℃を記録した。

ポイント
この地図の色わけは、1年をつうじた1日の平均気温にもとづいている。そのため、1日の時間帯や季節などによる大きな気温差がある場所も、平均的な値にならされている。この地図をみると、平均気温がもっとも高い地域は、赤道近くに集まっていることがよくわかる。極地に近づくにつれて寒くなる。

ドームA(東南極)
世界で3番目に低い−82.5℃を記録した。

ボストーク観測基地(南極)
観測史上、世界でもっとも低い−89.2℃を記録した。

※2013年12月のNASA(アメリカ航空宇宙局)の発表によると、2010年8月に南極東部の尾根で−93.2℃が記録され、世界最低気温が更新された。

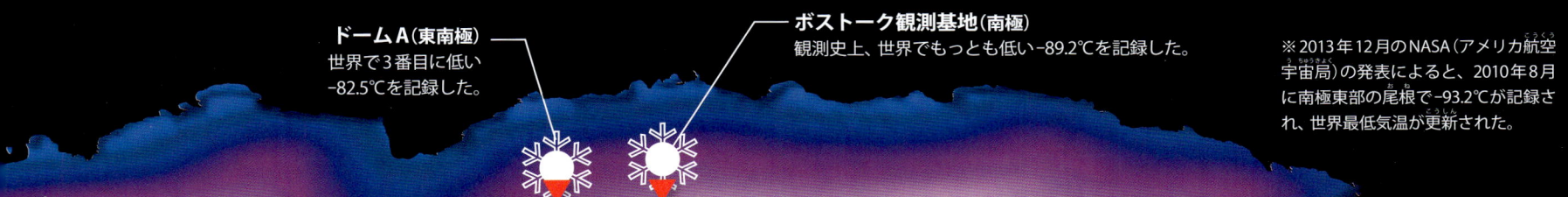

部の冬は、それよりも南の地域よりも暖かい。

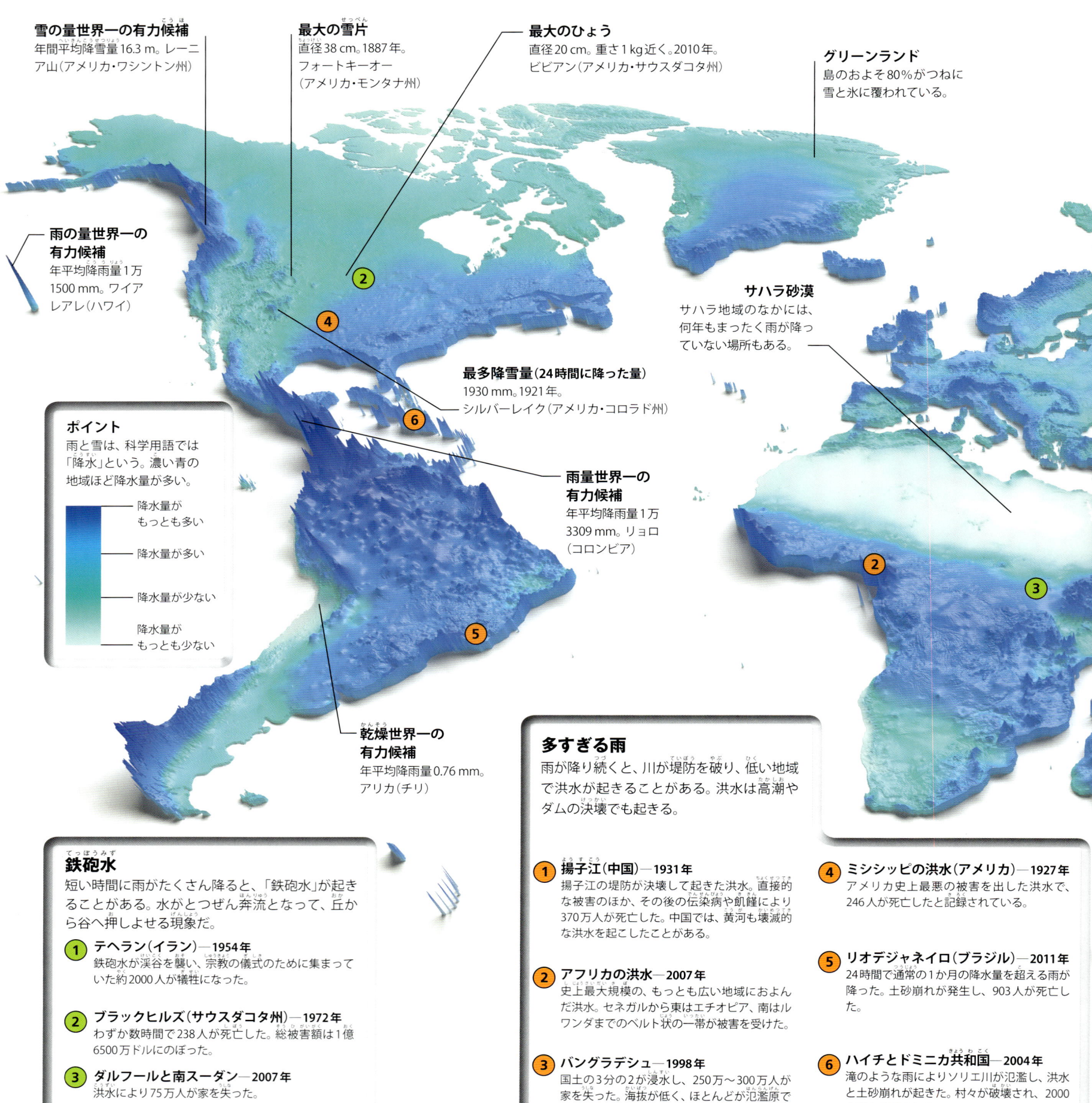

世界の自然

雨と雪

"インドのモンスーンシーズンには、1か所に**5000mm**もの雨が降ることがある"

雨の降る量は場所によって大きく違う。南アジアでは、モンスーン（雨季）に滝のような雨が降って水びたしになるが、砂漠地域のなかには、まったくといっていいほど雨が降らないところもある。極地の近くでは雪はあまり降らないが、降った雪がほとんどとけないため、1年をつうじて地面が氷の層に覆われているところもある。

最多降雨量（1か月、1年）
1か月で9300 mm、1年で2万2987 mm。どちらも1860～61年。チェラプンジ（インド）

アラビア半島
サハラ砂漠と同じく、この広大な砂漠地域では、ほとんど雨が降らない。

最多降雨量（24時間）
1825 mm。1966年。フォク・フォク（レユニオン）。サイクロン・デニスによる雨

雪の量世界一の有力候補
年間平均降雪量15 m。ニセコ（日本）

ボルネオ
ボルネオなどの赤道地域の熱帯雨林では、たいてい乾季がなく、毎日雨が降る。

オーストラリア
人が住んでいる大陸としてはもっとも乾燥している。

ニュージーランド
雨がとても多く、1年をつうじて均一に降る。

世界でもっとも乾燥した場所
南極のドライバレー。年間平均降水量0 mm。ここには雪も氷もない。

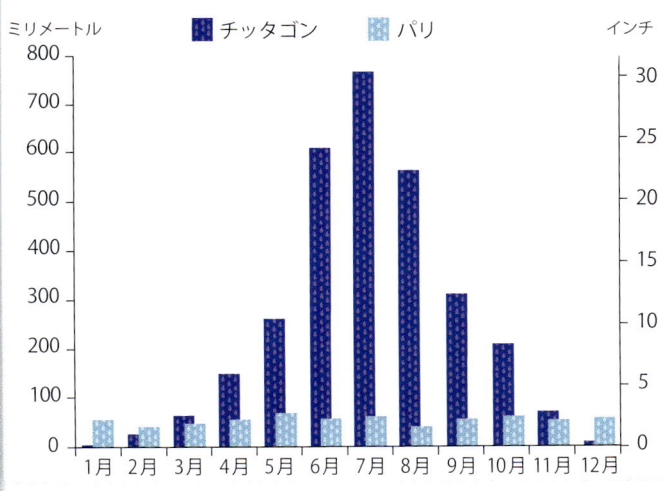

モンスーンの集中豪雨
バングラデシュのチッタゴンでは、乾季にはほとんど雨が降らないが、モンスーンの季節には滝のような雨が降る。フランスのパリでは、毎月の降雨量がほとんど変わらない。

年以上も雨が降っていない。ここには氷がない。

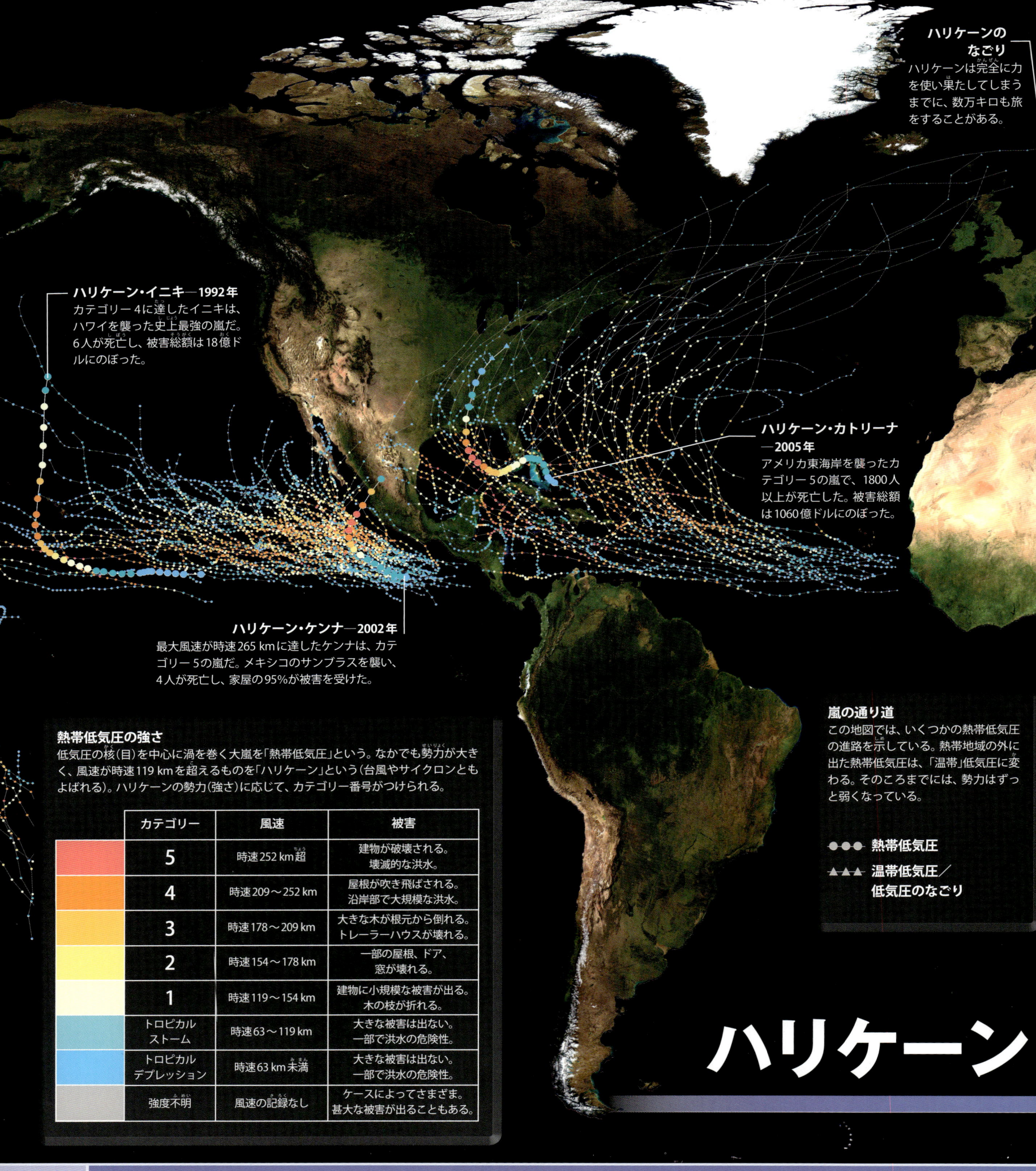

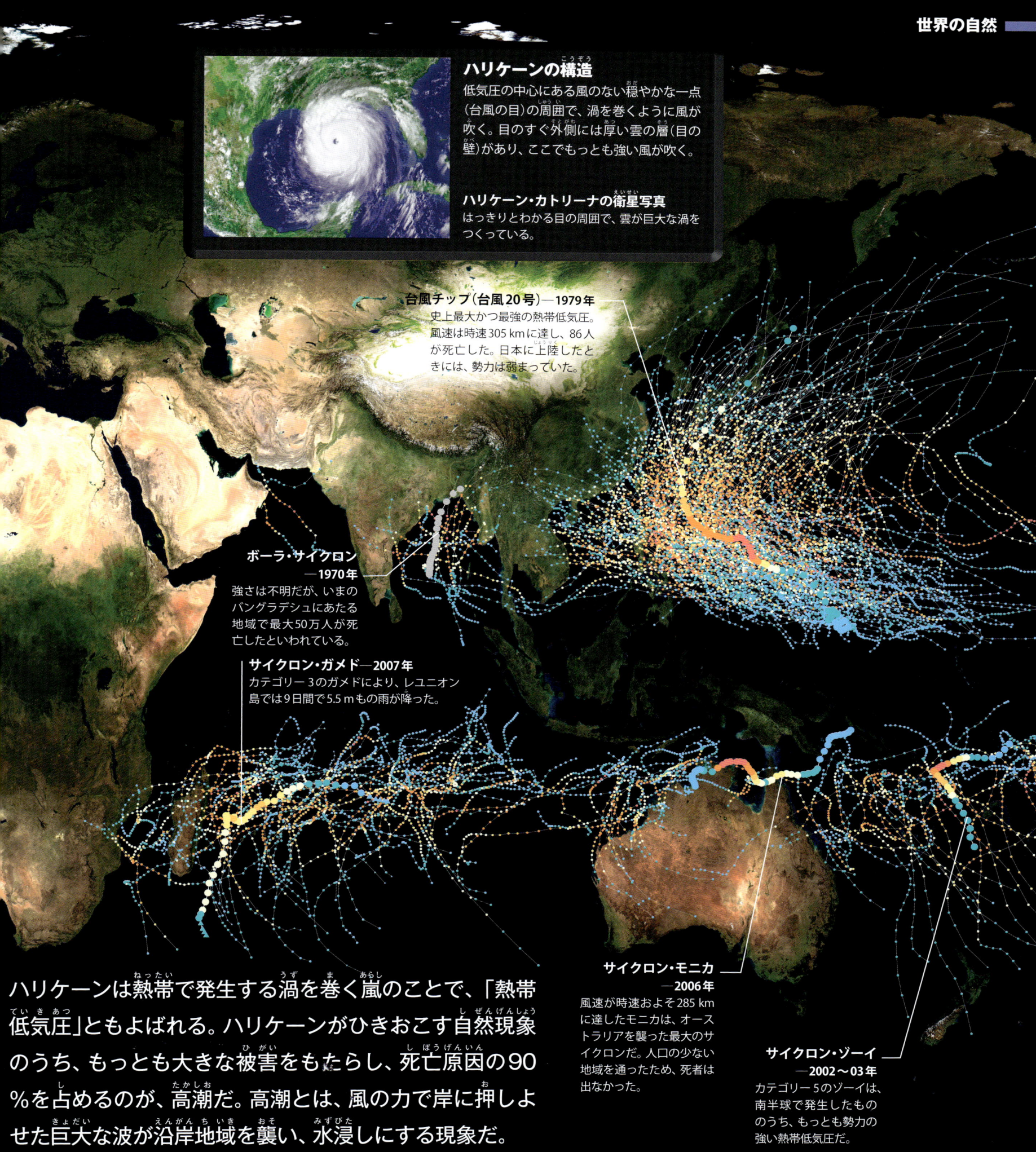

世界の自然

ハリケーンの構造
低気圧の中心にある風のない穏やかな一点（台風の目）の周囲で、渦を巻くように風が吹く。目のすぐ外側には厚い雲の層（目の壁）があり、ここでもっとも強い風が吹く。

ハリケーン・カトリーナの衛星写真
はっきりとわかる目の周囲で、雲が巨大な渦をつくっている。

台風チップ（台風20号）―1979年
史上最大かつ最強の熱帯低気圧。風速は時速305kmに達し、86人が死亡した。日本に上陸したときには、勢力は弱まっていた。

ボーラ・サイクロン―1970年
強さは不明だが、いまのバングラデシュにあたる地域で最大50万人が死亡したといわれている。

サイクロン・ガメド―2007年
カテゴリー3のガメドにより、レユニオン島では9日間で5.5mもの雨が降った。

サイクロン・モニカ―2006年
風速が時速およそ285kmに達したモニカは、オーストラリアを襲った最大のサイクロンだ。人口の少ない地域を通ったため、死者は出なかった。

サイクロン・ゾーイ―2002～03年
カテゴリー5のゾーイは、南半球で発生したもののうち、もっとも勢力の強い熱帯低気圧だ。

ハリケーンは熱帯で発生する渦を巻く嵐のことで、「熱帯低気圧」ともよばれる。ハリケーンがひきおこす自然現象のうち、もっとも大きな被害をもたらし、死亡原因の90％を占めるのが、高潮だ。高潮とは、風の力で岸に押しよせた巨大な波が沿岸地域を襲い、水浸しにする現象だ。

回転し、南半球では時計まわりに回転する。

29

湿性熱帯広葉樹林
「熱帯雨林」ともよばれる。暑くて湿度の高い森林で、さまざまな動植物が生息している。

乾性熱帯広葉樹林
1年をつうじて暑いが、長い乾季があり、多くの樹木が落葉する。

熱帯針葉樹林
暑くてうっそうとした針葉樹林で、多くの渡り鳥やチョウが冬をすごす。

温帯広葉樹林
ヨーロッパ北部でよくみられる環境で、冬に葉を落とす樹木で構成されている。

温帯針葉樹林
夏は暑く冬は寒い地域にある森林で、セコイアなどの巨木が栄えている。

亜寒帯針葉樹林
タイガともよばれる地球最大の陸のバイオーム。数種類の針葉樹だけで構成されている。

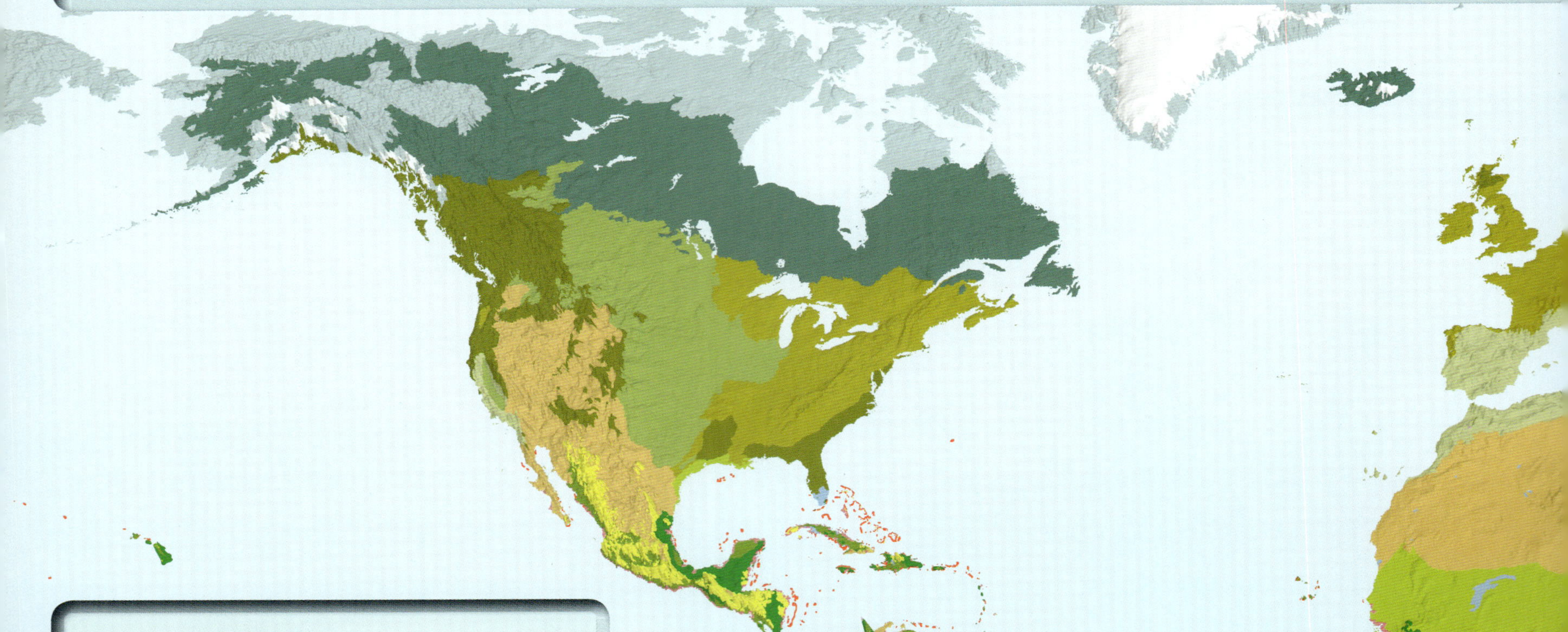

サバンナ
長い乾季と短い雨季が、まばらに木の生えた草原をつくっている。草食動物の群れが暮らしている。

氾濫草原
鳥たちが集まる沼の多い湿地帯。雨季には水があふれるが、そのほかは草原になる。

温帯草原
プレーリー、ステップ、パンパともよばれる広大で肥沃な草原で、多くは農地になっている。

山岳草原
周辺から隔たった高地にある草原。ここで生きるためには、寒さと強烈な日光に適応しなければならない。

サンゴ礁
岩礁のある浅く温かい海で、サメから小さなタツノオトシゴまで、多種多様な生きものが暮らしている。

海のバイオーム
海のバイオームも、陸に劣らず多様だ。海岸からまっ暗な深海までのあらゆる場所で、生物がさまざまな方法で生きのび、繁栄している。

マングローブ林
岸に生えるマングローブの太くからみあった根が水の流れをせき止め、沼をつくっている。

熱帯雨林の全面積は陸地の7%にも満たないのに

世界の自然

地中海性低木林
暑く乾燥した夏には火事が起きやすいが、じつはその火事こそが、このバイオームでみられる低木の芽ぶきを助けている。

砂漠と乾性低木林
砂漠の生きものは、年間250 mm未満しか雨が降らなくても生きのびる力をもっている。

ツンドラ
寒く乾燥したバイオームで、地面深くは凍ったままだ。この永久凍土が樹木の成長を阻んでいる。

極砂漠
極度に寒く乾燥しているため、ほとんどの植物は生息できない。ここで生きられるのは、ペンギンなどおもに海で暮らす動物だけだ。

"バイオーム内の植物と動物は、複雑にからみあったコミュニティを形成している"

バイオーム

バイオーム（生物群系）とは、そこにすむ動物や植物の種類によってわけられる地域のことだ。動物や植物が生きていくためには、気温、土の種類、光や水の量といった、それぞれのバイオームの条件に適応しなければならない。

地球上の全生物の半数近くがここに生息している。

31

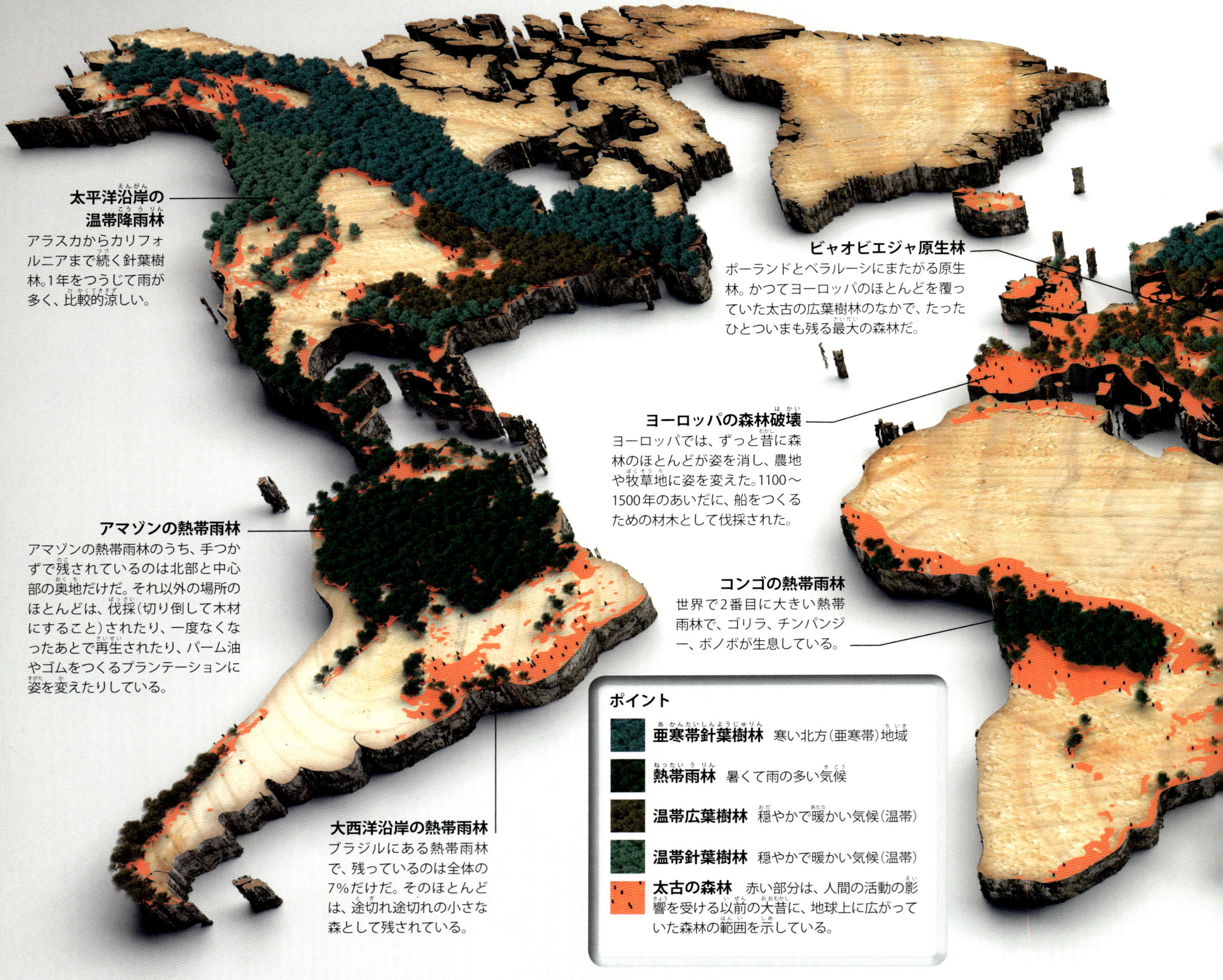

森林

太平洋沿岸の温帯降雨林
アラスカからカリフォルニアまで続く針葉樹林。1年をつうじて雨が多く、比較的涼しい。

ビャオビエジャ原生林
ポーランドとベラルーシにまたがる原生林。かつてヨーロッパのほとんどを覆っていた太古の広葉樹林のなかで、たったひとついまも残る最大の森林だ。

ヨーロッパの森林破壊
ヨーロッパでは、ずっと昔に森林のほとんどが姿を消し、農地や牧草地に姿を変えた。1100〜1500年のあいだに、船をつくるための材木として伐採された。

アマゾンの熱帯雨林
アマゾンの熱帯雨林のうち、手つかずで残されているのは北部と中心部の奥地だけだ。それ以外の場所のほとんどは、伐採(切り倒して木材にすること)されたり、一度なくなったあとで再生されたり、パーム油やゴムをつくるプランテーションに姿を変えたりしている。

コンゴの熱帯雨林
世界で2番目に大きい熱帯雨林で、ゴリラ、チンパンジー、ボノボが生息している。

大西洋沿岸の熱帯雨林
ブラジルにある熱帯雨林で、残っているのは全体の7%だけだ。そのほとんどは、途切れ途切れの小さな森として残されている。

ポイント
- **亜寒帯針葉樹林** 寒い北方(亜寒帯)地域
- **熱帯雨林** 暑くて雨の多い気候
- **温帯広葉樹林** 穏やかで暖かい気候(温帯)
- **温帯針葉樹林** 穏やかで暖かい気候(温帯)
- **太古の森林** 赤い部分は、人間の活動の影響を受ける以前の大昔に、地球上に広がっていた森林の範囲を示している。

森林は地球上の生物に欠かせない環境だ。呼吸に必要な酸素をつくりだし、土壌を守り、新鮮な水をわたしたちに提供してくれる。しかし、森林は急速に減少している。2011年までに、地球上にあった森林のおよそ半分が、人の手で切り倒されてしまった。

森林の種類
森林のタイプは気候によって決まる。どのタイプの森も、独自の樹木、林床植物、動物が集まってできている。もっとも多様な生物が生息しているのが熱帯雨林で、アマゾンだけでも地球上のすべての動植物種の30%が暮らしている。一部の熱帯雨林は常緑樹の森だが、乾季に落葉する森林もある。

温帯広葉樹林
オークやブナなどの落葉樹からなる。林床には草、シダ、低木が生える。

世界の自然

タイガ
北欧からアジアまで、ベルト状にのびる広大な亜寒帯針葉樹林。東部は野生の森だが、西部のほとんどは林業に利用され、木材や紙を製造するために管理されている。

消えゆく森林
世界の人口が増え、木材や農地、住宅地の需要が高まるにつれて、森林減少のペースが加速している。右の図は、1950年以降、ボルネオの森林が消滅していくようすを示している。

ボルネオ、1950年 　　 1985年 　　 2010年

日本
日本には、昔からある森林の多くが残っている。工業国のなかではもっとも森林の多い国だ。

ボルネオ
世界のオランウータンのほとんどが生息するボルネオの熱帯雨林は、20世紀なかば以降、50%以上も減少している（上の記事を参照）。

ニューギニア
ニューギニアの3分の2は、ほぼ人の手が入っていない熱帯雨林で、ここにしかいない多くの生きものが暮らしている。だが、伐採や鉱山開発、農業などに脅かされている。

> "いまのペースで伐採が進めば、地球上の**熱帯雨林**は**100年後**にはなくなってしまうだろう"

熱帯雨林
1ヘクタールあたり300種もの樹木が生えている。たいていは林床植物も多様だ。

亜寒帯針葉樹林
カラマツ、トウヒ、モミ、マツなどの寒さに強い針葉樹からなる。林床の大部分をコケが覆っている。

オーストラリア
ヨーロッパ人が定住してから約200年のあいだに、オーストラリアの森林のおよそ38%が姿を消した。

ニュージーランド
ニュージーランドの人里離れた南西部には、木生シダがうっそうと茂る独自の温帯降雨林が広がっている。

一場の大きさの熱帯雨林が失われている。

33

砂漠

砂漠は、氷で覆われた極地から熱帯まで、さまざまな場所にある。そのため、どの砂漠も暑いとは限らない。ただし、雨が少ないという点は共通していて、降水量は年間250ミリメートル未満かそれよりもずっと少ない。高温砂漠でも、たいてい夜は涼しい。

世界の自然

砂漠の姿
砂漠の姿はさまざまある。土壌がつくられるスピードがとても遅いため、地面はむきだしの岩石や砂礫でできていることが多い。さらさらとした砂は、風に飛ばされて砂丘になる。だが、じょうぶな草や多肉植物が土壌をつなぎとめることもある。

砂丘（「砂海」）
たえず形を変える砂の山が、植物の成長を妨げている。

岩石と砂礫
植物が育たないところでは、岩盤がみえていることが多い。

乾燥草原
砂漠に生える草が土壌をつくり、草食動物の餌となることもある。

多肉植物
水をたくわえる多肉植物がうっそうと茂る場所もある。

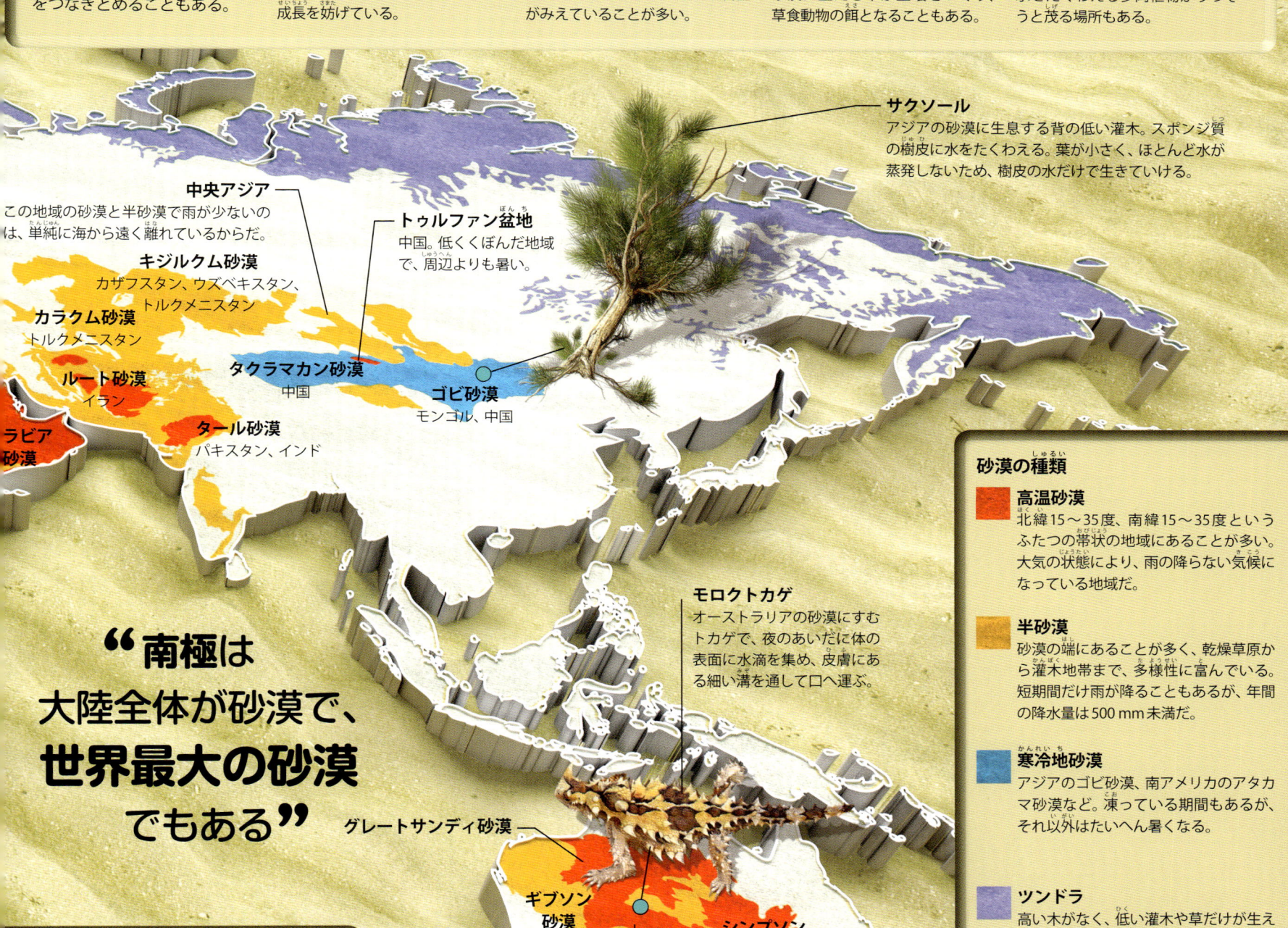

サクソール
アジアの砂漠に生息する背の低い灌木。スポンジ質の樹皮に水をたくわえる。葉が小さく、ほとんど水が蒸発しないため、樹皮の水だけで生きていける。

中央アジア
この地域の砂漠と半砂漠で雨が少ないのは、単純に海から遠く離れているからだ。

キジルクム砂漠 カザフスタン、ウズベキスタン、トルクメニスタン

カラクム砂漠 トルクメニスタン

ルート砂漠 イラン

トゥルファン盆地
中国。低くくぼんだ地域で、周辺よりも暑い。

タクラマカン砂漠 中国

ゴビ砂漠 モンゴル、中国

タール砂漠 パキスタン、インド

アラビア砂漠

モロクトカゲ
オーストラリアの砂漠にすむトカゲで、夜のあいだに体の表面に水滴を集め、皮膚にある細い溝を通して口へ運ぶ。

グレートサンディ砂漠

ギブソン砂漠

シンプソン砂漠

グレートビクトリア砂漠

> "南極は大陸全体が砂漠で、世界最大の砂漠でもある"

砂漠の種類

高温砂漠
北緯15〜35度、南緯15〜35度というふたつの帯状の地域にあることが多い。大気の状態により、雨の降らない気候になっている地域だ。

半砂漠
砂漠の端にあることが多く、乾燥草原から灌木地帯まで、多様性に富んでいる。短期間だけ雨が降ることもあるが、年間の降水量は500 mm未満だ。

寒冷地砂漠
アジアのゴビ砂漠、南アメリカのアタカマ砂漠など、凍っている期間もあるが、それ以外はたいへん暑くなる。

ツンドラ
高い木がなく、低い灌木や草だけが生える地域。年間降水量が250 mm未満なので砂漠に分類されるが、蒸発する水分が少ないため、水が不足することはない。

極砂漠
ツンドラの植物もほとんど育たない地域。北極のなかでも乾燥した寒い地域や、生きもののまったくいないグリーンランドや南極の氷床がこれにあたる。

同じ大きさ。地球の陸地の8％を占めている。

35

氷

氷は陸地の10分の1を覆っていて、そのほとんどは極地にある。地球の歴史のうち、気候がいまよりもずっと寒かったころは、いまの3倍もの面積が氷に覆われていた。

海氷

凍った海のことを「海氷」という。冬に海水の表面が凍ってできる。1年をつうじて氷がとけない場所では、厚さ6mにもなることがある。それ以外の場所では、もっと薄い。「パンケーキアイス」(右)とよばれる海氷は、厚さ10cmほどの円盤状の氷でできている。

夏の氷
極地の海氷は、夏になると面積が小さくなるが、1年をつうじて氷の下に閉ざされている海もある。

冬の氷
気温が下がると、極地の海氷が夏よりもずっと大きく広がる。

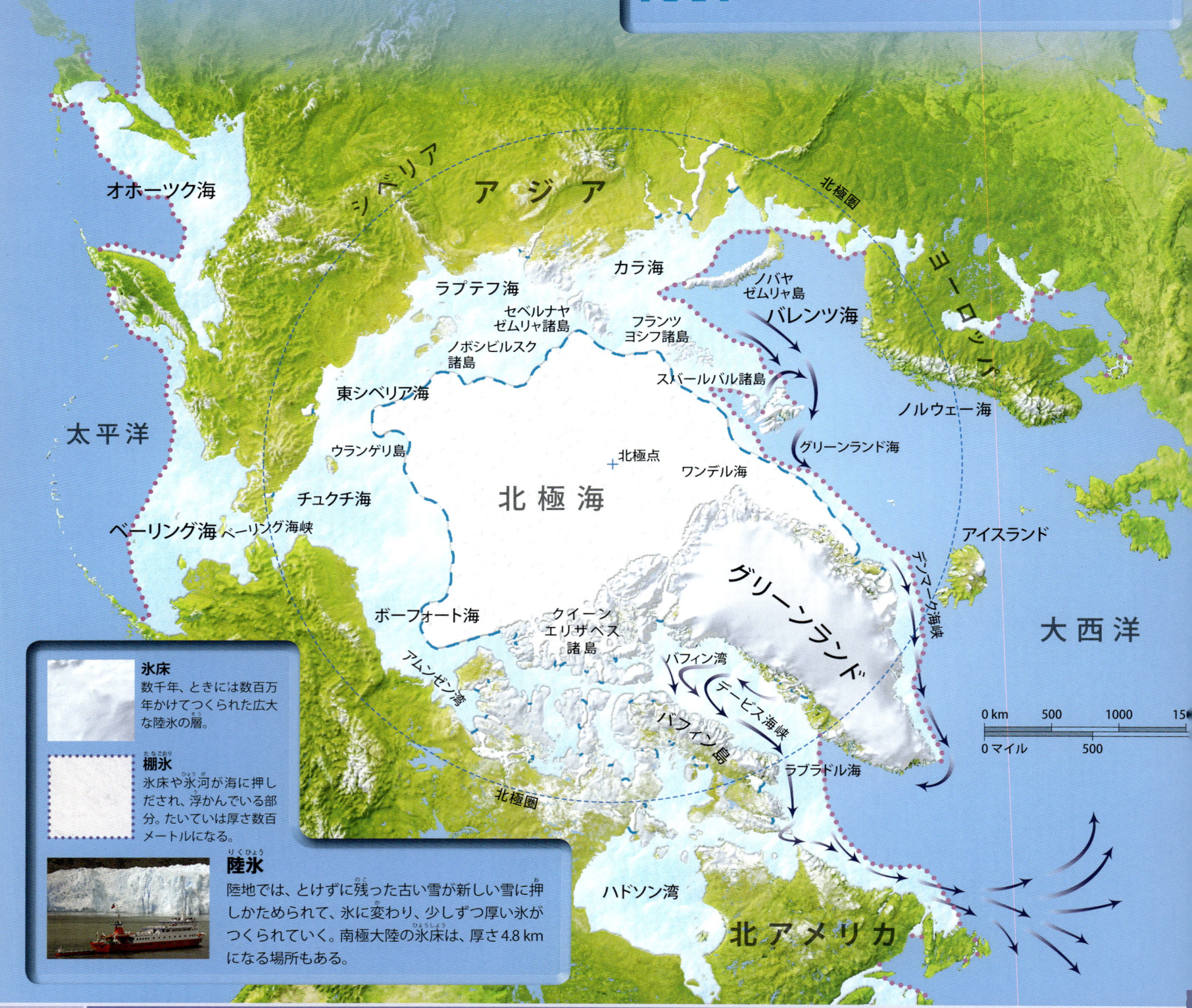

氷床
数千年、ときには数百万年かけてつくられた広大な陸氷の層。

棚氷
氷床や氷河が海に押しだされ、浮かんでいる部分。たいていは厚さ数百メートルになる。

陸氷
陸地では、とけずに残った古い雪が新しい雪に押しかためられて、氷に変わり、少しずつ厚い氷がつくられていく。南極大陸の氷床は、厚さ4.8kmになる場所もある。

オホーツク海 / シベリア / アジア / 北極圏 / カラ海 / ノバヤゼムリャ島 / ラプテフ海 / セベルナヤゼムリャ諸島 / フランツヨシフ諸島 / バレンツ海 / ヨーロッパ / ノボシビルスク諸島 / スバールバル諸島 / ノルウェー海 / 東シベリア海 / グリーンランド海 / 太平洋 / ウランゲリ島 / 北極点 / ワンデル海 / アイスランド / チュクチ海 / 北極海 / デンマーク海峡 / ベーリング海 / ベーリング海峡 / ボーフォート海 / クイーンエリザベス諸島 / グリーンランド / 大西洋 / アムンゼン湾 / バフィン湾 / デービス海峡 / バフィン島 / ラブラドル海 / 北極圏 / ハドソン湾 / 北アメリカ

0 km 500 1000
0 マイル 500

36　北大西洋で目撃された最大の氷山は、海面からの高

世界の自然

南極海

プリンス エドワード諸島
クローゼー諸島
ケルゲレン諸島
ハード島とマクドナルド諸島

南アメリカ
フォークランド諸島
サウスジョージア島
サウスサンドウィッチ諸島
スコシア海
サウスオークニー諸島
ドレーク海峡
ウェッデル海
ラーセン棚氷
バークナー島
フィルヒナー棚氷
ロンネ棚氷
ベリングスハウゼン海
アムンゼン海

フィンブル棚氷
リーセルラーセン棚氷
ブラント棚氷
アメリー棚氷
ウエスト棚氷
シャクルトン棚氷
ロス棚氷
ロス海

南極圏
南極大陸
南極点

デービス海
インド洋
太平洋

氷河と氷床
氷河は陸氷で、世界中のさまざまな山岳地域で誕生する。この「氷の河」はゆっくり山をくだり、やがて先端がとけたり、海に流れでたりする。氷河の通り道には深い谷が刻まれ地形も大きく変わる。最大級の氷河は、グリーンランドや南極大陸といった極地の陸地を覆っている氷床だ。

氷山
沿岸部では、波や海流、潮流により、氷床や氷河のかたまりが本体から切り離され、氷山として沖へ漂っていく。海上に顔を出している部分は、氷山全体の12％ほどにすぎない。

→ 氷山の進路
地図中の矢印は、海流に乗って漂うふたつの氷山を衛星で追跡した進路を示している。

■ 氷河

が168mもあった。これは55階だてのビルより高い。

37

時間帯マップ

この地図は、協定世界時（UTC）の昼の12時を示している。世界中のすべての時間は、UTCを基準に設定されている。縦の列は時間帯を表している。プラスやマイナスの数字は、それぞれの時間帯とUTCとの時差だ。時計を正しい時刻にあわせて、時間帯の境界と境界のちょうど中間に立つと、昼の12時に太陽がもっとも高い位置にくる。

時間帯

地球は自転しているので、ある地域が太陽に面していると、それ以外の地域は夜になる。太陽が空のいちばん高いところにある時間を「正午」とよぶため、正午のタイミングは場所によって違ってくる。それを調整するため、地球はいくつかの時間帯にわけられている。

昼と夜
地球儀の上では、昼と夜の境界を南北に走る1本の直線としてみることができる。この地図のように地球を平面で表すと、昼のエリアと夜のエリアは釣鐘型になる。

北半球の夏
地球の地軸は傾いている。北極が太陽に向かって傾き、南極が太陽から離れているときには、右の地図のように、北半球（地球の北半分）は夏、南半球は冬になる。

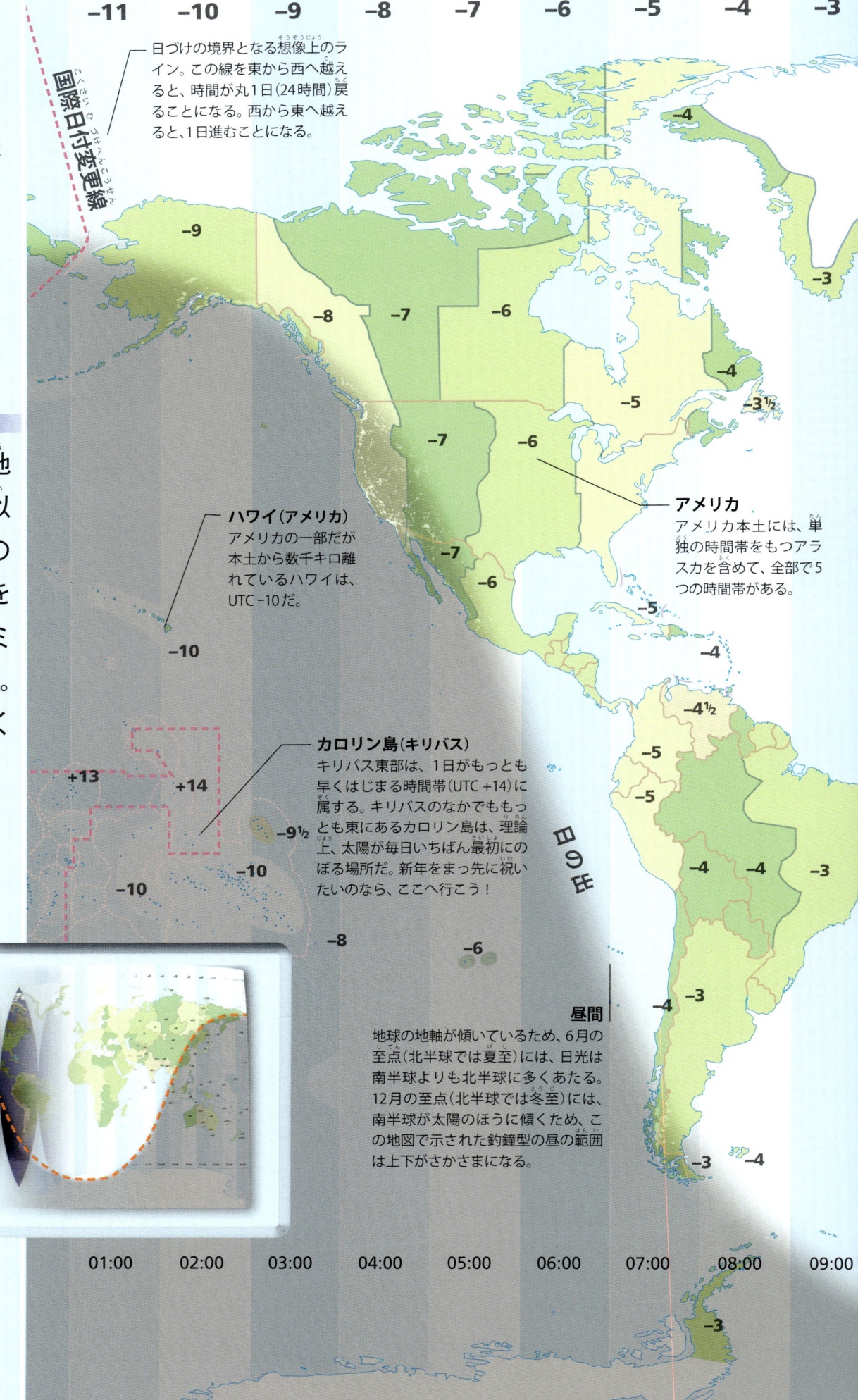

国際日付変更線 — 日づけの境界となる想像上のライン。この線を東から西へ越えると、時間が丸1日（24時間）戻ることになる。西から東へ越えると、1日進むことになる。

ハワイ（アメリカ） アメリカの一部だが本土から数千キロ離れているハワイは、UTC -10だ。

カロリン島（キリバス） キリバス東部は、1日がもっとも早くはじまる時間帯（UTC +14）に属する。キリバスのなかでももっとも東にあるカロリン島は、理論上、太陽が毎日いちばん最初にのぼる場所だ。新年をまっ先に祝いたいのなら、ここへ行こう！

アメリカ アメリカ本土には、単独の時間帯をもつアラスカを含めて、全部で5つの時間帯がある。

昼間 地球の地軸が傾いているため、6月の至点（北半球では夏至）には、日光は南半球よりも北半球に多くあたる。12月の至点（北半球では冬至）には、南半球が太陽のほうに傾くため、この地図で示された釣鐘型の昼の範囲は上下がさかさまになる。

38　　時間帯ができるまでは、太陽が真上にくる時間を昼の

世界の自然

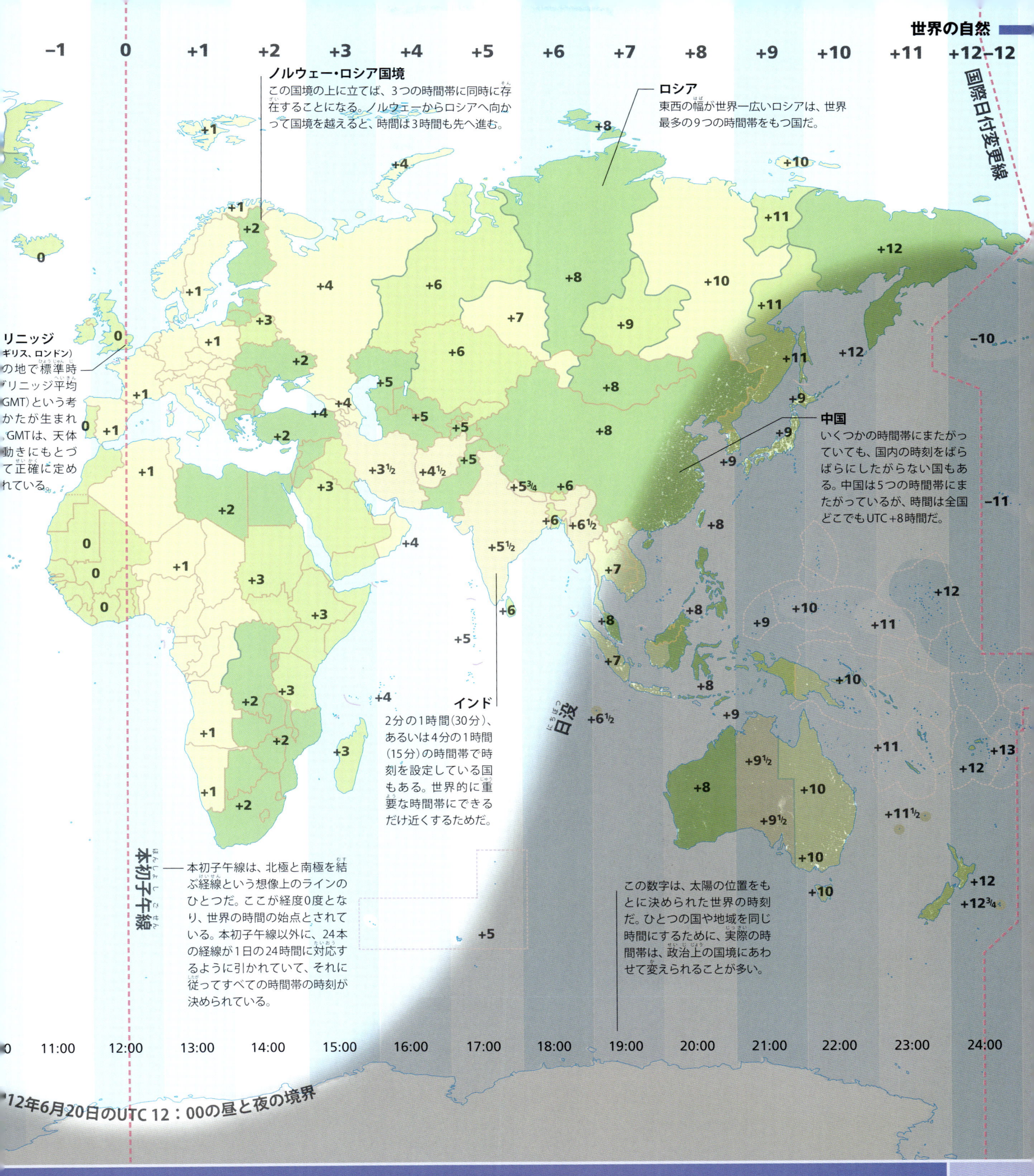

−1　0　+1　+2　+3　+4　+5　+6　+7　+8　+9　+10　+11　+12−12

ノルウェー・ロシア国境
この国境の上に立てば、3つの時間帯に同時に存在することになる。ノルウェーからロシアへ向かって国境を越えると、時間は3時間も先へ進む。

ロシア
東西の幅が世界一広いロシアは、世界最多の9つの時間帯をもつ国だ。

グリニッジ（イギリス、ロンドン）
の地で標準時グリニッジ平均時（GMT）という考えかたが生まれた。GMTは、天体の動きにもとづいて正確に定められている。

中国
いくつかの時間帯にまたがっていても、国内の時刻をばらばらにしたがらない国もある。中国は5つの時間帯にまたがっているが、時間は全国どこでもUTC +8時間だ。

インド
2分の1時間（30分）、あるいは4分の1時間（15分）の時間帯で時刻を設定している国もある。世界的に重要な時間帯にできるだけ近くするためだ。

本初子午線
本初子午線は、北極と南極を結ぶ経線という想像上のラインのひとつだ。ここが経度0度となり、世界の時間の始点とされている。本初子午線以外に、24本の経線が1日の24時間に対応するように引かれていて、それに従ってすべての時間帯の時刻が決められている。

この数字は、太陽の位置をもとに決められた世界の時刻だ。ひとつの国や地域を同じ時間にするために、実際の時間帯は、政治上の国境にあわせて変えられることが多い。

国際日付変更線
日没

11:00　12:00　13:00　14:00　15:00　16:00　17:00　18:00　19:00　20:00　21:00　22:00　23:00　24:00

12年6月20日のUTC 12：00の昼と夜の境界

12時として、それぞれの町の計時係が時間を決めていた。

39

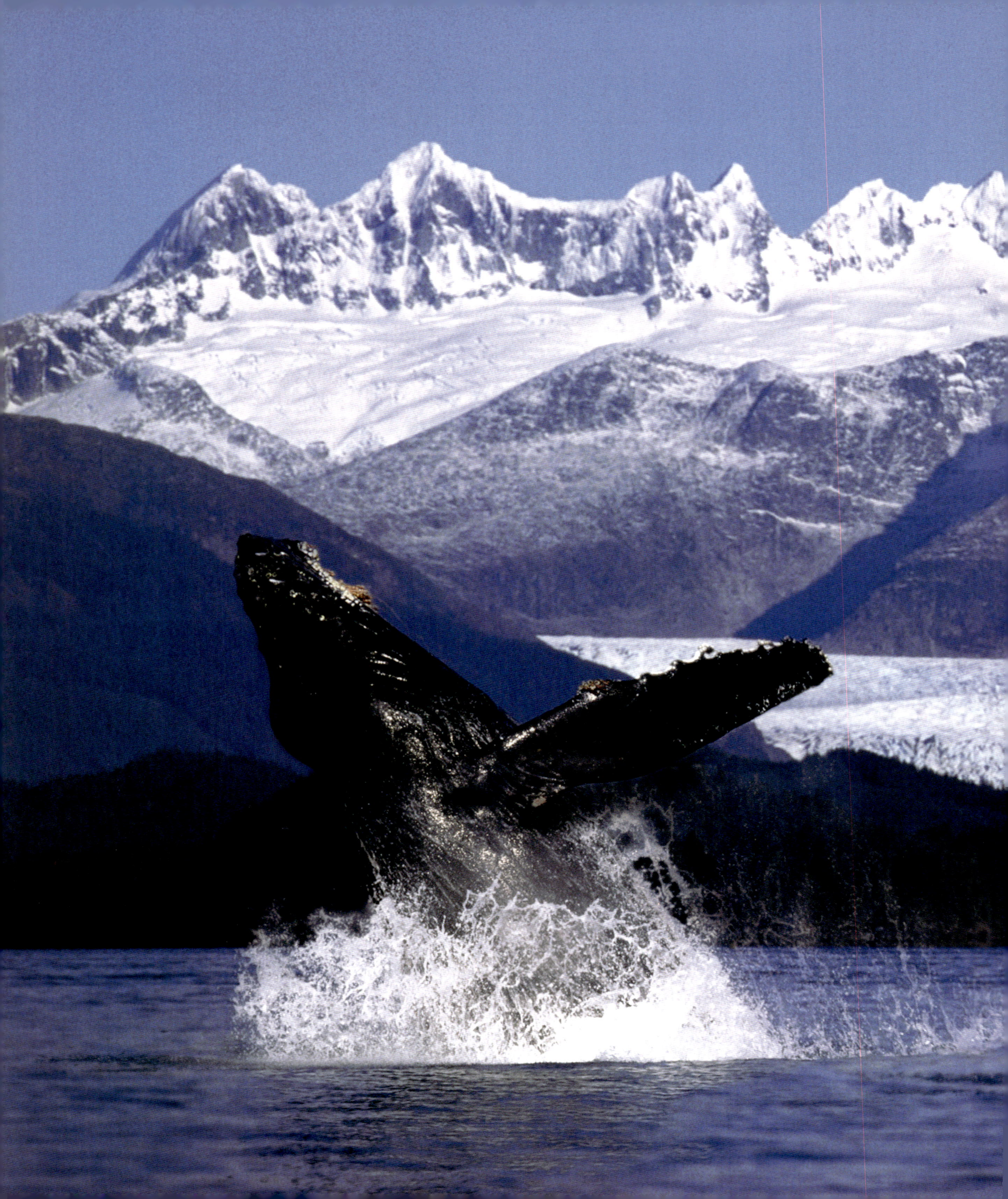

世界の生きもの

ザトウクジラ
アラスカ（アメリカ）沖でブリーチング（海面から大きく跳びだすこと）をする2頭のザトウクジラ。冬のあいだ、ザトウクジラは南の温かい海域へ移る。

はじめに

高山から深海、灼熱の砂漠から氷に閉ざされた北極や南極まで、地球のあらゆる場所に生きものがいる。動物の体や生活サイクルや行動は、それぞれの生息環境に適応している。生きのびるチャンスをできるだけ大きくしようとするためだ。植物も、種それぞれの戦略によって環境に適応し、繁栄している。

ハクトウワシ
北アメリカにすむ猛禽類。湖の魚をわしづかみにする。

鳥類
鳥類は空を飛ぶ能力のおかげで、陸地から遠く離れた絶海の孤島に行くこともできる。なかには、夏と冬で違う場所にすみ、その2か所を行き来する鳥もいる。鳥がすんでいない場所は、地球上にはほとんどない。ここでは鳥たちの秘密を紹介しよう。

● **軽い骨**
ほとんどの鳥の骨は、中が空洞になっていて、骨の支柱で補強されている。

● **飛ぶための羽**
翼と尾の羽で宙に浮かび、飛行中に方向を変える。

● **体を温める羽**
2層の羽毛のおかげで皮膚は温かく保たれる。

● **効率のよい肺**
鳥の肺は哺乳類の肺よりはるかに効率がよく、エネルギッシュな飛行に必要な酸素を供給できるようになっている。

海の動物たち
水中で暮らす場合、体を支える力は陸上にいるときより少なくてすむ。そのため、海生生物はじょうぶな骨格をもたないことが多い。海流が微生物の大群や生きものの死骸を運んでくるので、海の動物たちの多くは、あちこち動きまわらなくても生きていける。海底にはりつき、流れてくる食べものをこしとって食べるものもいる。

● **えら**
海で暮らす哺乳類は、海面に顔を出して息をしなければならないが、魚類はえらを使って、海水から酸素を直接とりこんでいる。

● **なめらかな体**
高速で泳ぐ海の動物たちの体は、水中でも動きやすい流線形をしている。

● **浮力の助け**
魚類のなかには、空気の入った「浮袋」で浮力を調節しているものもいる。

● **生物発光**
深海は暗闇だ。深海で暮らす動物の多くは、体内で化学反応を起こし、光を発している。

サンゴ
熱帯のサンゴ礁は、海底で餌をこしとって食べる動物の群体が巨大に成長したものだ。

砂漠のサボテン
サボテンは、体に水をたくわえやすいようにロウのようなもので覆われている。空気中に蒸発する水分を少なくするために、葉は退化してトゲになっている。できるだけ多くの水を吸いあげようとして、根を広くのばすこともある。

トゲのないサボテン
ウチワサボテンのなかで、トゲのない種類。

🔍 深海の海底の泥には、まだ発見されていない種が生息して

世界の生きもの

極地

北極と南極の海はとても冷たいので、魚は凍ってしまう危険がある。海の外はさらに寒く、大型の冷血動物は生息していない。この地域を支配しているのは、温血動物（体温を保つことのできる動物）だ。極地で暮らす哺乳類は、2層の毛皮をもっていることが多い。下層のやわらかい毛は、体温により温められた空気を逃がさないようにし、外側の硬い毛皮で、冷たい強風を防ぐ役目をしている。

ホッキョクグマ
北極にすむ哺乳類。丸みのある巨大な体を脂肪と毛皮で包み、温かく保っている。

● **天然の凍結防止剤**
極地の魚類の血液には、体内で氷ができるのを防ぐ化学物質が混ざっていることが多い。

● **小さな耳や鼻**
ホッキョクグマやホッキョクギツネの耳と鼻は、小さくて丸い形をしている。熱が奪われるのを防ぐためだ。

● **脚と足**
深い雪のなかを歩きやすい長い脚や、スノーシューズのような幅の広い足をもつ動物もいる。

ウエスタンブラウンスネーク
オーストラリアの砂漠にすむ毒ヘビ。

砂漠

植物にとっても動物にとっても、水の少ない世界で生きていくのは大変だ。そのため、砂漠には水の多い地域より生きものが少ない。砂漠の生きものたちは、じゅうぶんな水を手に入れ、さらにそれを保たなければならない。なかには、必要な水分のすべてを食べものからとっている動物もいる。

● **夜行性**
多くの動物は夜にだけ活動する。アレチネズミやトビネズミは、昼のあいだは涼しい巣穴にこもっている。

● **大きな耳や鼻**
フェネックギツネは、極端に大きい耳から体の熱を外へ逃がしている。

● **露を飲む**
昆虫やトカゲは露を飲んでいる。それよりも大きな動物たちは、夜明けに草を食べるとき、草についた露も一緒に体にとりこむ。

植物の適応

熱帯雨林の植物は、少しでも多く太陽の光を吸収しようと競争している。日のあたるスペースができると、どの植物もできる限りのスピードで成長する。いっぽう砂漠では、日の光はたっぷりあるが、地面からじゅうぶんな水を得るのに苦労する。

インドボダイジュの葉
先端が細くなった葉をもつイチジクのなかまで、南アジアの熱帯雨林に生える。

熱帯雨林の植物
熱帯雨林の植物の多くは、太陽の光を浴びるために、ひたすら高く成長する。なかには、ほかの植物の上に育つ種もある（着生植物という）。熱帯植物の葉は、先端が細長くとがっている（滴下先端という）ものが多い。余分な雨水を流してとりのぞくためだ。

いるという。その数100万種とも、1億種ともいわれている！

恐竜の化石

恐竜の化石は、はるか昔にできた岩の層で発見される。科学者たちが化石を発掘する場所は、地球の構造プレートの動きにより、そうした地層が表面に押しだされたところにあたる。

> "「恐竜の町」ともよばれる中国の諸城では、7600を超える化石が発掘されている"

ポイント
恐竜は3つの地質年代に生きていた。地図中の化石発見地は、年代（紀）ごとに色わけされている。

- ● 三畳紀（2億5100万〜2億年前）
- ● ジュラ紀（2億〜1億4500万年前）
- ● 白亜紀（1億4500万〜6500万年前）

おもな化石発見地

三畳紀

① ゴーストランチ（アメリカ）
1947年に何千体ものコエロフィシスの化石が発見された。2億1500万年ほど前に、鉄砲水に襲われて死んだものと考えられている。

② 月の谷（アルゼンチン）
1993年にエオラプトルの化石が発見された。約2億3000万年前に生きていたエオラプトルは、恐竜の特徴を備えた初期の種のひとつだ。

ジュラ紀

③ ダイナソー国定公園（アメリカ）
バロサウルスなどの、首の長い竜脚類の化石で有名な場所。

④ ゾルンホーフェン（ドイツ）
1861年、鳥の祖先にあたるアルカエオプテリクスが発見された。1億5000万年前のものだ。

白亜紀

⑤ 遼寧省（中国）
七面鳥ほどの大きさのカウディプテリクスをはじめ、鳥に似た恐竜の化石が数多く発掘されている。

地図上のラベル: ⑥ オルニトミムス / ③ バロサウルス / ⑦ ティランノサウルス / ① コエロフィシス / ② エオラプトル

化石には思いがけないものも残されている。骨や巣、卵、

世界の生きもの

恐竜の足跡

化石ハンターがみつける恐竜の足跡は、長い年月をかけて岩に変わった泥や砂のなかに保存されていたものだ。足跡の化石は、恐竜がどんなふうに歩いていたか、1頭で暮らしていたか群れで暮らしていたか、といったことを教えてくれる。右にあげた発見地はすべてアメリカにある。

ダイナソーリッジ
コロラド州。道路建設時に、何百もの足跡がみつかった。

州立恐竜公園
コネティカット州。北アメリカで最大級の足跡化石の発見地。

パーガトワール川発掘地
コロラド州。湖の岸に巨大な竜脚類の足跡が残されていた。

④ アルカエオプテリクス(始祖鳥)

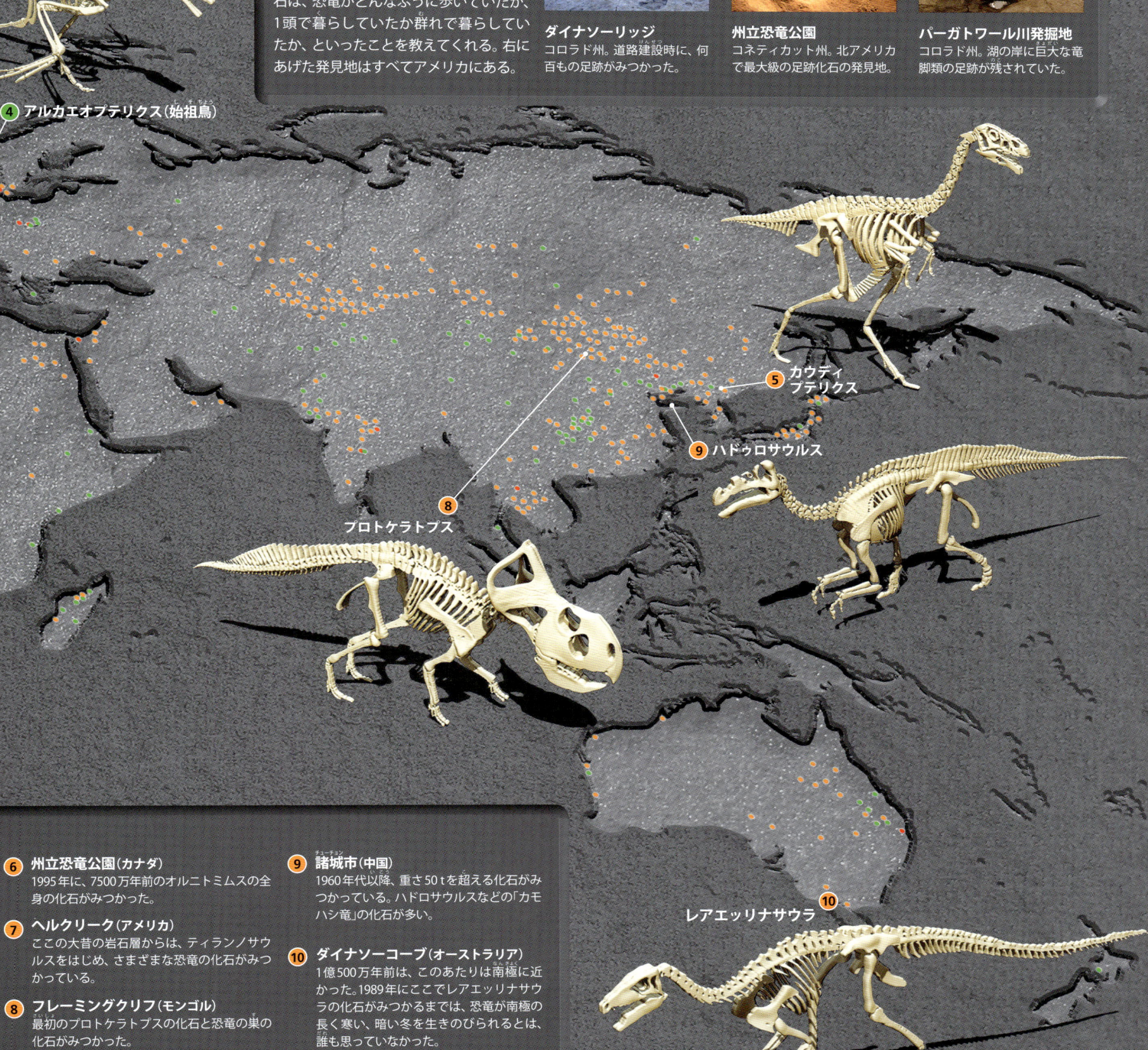

⑤ カウディプテリクス

⑨ ハドゥロサウルス

⑧ プロトケラトプス

⑩ レアエッリナサウラ

⑥ **州立恐竜公園(カナダ)**
1995年に、7500万年前のオルニトミムスの全身の化石がみつかった。

⑦ **ヘルクリーク(アメリカ)**
ここの大昔の岩石層からは、ティランノサウルスをはじめ、さまざまな恐竜の化石がみつかっている。

⑧ **フレーミングクリフ(モンゴル)**
最初のプロトケラトプスの化石と恐竜の巣の化石がみつかった。

⑨ **諸城市(中国)**
1960年代以降、重さ50tを超える化石がみつかっている。ハドロサウルスなどの「カモハシ竜」の化石が多い。

⑩ **ダイナソーコーブ(オーストラリア)**
1億500万年前は、このあたりは南極に近かった。1989年にここでレアエッリナサウラの化石がみつかるまでは、恐竜が南極の長く寒い、暗い冬を生きのびられるとは、誰も思っていなかった。

足跡のほかに、皮膚や羽毛の痕跡、恐竜の糞の化石まである!

捕食者たち

ほかの生きものを殺して食べる肉食動物のことを「捕食者」という。捕食者は驚くほど多様な狩りの戦略と、獲物を殺すのに適した体をもち、あらゆる大陸や海に生息している。地球の生物の中で、ひときわ魅力的な動物たちだ。

"野生のトラは3000〜4000頭しか残っていない"

南北アメリカ大陸

1. ハクトウワシ
鋭いかぎづめを獲物に突き刺し、かぎ状のくちばしで体を引きさく。

2. クズリ
同じ小型哺乳類のげっ歯類や、ときには弱ったトナカイまで襲う。

3. コヨーテ
昆虫やカエルからウシやヒツジまで、ほとんどなんでも食べる。

4. ボアコンストリクター
巨大な体を獲物に巻きつけ、窒息させてしめ殺す。

5. ジャガー
全速力で長く走り続けることはできないので、獲物にこっそり忍びよる戦略をとっている。

6. ピラニア
かみそりのように鋭い歯を使って、ひとつの群れでシカ1頭を数分で骨だけにしてしまう。

アフリカ

7. アフリカニシキヘビ
大きいもので長さ8.5 mにまで成長し、サルやブタ、鳥を襲う。

8. アフリカライオン
狩りはたいていメスがする。オスは群れのテリトリーを守る。

9. リカオン
時速40 kmのスピードで、5 km以上にわたって獲物を追うことができる。

ユーラシア

10. ホッキョクグマ
重さ18 kgもある前足1本で一撃で獲物を殺すことができる。

11. イヌワシ
驚くほど優れた視力をもち、2 km離れたところにいる獲物でもつけられる。

12. ハイイロオオカミ
群れで狩りをするので、トナカイやジャコウウシなどの大きな動物でも倒すことができる。

---

1. ハクトウワシ — 北アメリカ全域

2. クズリ — カナダとアメリカ北部、スカンジナビアとシベリア

3. コヨーテ — アラスカから中央アメリカにかけての地域

4. ボアコンストリクター — メキシコからアルゼンチンにかけての地域

5. ジャガー — アメリカ南西部からアルゼンチン北部にかけての地域

6. ピラニア — 南アメリカ大陸の北部、中央部、東部

7. アフリカニシキヘビ — サハラ砂漠より南側のアフリカ

10. ホッキョクグマ — 北極圏の陸地と海氷

11. イヌワシ — ヨーロッパ、北アメリカ、北アジア、アフリカ

18. カリフォルニアアシカ — 北アメリカの太平洋沿岸とガラパゴス諸島

19. シャチ(オルカ) — 世界中の海

20. マイルカ — 世界中の冷たい海と温かい海

21. マッコウクジラ — 世界中、極地の氷のぎりぎりまでの地域

22. マグロ — 世界中の冷たい海と温かい海

23. ホホジロザメ — 世界中の冷たい海と温かい海

46　ハヤブサは全速力で獲物に襲いかかる。あまり

世界の生きもの

13. ヨーロッパオオヤマネコ
音が響きにくいうっそうとした森のなかで、耳の房毛を使って獲物のたてる物音をききとる。

14. ハヤブサ
時速320kmで上空から獲物に襲いかかる。地球上の動物で最速のスピードだ。

15. アナグマ
ミミズ、昆虫、鳥、カエル、トカゲ、小型の哺乳類のほか、植物も食べる。

16. トラ
しま模様で周囲にとけこんで獲物に忍びより、首にかみついてしとめる。

17. スンダウンピョウ
森にすむ臆病な動物だが、体の大きさに対する犬歯の長さは、ネコ科の動物のなかでもっとも長い。

海

18. カリフォルニアアシカ
30時間も休まず狩りをすることもある。潜水時間は最長で5分。

19. シャチ（オルカ）
アシカやイルカ、ときにはクジラまで襲う。氷の上にいるアザラシを海に引きずりこむこともできる。

20. マイルカ
群れで魚を追い、捕まえやすい海面近くに追いつめる。

21. マッコウクジラ
巨大なイカを求めて、3000mの深海にまで潜ることもある。

22. マグロ
時速80kmで泳ぐことができ、海面近くにいる魚やイカを襲う。

23. ホホジロザメ
のこぎりのような歯で、イルカやアザラシのほか、サメなどの大型の魚も殺す。

12. ハイイロオオカミ
アジアの広い地域、ヨーロッパの一部、北アメリカの北部

13. ヨーロッパオオヤマネコ
ヨーロッパ（おもに北部と東部）から北アジア、中央アジアにかけての地域

14. ハヤブサ
南極以外のすべての大陸

16. トラ
インド、中国、シベリア、東南アジア

15. アナグマ
北極圏より南のヨーロッパとアジア

オーストラリア

24. イリエワニ
陸にいるスイギュウやウシを襲うこともある。ほとんどの時間を海ですごし、魚を捕まえている。

25. タスマニアデビル
強力なあごをもつ有袋類で、鳥や魚、小型哺乳類の骨をかみ砕くことができる。

8. アフリカライオン
サハラ砂漠より南側のアフリカ

17. スンダウンピョウ
東南アジアのスマトラ島とボルネオ島

9. リカオン
サハラ砂漠より南側のアフリカ

食物連鎖

食物連鎖は、食べもののエネルギーがある生物から別の生物へと移動する経路を表している。食物連鎖の開始点は植物だ。植物は太陽の光を使って、養分を自分で生みだしている。植物は草食動物に食べられる。肉食動物は草食動物や自分よりも小さい肉食動物を食べる。

ゴマバラワシ（最上位の肉食動物）
ミーアキャット（肉食動物）
ダイオウサソリ（肉食動物）
バッタ（草食動物）
草

アフリカのサバンナの食物連鎖

24. イリエワニ
東南アジアとオーストラリア北部

25. タスマニアデビル
タスマニア島（オーストラリア南東部の沖）

の衝撃に、ハトだと首がとんでしまうこともある！

47

危険な生きものたち

餌にするために人間を襲う野生動物はほとんどいないが、危険を感じたときには、人間に危害を加えることも多い。とくに、毒をもつ生きものは危険だ。

ハイイログマ
驚いたときや子グマを連れているときなどに人間を襲う。毎年5～10人の死者が出ている。

ホッキョクグマ
ひどく空腹のときには、人里に近づく危険な存在になる。

アメリカグマ
2011年にアメリカで2人、1900年以降では23人を死に追いやった。めったに攻撃してこないが、人里近くにすむことも多いため、たびたび衝突が起きる。

ホホジロザメ
ホホジロザメの獲物は野生のアザラシだが、人間はそれと同じくらいの大きさだ。1876年以降、ホホジロザメに襲われて死んだ人は70人を超える。うち9人はカリフォルニア沿岸で犠牲になった。

ホッキョクグマ

ピューマ
1890年から2011年までに、北アメリカで20人がピューマに襲われて死亡した。

モウドクフキヤガエル
動物界でもっとも強力な毒をもつ。

ヒガシダイヤガラガラヘビ
ほかのガラガラヘビと比べて、体長のわりにとても長い毒牙をもっている。

クサリヘビ
イギリスにすむ唯一の毒ヘビ。このヘビにかまれても死ぬことはめったにない。

ミツバチ
毎年400人ほどがミツバチに刺されて死んでいる。死亡するのはハチ毒に弱い人だ。

ツェツェバエ
アフリカ睡眠病を媒介する。この病気による死者は、年間1万人にのぼる。

カイサカ
クサリヘビのなかまで、怒りっぽくて動きが速い。ベネズエラのヘビによる死者の4分の3は、カイサカの犠牲者だ。

デンキウナギ
何度も電気ショックを受けると、呼吸困難や心臓障害が起きたり、溺れたりすることもある。

カ
マラリアを媒介し、毎年50万人以上が死亡する原因になっている。

バナナスパイダー
クロドクシボグモともよばれ、世界でもっとも強力な毒をもつクモ。人里近くにすみ、バナナの木によく隠れている。

アフリカナイズドミツバチ
「キラービー（殺人バチ）」ともよばれる、攻撃性の強い交雑種。毒の強さはほかのミツバチとそれほど変わらない。

アナコンダ
ヘビー級のボクサーと同じくらいの重さになることもあり、ときどき人間を襲う。

ミナミガラガラヘビ
このヘビの毒は、ほかのガラガラヘビよりも神経系への影響が強い。

毒をもつハンターたち

ヘビやクモをはじめとする多くの動物は、獲物の体に毒を流しこみ、麻痺させたり気を失わせたりする。この毒で人間の命が奪われることもある。

① インランドタイパン
毒牙で小型の鳥をしとめる。このヘビにかまれると、人間でも死ぬ。

② バナナスパイダー
このクモのあごは、小さな獲物をかむのに適しているため、人間にかみつくことはめったにない。

③ ヒョウモンダコ
このタコの毒はシアン化物の1万倍も強力で、しかも治療法はない。

48　動物の毒が役に立つこともある。科学者たちはヤドク

世界の生きもの

"オニダルマオコゼの毒が
関節炎にきくこともあるという"

身を守るための毒
多くの動物は、捕食者から身を守るために毒を利用している。背びれやトゲに毒があることもあれば、皮膚からしみだすこともある。

① モウドクフキヤガエル
このカエルの皮膚には、10人を殺せるほどの毒がある。捕食者であるヘビから身を守るのに役立つ。

② フグ
フグの皮膚や肝臓の毒は、人間ひとりを殺せるほどの強さだが、日本では高級料理に使われている。

③ オニダルマオコゼ
背びれの毒は捕食者から身を守るためのものだが、うっかり刺された人間にとっても危険だ。

アスプクサリヘビ
イタリアでは、ヘビにかまれる事故の約90%がアスプクサリヘビによるものだが、このヘビにかまれて死ぬ確率は4%にすぎない。

ジュウサンボシゴケグモ
ガラガラヘビの15倍も強力な毒をもつ。

パラスバイパー
0.1gの毒で人間ひとりを殺せるが、身の危険を感じなければ襲ってこない。

イエローファットテールスコーピオン
北アフリカと中東でもっとも危険なサソリ。

トラ
マングローブが広がるインドのシュンドルボンでは、最近になってトラ対策が改善されるまで、毎年50人ほどがトラに襲われて死んでいた。

インドアマガサ
アジアでもっとも強力な毒をもつ陸生ヘビ。

マレーマムシ
マレーシアでは毎年700人がこのヘビにかまれている。

フグ
日本（フグ）と韓国（ボク）で食用にされているが、体の一部に強い毒をもつ。毒をとりのぞく訓練を受けてない人が釣って食べると、中毒事故につながる。

パフアダー
人口の多い地域にすむ、アフリカでもっとも危険なヘビ。

ハコクラゲ
60人を殺せるほどの毒をもつ。フィリピンでは毎年20〜40人がこのクラゲに刺されて死んでいる。

ミノカサゴ
背びれに毒をもつ。刺されるとひどいけがをしたり、呼吸困難や一時的な麻痺を起こすことがある。

イリエワニ
ニューギニア、ソロモン諸島、インドネシアで多くの人を死亡させている。

ゾウ
身の危険を感じると人間を襲い、毎年300人近くを死亡させている。

アフリカライオン
タンザニアで毎年70人を死亡させている。餌として人を襲うこともあれば、身を守るために攻撃することもある。

インドコブラ
ヘビによる死亡事故のなかでも、このヘビにかまれて死ぬ人がもっとも多い。

カバ
ボートをひっくり返すなどして、毎年300人以上を死亡させている。

オニダルマオコゼ
背びれに毒をもち、刺されると耐えられないほど痛い。治療しなければ、数時間で死に至る。

コモドオオトカゲ
大きいもので3mにもなる巨大なトカゲで、めったにないケースだが、人を襲って食べることもある。

アフリカスイギュウ
身を守るために人間を襲い、毎年200人以上を死亡させている。

ヒョウモンダコ
おとな26人を殺せるほどの毒をもつ。呼吸不全をひきおこすこともある。

セアカゴケグモ
オーストラリアブラックウィドウともよばれる。かまれても死ぬことはめったにないが、致命的な合併症をひきおこすこともある。

タイガースネーク
人間がこのヘビにかまれた場合、治療をしなければ、60%の確率で重度の中毒に陥るか、死に至る。

ブラックマンバ
世界でもっとも動きの速いヘビで、抗毒血清がなければ、かまれた人はかならず死に至る。

シックスアイドサンドスパイダー
このクモの毒を解毒する血清はないが、とても臆病なクモなので、人間とはめったに接触しない。

インランドタイパン
陸のヘビのなかでもっとも強い毒をもつが、これまでにヘビの研究者以外でかまれた人はほとんどいない。抗毒血清で治療すれば回復する。

シドニージョウゴグモ
きわめて強い毒をもち、小さい子どもなら15分で死亡する。

"エルの毒に手を加えて、強力な鎮痛剤を生みだした。"

49

外来種の侵入方法
密航
ノミなどの寄生虫は、動物や人間の宿主に運ばれる。ドブネズミ、ハツカネズミ、昆虫などは、船の積み荷に隠れて移動する。からっぽの貨物船が出航地の海水をバラスト水（重し）として積みこみ、目的地に着いたときに排水することがあるが、その海水に潜んで入りこむ種もある。この方法で、1日に3000種もの海洋生物が世界中を移動している。

クマネズミ

人間によるもちこみ
人間が意図的にもちこむケースもある。猟師や農民が肉や毛皮をとるため、あるいは狩猟の獲物にするためにもちこむこともあれば、在来種の害虫などを駆除するために、新たな種が移入されるケース（生物的防除）もある。一部の外来種は、逃げだしたペットであり、家庭排水から流れでた植物が増殖したものである。移民が野生に放った外来種さえいる。故郷を思いだすために、なじみのある生きものを連れてきてしまったのだ！

オオヒキガエル

アライグマ
北アメリカに侵入して以来、カナダのスコット諸島にすむ海鳥の群れを荒らしている。

ホシムクドリ
ヨーロッパ原産の鳥だが、ホームシックにかかったイギリスからの入植者、ユージン・シーフリンが1890年にニューヨークに放って広まった。

オコジョ
デンマークやオランダ沖の島々に侵入し、在来種のミズハタネズミを根絶させてしまった。

ゼブラガイ
船のバラスト水（底に積む重し用の水）に入って、カスピ海から北アメリカの五大湖へ運ばれてきた。

トウブハイイロリス
アメリカからイギリスに侵入し、在来種のキタリスと生息地をめぐって争っている。

ニジマス
カリフォルニアでは、この魚のせいでヤマキアシガエルが絶滅の危機にある。

マイマイガ
ヨーロッパ原産のガで、このガによるアメリカの樹木の被害額は、毎年およそ8億7000万ドルにのぼる。

イタドリ
ヨーロッパの川岸や道端で厚く茂り、在来種の植物を押しのけている。

チュウゴクモクズガニ
釣り餌やわなにかかった魚を食べ、アメリカの漁業を脅かしている。

オオバノボタン
「ハワイの紫の災い」とよばれ、熱帯雨林の在来種を脅かしている。

ブラーミニメクラヘビ
輸入された鉢植え植物の土に隠れて、アフリカやアジアからアメリカに侵入した。

野生化したブタ
メキシコのレビジャヒヘド諸島では、もとは家畜だったブタが、絶滅の危機にあるオオセグロミズナキドリを餌として襲っている。

ウシガエル
北アメリカ原産だが、いまでは40か国以上に広がっている。

シリアカヒヨドリ
タヒチで果物や野菜などの農作物を食べ、農業を脅かす害鳥となっている。

ヒアリ
孵化したばかりの子ガメを食べたり、おとなのカメを攻撃したりして、ガラパゴス諸島の陸ガメを脅かしている。

野生化したヤギ
ガラパゴス諸島の在来種の植物に深刻な被害を与えている。

アフリカナイズドミツバチ
「キラービー（殺人バチ）」ともよばれるこのハチは、熱帯でも生きられるように交雑により生みだされたものだが、あまりにも攻撃的で行動も予測不可能なので、養蜂にはむかないことがわかった。

> "いまや世界の島々のおよそ**90%**に、ネズミが侵入している"

アカシカ
狩猟の獲物とするためにヨーロッパからもちこまれた。

ハツカネズミ
天敵のいないゴフ島では、外来種のハツカネズミが通常の3倍もの大きさになった。

50　過去400年のあいだに起きた絶滅の

世界の生きもの

外来種の侵略

「外来種」とは、もともとはいなかった環境に侵入し、繁栄している動植物のことだ。たいていの場合、在来種（もともとそこにいた動植物）は侵略に対抗するすべをもたない。外来種が在来種を餌にしたり、競争で打ち負かしたりして、絶滅に追いやることもある。

ウチダザリガニ
北アメリカから食料としてスカンジナビアにもちこまれたが、「ザリガニの伝染病」を広め、在来種のザリガニに打撃を与えている。

ムネミオプシス・レイディ（カブトクラゲのなかま）
アメリカからタンカーで運ばれてきたのは最近のことだが、いまや重さにして黒海の全生物の95％を占めている。

ノウゼンカズラ
飛行場をカモフラージュするために第二次世界大戦中にインドにもちこまれたが、いまでは雑草として生い茂っている。

ジャワマングース
1979年に日本の奄美大島にもちこまれてから、7種の在来種を絶滅に追いこんでいる。

ホッキョクギツネ
毛皮目当ての狩猟者によりアリューシャン列島にもちこまれたが、地上に巣をつくる鳥たちを襲っている。

アフリカマイマイ
食料として台湾にもちこまれたが、髄膜炎などの病気をひきおこす寄生虫をもっている。

ミナミオオガシラ
偶然もちこまれた種だが、グアムの在来種の鳥とトカゲのほとんどを絶滅に追いやった。

ホテイアオイ
この植物が太陽光を遮り、水中の酸素を減らすせいで、パプアニューギニアの魚や海ガメが死に追いやられている。

オオヒキガエル
オーストラリアでは、2億匹もいるオオヒキガエルの数を減らすために、駆除や遺伝子操作による対策が試みられている。そもそもこのカエルも、穀物を荒らす甲虫を駆除するためにもちこまれたものだ。

ドブネズミ
世界中の島で海鳥とその巣を脅かしている。フィジーの7つの島で、2010年に根こそぎ駆除された。

ナンヨウネズミ（キオレ）
マオリ族の入植者の船に乗って侵入した。島で巣をつくる海鳥を襲う。

ナイルパーチ
ビクトリア湖の200種を超える魚を絶滅に追いやっている。

ミモザピグラ
タイでは、灌漑システムがつまったり、穀物の収穫量が減ったりする深刻な被害が出ている。

アシナガキアリ
クリスマス島では、数百万匹ものアカガニがこの外来種に殺されている。

アナウサギ
イギリスからの移民が狩りのために最初に放した24羽が、いまや2億羽にまで増え、オーストラリアを荒らしまわっている。

フクロギツネ
もともとは毛皮貿易のためにニュージーランドにもちこまれた。

オプンティア
南アフリカでは、この外来種の広がりを抑えようと、ほかの生きものを使うことが検討されている。たとえば、マダラメイガを移入して、この植物を幼虫の餌にしている。

野生化したネコ
ケルゲレン諸島では、ここで巣をつくる海鳥がネコに襲われ、毎年120万羽も殺されている。

ヒトコブラクダ
もともとは輸送のためにもちこまれたが、いまでは野生化したラクダが110万頭もいる。

キヒトデ
タスマニアでは、日本から移入したこのヒトデを駆除するために、ボランティア団体が「ハンティングデイ（狩りの日）」を主催している。

コクチョウ
観賞用の鳥として、1864年にオーストラリアからニュージーランドにもちこまれた。

スズメバチ
南島のブナの森で異常なほど増えている。

うち、ほぼ半数に外来種の影響がみられる。

51

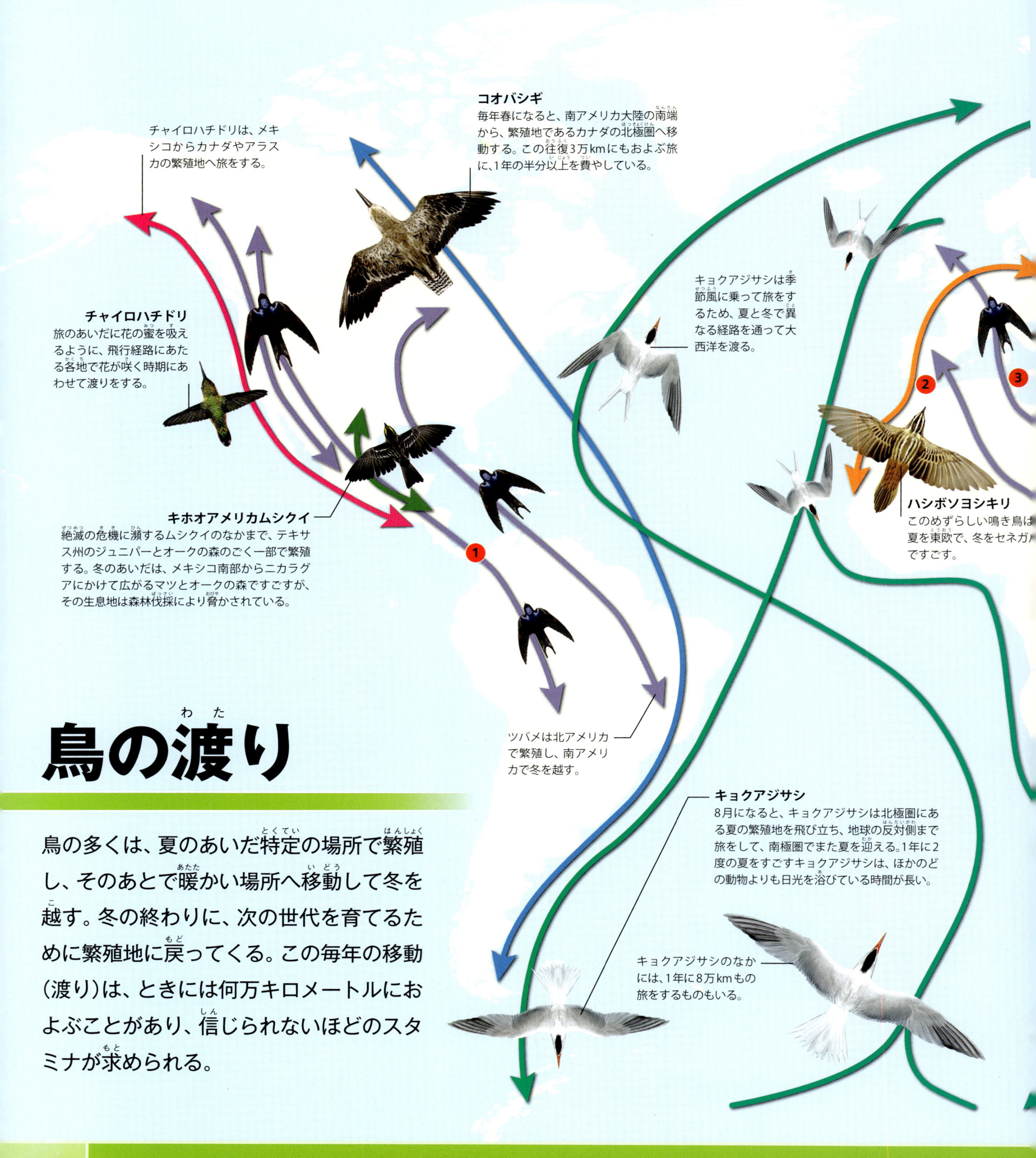

コオバシギ
毎年春になると、南アメリカ大陸の南端から、繁殖地であるカナダの北極圏へ移動する。この往復3万kmにもおよぶ旅に、1年の半分以上を費やしている。

チャイロハチドリは、メキシコからカナダやアラスカの繁殖地へ旅をする。

チャイロハチドリ
旅のあいだに花の蜜を吸えるように、飛行経路にあたる各地で花が咲く時期にあわせて渡りをする。

キホオアメリカムシクイ
絶滅の危機に瀕するムシクイのなかまで、テキサス州のジュニパーとオークの森のごく一部で繁殖する。冬のあいだは、メキシコ南部からニカラグアにかけて広がるマツとオークの森ですごすが、その生息地は森林伐採により脅かされている。

キョクアジサシは季節風に乗って旅をするため、夏と冬で異なる経路を通って大西洋を渡る。

ハシボソヨシキリ
このめずらしい鳴き鳥は夏を東欧で、冬をセネガ〔ル〕ですごす。

ツバメは北アメリカで繁殖し、南アメリカで冬を越す。

キョクアジサシ
8月になると、キョクアジサシは北極圏にある夏の繁殖地を飛び立ち、地球の反対側まで旅をして、南極圏でまた夏を迎える。1年に2度の夏をすごすキョクアジサシは、ほかのどの動物よりも日光を浴びている時間が長い。

キョクアジサシのなかには、1年に8万kmもの旅をするものもいる。

鳥の渡り

鳥の多くは、夏のあいだ特定の場所で繁殖し、そのあとで暖かい場所へ移動して冬を越す。冬の終わりに、次の世代を育てるために繁殖地に戻ってくる。この毎年の移動（渡り）は、ときには何万キロメートルにおよぶことがあり、信じられないほどのスタミナが求められる。

52　　キョクアジサシの一生は30年あまり。月と

世界の生きもの

アオガン
黒海沿岸で冬をすごしたあと、北へ渡ってロシアのツンドラ地帯でひなを育てる。

インドで冬を越すツバメは、北アジアへ渡って繁殖する。

メジロガモ
広い地域に生息するメジロガモは、沼地や湖で繁殖し、比較的短い距離を移動する。中国西部やモンゴルで繁殖するメジロガモは、インドやパキスタンで冬を越す。

オオソリハシシギは、一生のあいだに、長いもので46万kmもの旅をする。

アフリカ南部のツバメは、ヨーロッパへ渡って繁殖する。

マミジロゲリ
2007年、東アフリカからカザフスタンとロシアへ渡るマミジロゲリのルートが、衛星追跡によりはじめて明らかになった。

ツバメ
毎年、オーストラリア北部からロシア東部のあいだを大群で移動する。ツバメは飛びながら虫を捕まえ、湖からすくいとるようにして水を飲むことができる。

> "**キョクアジサシ**は南極からグリーンランドまでを**40日**で渡りきる"

オオソリハシシギは、上空の強い追い風にうまく乗って、わずか8日でニュージーランドへ戻ることができる。

渡りのボトルネック

多くの鳥の渡りの経路にあたる場所は、「渡りのボトルネック（渋滞の起きやすい場所）」とよばれる。コウノトリや猛禽類などの滑空するように飛ぶ鳥にとっては、とりわけ大切なルートだ。そうした鳥は、海の上を長く飛ぶことはできないので、海を渡る距離ができるだけ短くなるルートを選ぶ。人気の渡りスポットは、何百万羽もの鳥が通過することもある。

① パナマ
南北アメリカ大陸を結ぶこの陸の橋を、300万羽もの猛禽類が利用している。

② ジブラルタル海峡
滑空タイプの鳥たちは、わずか14kmのこの海峡を渡って、アフリカからヨーロッパへ移動する。

③ シチリア島とマルタ島
このふたつの島は、イタリアからチュニジアやリビアに渡る鳥の「飛び石」になっている。

④ エジプト
エジプトには、スエズ、フルガダ、ザラニクなどのいくつかのボトルネックがあり、アフリカとヨーロッパやアジアを行き来する鳥たちが利用している。

オオソリハシシギ
ニュージーランドからアラスカへ渡って繁殖する。ニュージーランドへ戻る1羽を追跡したところ、太平洋上の1万1680kmもの距離を休まず飛び続けたことがわかった。確認された鳥の移動距離としては、過去最長の記録だ。

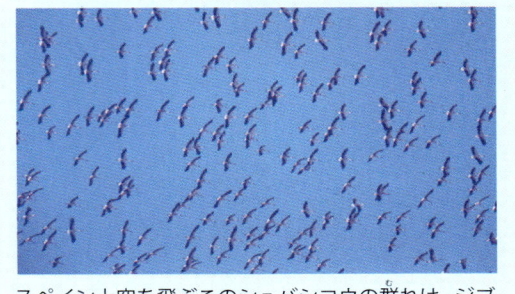

スペイン上空を飛ぶこのシュバシコウの群れは、ジブラルタル海峡を渡ってヨーロッパに到着した。

地球を3往復するほどの距離を飛ぶこともある！

53

クジラ

1. アラスカ
ザトウクジラは「バブルネット」を使って狩りをする。泡をふきだして、カーテンのように魚の群れを包むことで、魚を狭い場所に集め、捕まえやすくするのだ。

2. コルテス海
コルテス海では、ザトウクジラがブリーチング（海面から大きく跳びだすこと）をして、ひれや尾で海面をたたく姿がよくみられる。クジラは社会的な動物だ。この行動も、一種のコミュニケーションなのかもしれない。

3. バハカリフォルニア（メキシコ）
ここのコククジラはとても人なつっこく、船に近づいてきて、ホエールウォッチャーたちに体を触らせてくれる。ときには、舌をくすぐらせてくれることもある。コククジラはバハカリフォルニアとアラスカのあいだを移動する。

4. タイセイヨウセミクジラ
タイセイヨウセミクジラは、450頭ほどしか残されていない。ほとんどの個体は、夏のあいだ、ニューヨークからノバスコシアにかけての海域で餌をとる。冬になると南へ向かい、ジョージアやフロリダ沖の温かい海で繁殖する。

5. ブラジル
毎年6〜11月に、300頭を超えるミナミセミクジラがサンタカタリナ沖に集まり、交尾、出産、子育てをする。

6. パタゴニア（アルゼンチン）
シャチはゾウアザラシやアシカのコロニー（群れ）を襲う。波に乗って岸に押しよせ、海岸にいる獲物をくわえると、次の波に乗って巧みに海へ戻る。判断を誤れば、岸にとり残されて死んでしまう危険な技だ。

7. 南アフリカ
毎年6月になると、南極の繁殖地にいたミナミセミクジラが南アフリカ沖にやってきて、アクロバティックな泳ぎでホエールウォッチャーたちの目を楽しませている。

優雅に泳ぎ、潜水が得意で、強力な捕食者でもあるクジラのなかま（シャチ、イルカを含む）は、ひときわ魅力的な海洋生物だ。過去には、漁により絶滅しそうになったこともあるが、いまでは数多くの人がホエールウォッチングに出かけ、堂々たるクジラたちの野生の姿を観察している。

シロナガスクジラは地球史上最大の動物。

世界の生きもの

クジラの移動
クジラは極地に近い冷たい海で餌をとり、赤道に近い温かい海へ移動して繁殖する。赤道を越える種はほとんどないため、北半球と南半球の集団は別々のものと考えられる。

ポイント
- 🟢 繁殖地　出産に適した温かい海
- 🟠 餌場　餌の豊富な冷たい海
- ←--→ 移動ルート　繁殖地と餌場を行き来するルート
- 🔵 壮観なクジラの行動がみられる場所

"捕獲が禁止される1981年までに、100万頭のマッコウクジラが殺された"

10. ザトウクジラの移動
冬になると、西太平洋のザトウクジラは、フィリピンから日本にかけての温かい亜熱帯海域で交尾し、出産する。夏には、太平洋の北限にあたるアリューシャン列島周辺の餌場へ移動する。

8. スリランカ
12月から4月までのスリランカのドンドラ岬は、シロナガスクジラを見るにはうってつけの場所だ。ほかの海域の集団とは違い、ここのシロナガスクジラは極地の餌場へ移動しない。北インド洋のシロナガスクジラは、1年をつうじて熱帯の海域で繁殖し、餌をとっている。

9. 南極
南極のシャチは、チームを組んで狩りをすることが多い。獲物を1か所に追いつめると、四方八方から襲いかかる。また、流氷をひっくり返し、ペンギンやアザラシを海に落とすこともある。

11. カイコウラ（ニュージーランド）
1年をつうじてマッコウクジラがみられる、世界でも数少ない場所だ。マッコウクジラは、陸地に近い海底谷に好んで集まる。海底谷には、クジラの餌となる巨大イカなどの海生生物がたくさんいるからだ。

舌だけで、ゾウ1頭ぶんの重さがあるものもいる！

55

"一生のあいだに3万本もの歯を生やすサメもいる"

淡水のサメ
サメのなかには、淡水で暮らす種もいる。たとえば、オオメジロザメは世界中の陸地に近い温かい海に生息しているが、ときには大きな川をさかのぼって、湖まで泳いでいくことがある。オオメジロザメはテリトリー意識がとても強いので、なわばりの川で人間が泳いでいるのをみつけると、襲ってくることもある。

ミシシッピ川
オオメジロザメが1850 km上流のイリノイ州オールトンまでさかのぼってきたことがある。

ポトマック川
大きいもので体長2.4 mのオオメジロザメが捕まったことがある。

ニカラグア湖
オオメジロザメがサンフアン川をさかのぼって、この湖にやってくる。

アマゾン川
海から2000 km離れたところでオオメジロザメが何度も目撃されている。

ニコル
2003年から04年にかけて、「ニコル」と名づけられたメスのホホジロザメが、サメとしては史上最長記録となる距離を移動した。ニコルは9か月かけてアフリカ～オーストラリア間を往復した(距離にして2万km以上)。ほとんどは浅いところを泳いでいたが、980 mもの深さまで潜ることもあった。

ニコルの移動ルートは、ひれにつけた電子タグで追跡されていた。

世界のサメの分布
サメのなかには、ほぼ世界中を泳ぎまわる種もいれば、温かい海か冷たい海のどちらかを好み、狭い範囲で暮らしているものもいる。

ジンベイザメ
体長12 m以上になる世界最大の魚類。温かい海を好む。おもにプランクトンを食べている。

ウバザメ
体長10 mほどで、2番目に大きい魚類。温帯の海でみられる。口を開けたまま泳ぎ、海水のプランクトンをこしとって食べている。

ホホジロザメ
世界のほとんどの海でみられる。人間を襲った記録がもっとも多く残されているサメ。時速40 km以上のスピードで泳ぐことができる。

ヒラシュモクザメ
熱帯のサンゴ礁近くでよくみられる。ハンマーのような頭部でアカエイなどの獲物を押さえつけてから、がぶりとかみつく。

ポートジャクソンネコザメ
オーストラリア南部のサンゴ礁のある海にすむ。幅の広いたいらな歯を使って、カキや巻貝、カニなどの硬い殻をもつ獲物をかみ砕く。

ツマリコビトザメ
体長20～25 cmほどで、サメのなかでも最小の部類に入る。亜熱帯や温帯で、深いときには1800 mも潜ってイカなどの獲物をとる。

ホホジロザメは嗅覚が鋭い。5 km離れ

世界の生きもの

サメ

動きが速く、力が強く、鋭い歯をもつサメは、とびきり優れた捕食者だ。おそろしい生きものと思われているが、人間を襲うことはあまりない。反対に、人間は年間1億頭ものサメを殺している。

亜北極のサメ
アブラツノザメは温帯から冷帯の海に生息し、ときには北極圏の端まで北上することもある。

ガンジス川
ガンジス川とブラマプトラ川では、よくオオメジロザメが希少種のガンジスメジロザメとまちがえられる。

ザンベジ川
オオメジロザメがカバの子どもを襲うことで知られている。

広い生息域
ホホジロザメの生息範囲はとても広い。ただし、極地の海ではみられない。

ニコルの移動ルート
ホホジロザメの「ニコル」は、99日かけて、南アフリカからオーストラリアまでを移動した。およそ3か月後、ニコルはまた南アフリカへ戻る旅に出た。

カリフォルニアカスザメ
東太平洋にすむサメで、海底に潜んで、通りすぎる魚を待ちぶせする。背中の模様が砂そっくりなので、巧みに隠れることができる。

カラクサオオセ
複雑な模様をもち、口のまわりに肉質の突起がある。おもにオーストラリア沿岸の熱帯海域に生息する。

ラブカ
たいらな頭、ウナギのような体で、ほかのサメとはまったく違う姿をしている。深海の海底近くに生息する。

ミナミノコギリザメ
オーストラリア南部の沿岸に生息している。頭の先がのこぎりのように長く突きだし、先端には大きくて鋭い歯がずらりと並んでいる。

オオメジロザメ
人間にとってとくに危険なサメのひとつ。ほかのサメやエイなどの魚類のほか、イカ、海ガメ、甲殻類も食べる。

アブラツノザメ
かつてはもっとも数の多いサメだったが、乱獲により絶滅の危機に瀕している。何千頭もの群れをつくる。

た水中の、ほんの数敵の血液もかぎとる。

57

南北アメリカ

1. シロチョウザメ
1億年前に生息していたチョウザメに似た魚で、おもに嗅覚に頼って生きている。

2. ヘラチョウザメ
長いへらのような口先から、この名がついた。

3. アリゲーターガー
水草のなかに身を潜めて、獲物を待ちぶせする。

4. デンキウナギ
大きな電気ショックで獲物を襲い、敵から身を守る。

5. レッドテールキャットフィッシュ
ヘビのように脱皮する。脱皮のときには餌を食べない。

6. メガネカイマン
目のあいだにメガネのような骨のでっぱりがあるため、この名がついた。

7. ピラルクー
成魚は酸素を得るために、えら呼吸ではなく空気呼吸をする。だが、水面から口を出すことになるため、捕食者に狙われやすい。

8. アマゾンカワイルカ
にごった水のなかで狩りをし、長い鼻先で水草に隠れている獲物をとらえる。ふつうメスのほうがオスよりも大きい。

ユーラシア

9. ヨーロッパオオナマズ
ひれを使って獲物を捕まえ、丸のみする。

10. オオチョウザメ
世界最大の淡水魚で、海水域に生息することもある。乱獲と密漁のせいで、特大サイズのものはいなくなってしまった。

> "大きなワニは何も食べないで1年以上も生きられる"

- シロチョウザメ ① 6.1m／コロンビア川
- ③ アリゲーターガー 2.4〜3m／ミシシッピ川
- ヘラチョウザメ ② 2.2m／ミシシッピ川
- レッドテールキャットフィッシュ ⑤ 1.3m／エセキボ川
- ⑥ メガネカイマン 2.5m／エセキボ川
- デンキウナギ ④ 2m／オリノコ川
- プロトプテルス・エチオピクス（アフリカハイギョのなかま）2m／ナイル川 ⑪
- ピラルクー ⑦ 2.5m／アマゾン川
- ⑧ アマゾンカワイルカ 2.5m／アマゾン川
- ムベンガ 1.5m／コンゴ川 ⑫

巨大な生きものたち
ここで紹介している川の怪物たちの大きさは、おもに過去最大の記録だ。そこまで大きくなることはめったにない。とくに近年は、乱獲で数が減ったり、絶滅の危機に瀕していたりするため、特大のものはほとんどみられない。

体長（フィート）
- チュウゴクオオサンショウウオ
- オオチョウザメ
- イリエワニ
- アマゾンカワイルカ
- 人間

体長（m）

オーストラリア

23. イリエワニ
世界最大の爬虫類で、ウマほどの大きさの獲物を殺して食べることもある。テリトリーに入りこんだら、人間でもためらわずに殺す。

24. オーストラリアワニ
イリエワニよりもずっと小さく、怒らせない限り人を襲うことはない。

58　日本には、水底の泥のなかにすむ巨大

世界の生きもの

アフリカ

11. プロトプテルス・エチオピクス
（アフリカハイギョのなかま）
乾季になると、泥の繭に潜りこみ、長いときには2年も入っている。

12. ムベンガ
人間を襲うことで知られるおそろしい魚。

13. ナイルパーチ
新しい川や湖にもちこまれると、多くの魚を殺し、在来種を絶滅に追いやってしまう。

アジア

14. バガリウス・ヤレリ
（ナマズのなかま）
めずらしい魚で、サメに似た鋭い歯をもっている。

15. ワラゴ
この魚の胃のなかから、人間の体の一部がみつかったことがある。

16. ガビアル
絶滅のおそれがあるワニで、長くて細い鼻先は魚を捕まえるのに適している。まれに7mの大きさにまで育つこともある。

17. チュウゴクオオサンショウウオ
現生種としては世界最大の両生類。

18. ヒマンチュラ・チャオプラヤ
（エイのなかま）
電場センサーを使って獲物をみつける。

19. ダウリアチョウザメ
ロシアの極東地域にすむチョウザメで、共食いの習性がみられる。

20. アムールイトウ
サケのなかまとしては最大の種で、「モンゴルの恐怖のマス」ともよばれる。

21. ハシナガチョウザメ
絶滅の危機に瀕していて、2003年以降、野生では目撃されていない。

22. パールム
「犬を食べるナマズ」ともよばれる。この種も絶滅のおそれがある。

ヨーロッパオオナマズ
3m／ドナウ川

オオチョウザメ
7.2m／黒海

バガリウス・ヤレリ
（ナマズのなかま）
2m／グレートカリ川

ワラゴ
2.4m／東南アジアの川

チュウゴクオオサンショウウオ
2m／メコン川

ダウリアチョウザメ
（カルーガ）
5.6m／アムール川

アムールイトウ
2.1m／アムール川

ハシナガチョウザメ
3m／揚子江

パールム
3m／メコン川

ガビアル
7m／チャンバル川

ヒマンチュラ・チャオプラヤ
（エイのなかま）
4.88m／チャオプラヤ川

ナイルパーチ
1.8m／ナイル川

イリエワニ
6m／オーストラリア北部

オーストラリアワニ
4m／オーストラリア北部

ポイント
川の怪物たちは、さまざまなグループに属している。
● 魚類
● 哺乳類
● 爬虫類
● 両生類

川の怪物たち

世界の大河の泥でにごった水のなかには、地球上でもっとも大きく、もっともおそろしい淡水生物たちが潜んでいる。その多くは人間のおとなよりも大きくなり、なかには人間を食べるものもある。

ナマズが地震を起こすという民話がある。

59

ポイント

昆虫には、世界中でみられるものもいれば、特定の生息環境や地域で暮らしているものもいる。この地図では、それぞれの昆虫がよくみられる地域を示している。

- 🟠 昆虫の群れ
- 🟢 昆虫の世界記録保持者

群れの種類

ひとつのまとまりとして動く昆虫の大きな集団を「群れ」とよぶ。群れで移動することもあれば、新しい巣や交尾相手、食べものを探すときに群れをつくることもある。

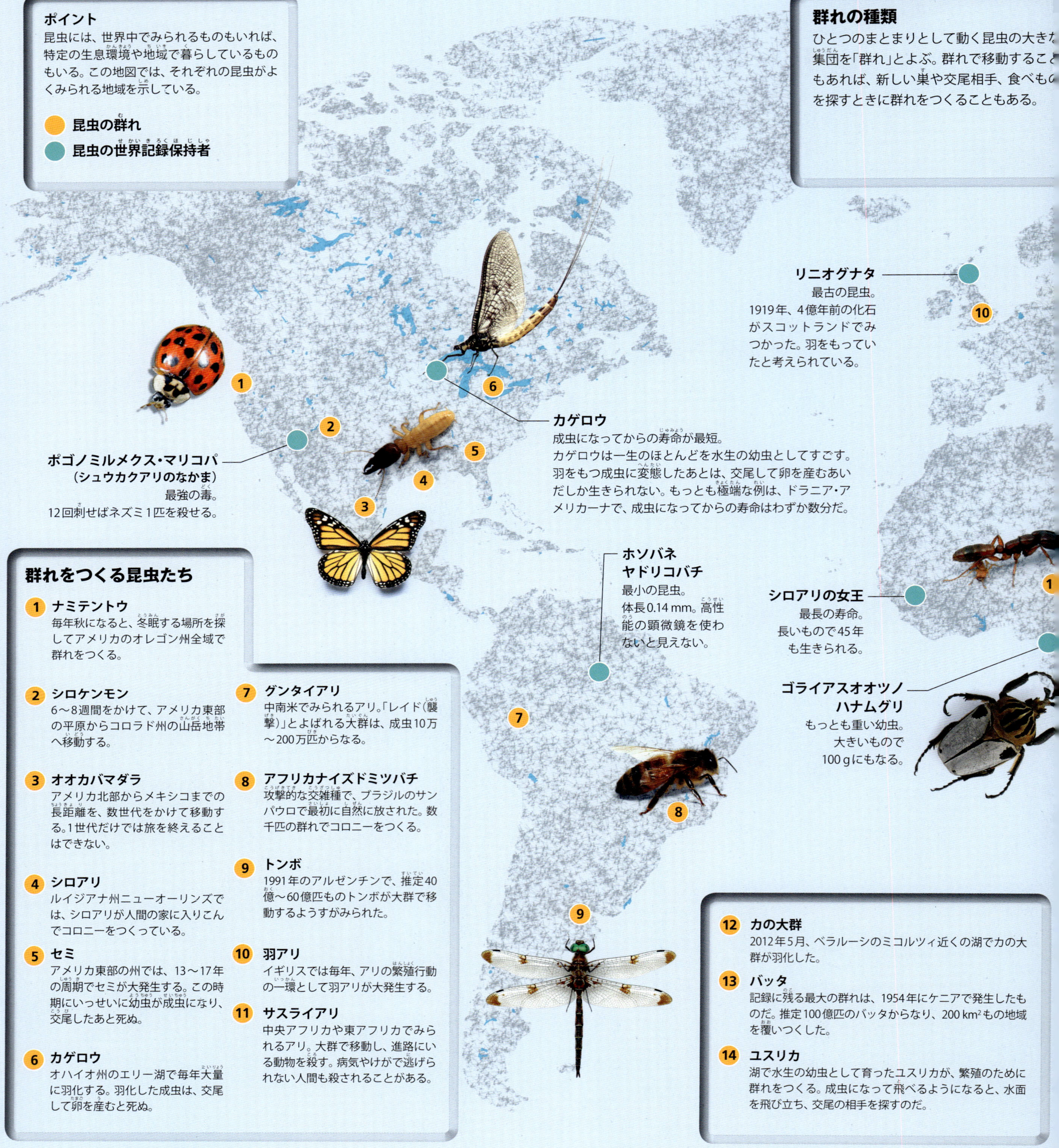

群れをつくる昆虫たち

1 ナミテントウ
毎年秋になると、冬眠する場所を探してアメリカのオレゴン州全域で群れをつくる。

2 シロケンモン
6〜8週間をかけて、アメリカ東部の平原からコロラド州の山岳地帯へ移動する。

3 オオカバマダラ
アメリカ北部からメキシコまでの長距離を、数世代をかけて移動する。1世代だけでは旅を終えることはできない。

4 シロアリ
ルイジアナ州ニューオーリンズでは、シロアリが人間の家に入りこんでコロニーをつくっている。

5 セミ
アメリカ東部の州では、13〜17年の周期でセミが大発生する。この時期にいっせいに幼虫が成虫になり、交尾したあと死ぬ。

6 カゲロウ
オハイオ州のエリー湖で毎年大量に羽化する。羽化した成虫は、交尾して卵を産むと死ぬ。

7 グンタイアリ
中南米でみられるアリ。「レイド（襲撃）」とよばれる大群は、成虫10万〜200万匹からなる。

8 アフリカナイズドミツバチ
攻撃的な交雑種で、ブラジルのサンパウロで最初に自然に放された。数千匹の群れでコロニーをつくる。

9 トンボ
1991年のアルゼンチンで、推定40億〜60億匹ものトンボが大群で移動するようすがみられた。

10 羽アリ
イギリスでは毎年、アリの繁殖行動の一環として羽アリが大発生する。

11 サスライアリ
中央アフリカや東アフリカでみられるアリ。大群で移動し、進路にいる動物を殺す。病気やけがで逃げられない人間も殺されることがある。

ポゴノミルメクス・マリコパ（シュウカクアリのなかま）
最強の毒。12回刺せばネズミ1匹を殺せる。

カゲロウ
成虫になってからの寿命が最短。カゲロウは一生のほとんどを水生の幼虫としてすごす。羽をもつ成虫に変態したあとは、交尾して卵を産むあいだしか生きられない。もっとも極端な例は、ドラニア・アメリカーナで、成虫になってからの寿命はわずか数分だ。

リニオグナタ
最古の昆虫。1919年、4億年前の化石がスコットランドでみつかった。羽をもっていたと考えられている。

ホソバネヤドリコバチ
最小の昆虫。体長0.14mm。高性能の顕微鏡を使わないと見えない。

シロアリの女王
最長の寿命。長いもので45年も生きられる。

ゴライアスオオツノハナムグリ
もっとも重い幼虫。大きいもので100gにもなる。

---

12 カの大群
2012年5月、ベラルーシのミコルツィ近くの湖でカの大群が羽化した。

13 バッタ
記録に残る最大の群れは、1954年にケニアで発生したものだ。推定100億匹のバッタからなり、200km²もの地域を覆いつくした。

14 ユスリカ
湖で水生の幼虫として育ったユスリカが、繁殖のために群れをつくる。成虫になって飛べるようになると、水面を飛び立ち、交尾の相手を探すのだ。

推定1000京（10,000,000,000,000,000,000

世界の生きもの

ミツバチ
ミツバチが群れをつくるのは、それまでの巣を離れて新しい巣を探すときだ。少数の「斥候」が巣に適した場所をみつけると、女王バチとコロニーの本体が新しい巣へ飛んでいく。

オオカバマダラ
毎年、無数のオオカバマダラが、本能だけを頼りに、暖かい場所を求めてアメリカの北部からはるか南のメキシコまで4000 kmもの旅をする。春になると、また北へ戻る。

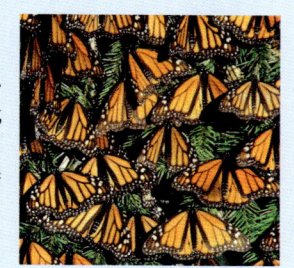

ユスリカ
アフリカのビクトリア湖では、毎年交尾の時期になると、ユスリカの大群が現れる。何万匹ものオスが踊るように舞いながら、メスをひきつけようとする。あまりにも群れが大きいので、巨大な茶色の雲のように見える。

アワフキ
高跳び世界一。体高の150倍にあたる71 cmも跳びあがることができる。人間でいえば、60階だてのビルを跳び越えるくらいの跳躍力だ！

ピクナ・レパンダ（ニイニイゼミのなかま）
もっともやかましい昆虫。最高120デシベルで鳴く。救急車のサイレンと同じくらいの騒音だ。

カメムシ
最強の悪臭。1〜1.5 m離れたところにいる人間が、悪臭をかぐことができる。

ノミ
幅跳び世界一。体長の200倍もの距離を跳び越えることができる。

フンコロガシ
もっとも力の強い昆虫。体重の1141倍もある物体を動かすことができる。平均的な人間が、満員の2階だてバス6台を引っぱるのと同じくらいの力だ。

チャンズ・メガスティック（ナナフシのなかま）
最長の体。体長56.7 cm。これまでに6匹の標本しかみつかっていない。発見地はすべてボルネオ島だ。

オーストラリアタイガービートル
最速のランナー。時速9 kmで走る。人間でいえば、時速770 kmで走る速さに相当する。

ジャイアントウェタ
もっとも重い昆虫。大きいもので70 gにもなる。スズメよりも重い。

アブ
最速の飛行。離陸時に、時速145 kmという瞬間最高速度を記録したことがある。次に速いトンボやスズメガの飛行速度は、時速50〜55 km程度だ。

"科学者の推定では、まだ**発見されていない昆虫**は、**400万〜2000万種**にものぼるという"

昆虫

昆虫の種類は、知られているだけでも100万種を超え、さらに新種が毎年発見されている。昆虫たちは魅力的な習性をもち、その奇妙な姿は、顕微鏡や特別なカメラの助けを借りて見ることができる。

匹もの昆虫が、地球上にはつねに生息している。

61

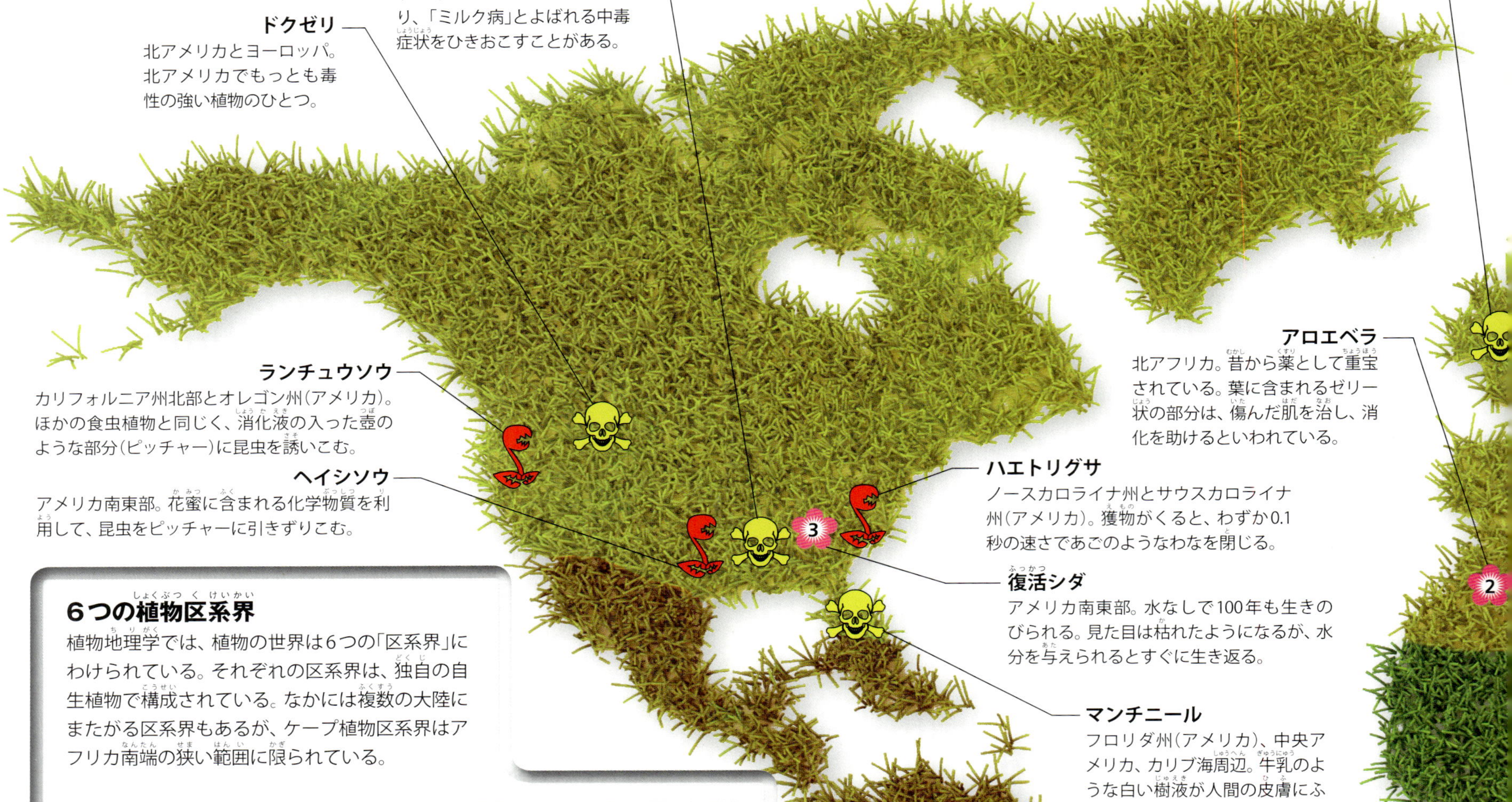

ヨーロッパイチイ
ヨーロッパ。すべての部分に毒がある。鮮やかな赤い色をしたベリーのような果実がなるが、その中にある種も有毒である。

マルバフジバカマ
北アメリカ東部。食物連鎖をつうじてウシから人間へ毒が伝わり、「ミルク病」とよばれる中毒症状をひきおこすことがある。

ドクゼリ
北アメリカとヨーロッパ。北アメリカでもっとも毒性の強い植物のひとつ。

アロエベラ
北アフリカ。昔から薬として重宝されている。葉に含まれるゼリー状の部分は、傷んだ肌を治し、消化を助けるといわれている。

ランチュウソウ
カリフォルニア州北部とオレゴン州(アメリカ)。ほかの食虫植物と同じく、消化液の入った壺のような部分(ピッチャー)に昆虫を誘いこむ。

ヘイシソウ
アメリカ南東部。花蜜に含まれる化学物質を利用して、昆虫をピッチャーに引きずりこむ。

ハエトリグサ
ノースカロライナ州とサウスカロライナ州(アメリカ)。獲物がくると、わずか0.1秒の速さであごのようなわなを閉じる。

復活シダ
アメリカ南東部。水なしで100年も生きのびられる。見た目は枯れたようになるが、水分を与えられるとすぐに生き返る。

マンチニール
フロリダ州(アメリカ)、中央アメリカ、カリブ海周辺。牛乳のような白い樹液が人間の皮膚にふれると、水ぶくれのようになる。

オジギソウ
中央アメリカと南アメリカ。ネムリグサの一種で、すばやく動くことのできる数少ない植物のひとつ。触ると葉が閉じ、たれさがる。数分たつとまた開く。

ゲンリセア
アフリカ、中央アメリカ、南アメリカ。地下に生える奇妙な葉を使って、土のなかにいる獲物をわなにかける。

6つの植物区系界

植物地理学では、植物の世界は6つの「区系界」にわけられている。それぞれの区系界は、独自の自生植物で構成されている。なかには複数の大陸にまたがる区系界もあるが、ケープ植物区系界はアフリカ南端の狭い範囲に限られている。

全北植物区系界
北アメリカとユーラシア。自生植物は、バラ(写真)、カバノキ、アブラナ、サクラソウ、ユキノシタ、キンポウゲなど。

新熱帯植物区系界
メキシコから南アメリカ南部にかけての地域。特徴的な自生植物は、パイナップルやサボテン(写真)など。

旧熱帯植物区系界
アフリカのほとんどの地域、南アジア、ポリネシア。自生植物は、アンブレラアカシア(写真)やバオバブなど。

オーストラリア植物区系界
オーストラリア。オーストラリアの植物の多くは、ほかの地域のものとはまったく違う。ブラシノキ(写真)もそのひとつだ。

南極植物区系界
南アメリカ南部、ニュージーランド、南極。フランコア(写真)は、この区系界の数少ない自生植物のひとつだ。

ケープ植物区系界
南アフリカのケープタウン周辺。狭いが多様性に富み、キングプロテア(写真)をはじめ、約9000種の植物が生息している。

62　ウェルウィッチアの寿命は、長いもので1500年にもなると

世界の生きもの

植物の世界

地球上には、推定40万種以上の植物が生息しているといわれる。おそらく、実際はそれよりもずっと多いだろう。多様な植物が生息している地域もあれば、南極大陸のように、植物がほとんどみられない場所もある。

ポイント

☠ **有毒植物**
植物のなかには、毒をもつものもある。この地図では、とくに毒の強い10種類を示している。

🪱 **食虫植物**
昆虫などの小動物をわなでとらえ、消化する。

🌸 **驚くべき植物**
地図上では、4つの驚くべき植物を示している。だが、世界にはもっとたくさんのすばらしい植物が存在している。

ムシトリスミレ
ヨーロッパ、南北アメリカ、アジアの沼地。葉に生えたねばねばの毛で虫を捕まえる。

トリカブト
北半球の山岳地帯。アコナイトともよばれる。根の部分に猛毒が含まれている。

モウセンゴケ
世界中の沼地。葉の表面に粒のようについた粘液で昆虫を捕まえる。

ムジナモ
アフリカ、アジア、オーストラリア、ヨーロッパ。淡水に生息する水草で、ハエトリグサに似ている。

ベラドンナ
ヨーロッパ、北アフリカ、西アジア。

オオウツボカズラ
ボルネオ。巨大な食虫植物で、ネズミやトカゲを捕まえて食べることもある。

トウゴマ
東アフリカ、地中海周辺、インド。猛毒リシンの原材料になる。

トウアズキ
インドネシア。この植物の毒は、インド南部で植物薬として使われている。

ウェルウィッチア
ナミブ砂漠。バンドのような細長い葉を2枚だけ生やす。葉は何世紀にもわたってのび続け、長いもので6.2mにもなることがある。

ビブリス
西オーストラリア。ねばねばした葉で昆虫をとらえる。

タヌキモ
アフリカ。湿った岩の表面に生え、袋のようなわなで小さな獲物を捕まえる。

われているが、そのあいだにのばすのは2枚の巨大な葉だけだ。

63

生物多様性

生物多様性とは、生物（種）の豊富さを表すものだ。熱帯雨林のような場所は、もともと生物多様性が高い。環境が厳しくなると種の数も少なくなるが、そうした種はその地域だけでしかみられないことも多く、どれも貴重なことには変わりない。

生物種の総数
鳥や爬虫類などの脊椎動物には、何万もの種がある。だが、そのほかの生物、とくに昆虫に比べれば、その数はとるにたりないものだ。

各グループの多様性

1万3000	藻類
7万4000	菌類
1万7000	地衣類
32万	植物
8万5000	軟体動物（イカ、二枚貝、巻貝など）
4万7000	甲殻類（カニ、エビなど）
10万2000	クモ形類（クモ、サソリなど）
100万	昆虫
7万1000	その他の無脊椎動物（背骨のない動物）
6万2000	脊椎動物（背骨のある動物）

7万種のゾウムシ
ゾウムシは甲虫のひとつの科にすぎないが、世界中の脊椎動物をあわせたよりも多くの種が存在している。

クビナガオトシブミ　　クラトソムス・ロッダミ　　リンネホウセキゾウムシ

不毛な北極圏
寒いカナダの北極圏では、植物の成長がとても遅いため、食べものがあまり行きわたらない。植物は地をはう種類がほとんどで、数少ない小動物だけが生息している。森林とは違って、この地域の生物多様性は低い。

豊かなアマゾン
アマゾンは地球最大でもっとも多様な森林地帯だ。一般的に、広い地域を途切れなく覆う大きな生息環境は、きわめて多様な種を維持することができる。

荒れはてたサハラ砂漠
この乾燥した環境には両生類はほとんどいないが、ここで生きのびている数少ない種は、砂漠に適応して独自の進化をとげている。サハラ砂漠の大昔からある地域を保存すれば、めずらしい動物たちが生きのびるだろう。

独特な大西洋森林
細長くのびるこのブラジル沿岸部の熱帯雨林の特徴は、種の数が多いだけではない。ほかの熱帯雨林とは離れた場所にあるため、多くの種はここでしかみられない。

ポイント
この地図では、世界の大陸の生物多様性のパターンを示している。この多様性は、哺乳類5700種、両生類7000種、鳥類1万種を集計したものだ。たいていの場合、この3つのグループの多様性が、昆虫や植物などを含む全体の多様性を反映している。海の生物多様性は陸よりも低いとされているが、この地図では示していない。

もっとも低い　　　　もっとも高い
生物多様性（種の豊富さ）

ボルネオの熱帯雨林では、東京ディズニーランドほどの

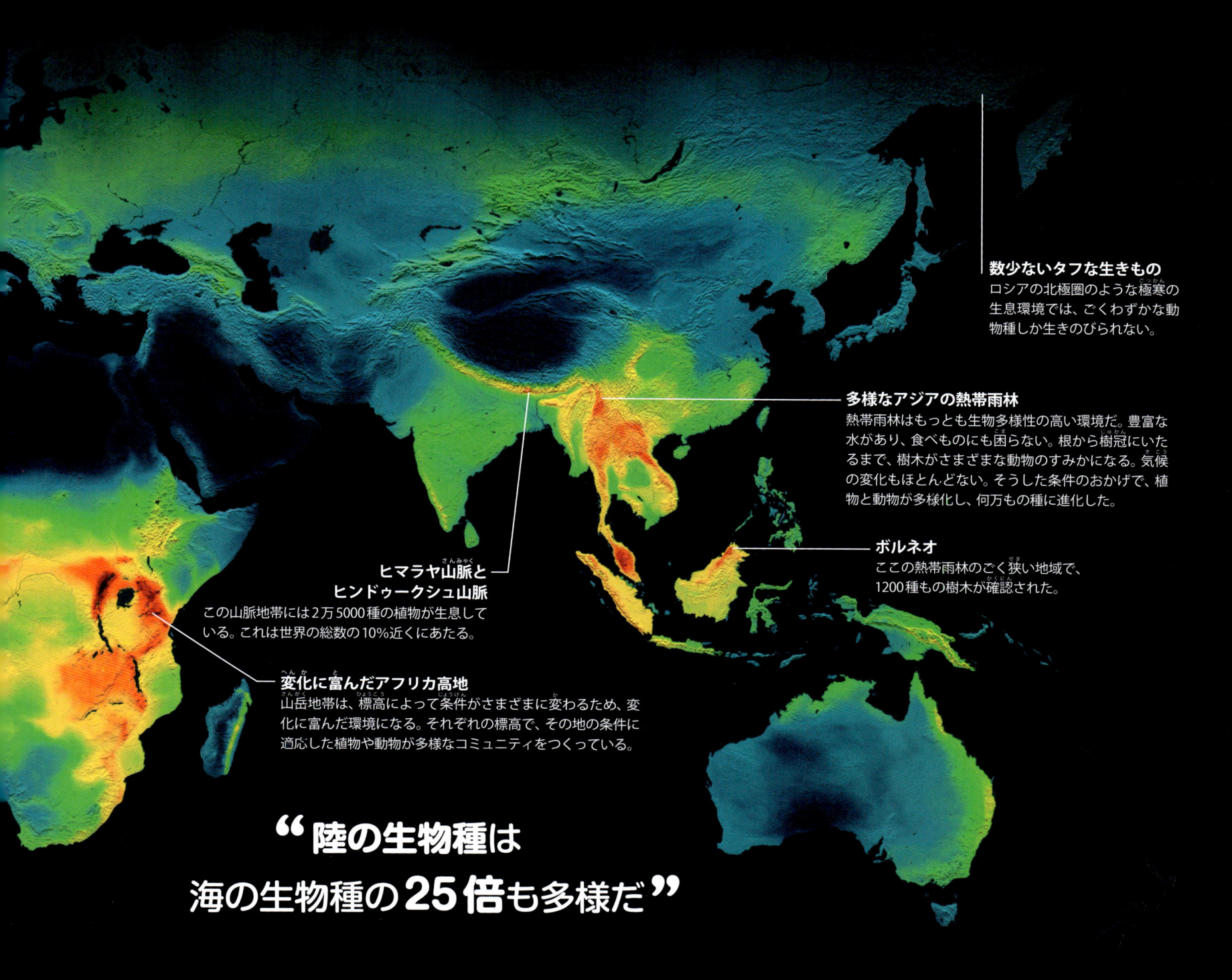

世界の生きもの

数少ないタフな生きもの
ロシアの北極圏のような極寒の生息環境では、ごくわずかな動物種しか生きのびられない。

多様なアジアの熱帯雨林
熱帯雨林はもっとも生物多様性の高い環境だ。豊富な水があり、食べものにも困らない。根から樹冠にいたるまで、樹木がさまざまな動物のすみかになる。気候の変化もほとんどない。そうした条件のおかげで、植物と動物が多様化し、何万もの種に進化した。

ボルネオ
ここの熱帯雨林のごく狭い地域で、1200種もの樹木が確認された。

ヒマラヤ山脈とヒンドゥークシュ山脈
この山脈地帯には2万5000種の植物が生息している。これは世界の総数の10%近くにあたる。

変化に富んだアフリカ高地
山岳地帯は、標高によって条件がさまざまに変わるため、変化に富んだ環境になる。それぞれの標高で、その地の条件に適応した植物や動物が多様なコミュニティをつくっている。

> "陸の生物種は海の生物種の**25倍**も多様だ"

ヤドクガエル
中南米の熱帯雨林に生息するヤドクガエル科には、175の種がいる。どの種も近い関係にあるが、それぞれが少しずつ違う形に進化した。

| マネシヤドクガエル | グラヌリフェラヌスヤドクガエル | ミイロヤドクガエル | キオビヤドクガエル | ブラジルナットヤドクガエル | モウドクフキヤガエル |

固有の生きもの

地球上には、そこでしかみられない動物や植物が生息している場所がある。そうした場所の多くは、ほかの場所とは切り離された絶海の孤島だ。そのほか、めずらしい生息環境のおかげで、固有の生物が生息しているケースもある。

カリフォルニア
地中海性気候のこの地域では、世界最大の生物であるセコイアオスギ（巨大な針葉樹の一種）などからなる独自の森林が形づくられている。

メキシコのマツとオークの森林
メキシコの山沿いの森林には、周辺ではみられない生息環境が点在している。4000種近い固有の植物や、シロマダラウズラなどのめずらしい鳥が生息している。

ハワイとポリネシア
大陸から遠く離れたこのあたりの島にたどりついたのは、ごく一部の生物だけだ。ハワイにはアリがいないが、500種にのぼる固有のミバエがいる。そのどれもが、800万年前に島に飛ばされてきたひとつの種から進化したものだ。なかには、空を飛べず、アリのような生活をするようになったミバエもいる。ハワイには固有の植物もたくさんある。山頂付近でしかみられない奇妙なギンケンソウもそのひとつだ。

ガラパゴス諸島
巨大な陸ガメなどの固有の生物をチャールズ・ダーウィンが発見したことで有名になった。

熱帯アンデス
この山脈地帯はおそらく地球上でもっとも両生類が豊富で、664種が生息しているが、うち450種が絶滅の危機にさらされている。この地域にすむ1700種の鳥類のうち、イラストのノドアカミドリカザリドリなどの600種は、ここでしかみられないものだ。

地中海西部
ヨーロッパのなかでも固有の生物が多いホットスポット。マヨルカ島には、ここでしかみられないサンバガエルの一種が生息している。バーバリーマカクは、ジブラルタルや、モロッコとアルジェリアの一部にしか生息していない。

カナリア諸島
アフリカ沖のカナリア諸島には、ここにしかない植物が豊富に生息している。この群島を原産とする鳥はカナリアと名づけられた。

カリブ諸島
それぞれの島に、数多くの独自の植物と動物が生息している。イラストのナイトアノールは、キューバにしかいないトカゲのなかまだ。

大西洋森林
この細長くのびる熱帯雨林は、アマゾンの熱帯雨林とは切り離されているため、固有の生物が生息している。絶滅の危機にあるゴールデンライオンタマリンもそのひとつだ。

"**カナリア諸島**に生息する固有の植物の**75%**は、**絶滅の危機に瀕している**"

世界の植物の7%近くは熱帯でしかみられない。

世界の生きもの

固有種のホットスポット

この地図で示すホットスポットには、限られた地域でしかみられない植物種が数多く生息することがわかっている。そうした植物は、その地域の「固有種」と表現される。これらの植物のホットスポットでは、固有の動物も多くみつかっている。

- 🟥 固有種の多い地域

バイオーム

- 🟩 乾性熱帯広葉樹林
- 🟩 湿性熱帯広葉樹林
- 🟩 温帯草原
- ⬜ ツンドラ
- 🟨 熱帯針葉樹林
- 🟩 亜寒帯針葉樹林
- 🟪 山岳草原
- ⬜ 極砂漠
- 🟨 温帯広葉樹林
- 🟨 サバンナ
- 🟩 地中海性低木林
- 🟥 マングローブ林
- 🟩 温帯針葉樹林
- 🟦 氾濫草原
- 🟨 砂漠と乾性低木林

地中海東部
レバノンスギは限られた地域にしか生息していない。生息地は、レバノン、イスラエル、パレスチナのほか、シリア、ヨルダン、トルコの一部など。

中国南西部の山岳地帯
それぞれの山脈に独自の生きものがいる。クロシロイボハナザルなど、絶滅のおそれがあるいくつかの種も、ここにしか生息していない。

フィリピン
フィリピンに生息する1000種のランのうち、70%はほかではみられない。

ウォレシア
この地域は、19世紀の自然学者アルフレッド・ラッセル・ウォレスにちなんで名づけられた。ブタに似たバビルサをはじめ、この地域に固有の動物を発見した人物だ。

ニューギニア島
この大きな島は、固有種の鳥類のパラダイスになっている。クロキノボリカンガルーなど、この地域固有のキノボリカンガルーも生息している。

東メラネシア諸島
長く連なる諸島に、3000種の固有の植物や美しいアゲハチョウが生息している。イラストはオオルリアゲハ。

エチオピア高原
この高原地帯には、30種の固有の鳥類や、絶滅のおそれがあるアビシニアジャッカルが生息している。

マダガスカル島
マダガスカル島の哺乳類の98%、爬虫類の92%、植物の68%はここだけに生息する。この島で繁殖する鳥類の41%はほかではみられない。「マンテラ」とよばれるカエルのなかまは、16種すべてがこの島に固有のものだ。

スリランカと西ガーツ
このホットスポットには、5000種の顕花植物、139種の哺乳類、508種の鳥類、179種の両生類が生息している。

スンダランド
近隣ではみられない固有の生きものが生息しているため、周辺の地域と区別されている。この地域固有の奇妙な植物のひとつが、死体のようなにおいのするラフレシアだ。

東アフリカ高原
サバンナの海に浮かぶ島のようなこの高原には、めずらしい植物が生息している。ケニア山やキリマンジャロ山の斜面に生えるジャイアントロベリアもそのひとつだ。

西オーストラリア
南アフリカのケープ地域と同じく、このあたりも「生物学的孤島」で、地中海性の低木林が広がっている。奇妙な植物カンガルーポーをはじめ、ほかではみられない植物がたくさんある。

ケープ地域
この小さな地域には、驚くほど独特な植物の世界が広がっている。イラストのピンクッションをはじめ、6000種の固有種が生息している。

ニューカレドニア
飛べない奇妙な鳥カグーは、世界中でここでしかみられない。

ごが、熱帯地域は世界の陸地の0.8%にすぎない。

67

絶滅寸前の生きものたち

この地図の動物たちは、国際自然保護連合（IUCN）のレッドリストで「絶滅寸前種」に分類されている。絶滅寸前種とは、ごく近い将来、野生の個体が絶滅するおそれがきわめて高いことを意味する。

"2000種を超える動物が絶滅の危機にある"

地図上の動物

- **コバシウミスズメ** — アラスカ、ロシアの極東地域
- **オウムハシハワイマシコ** — ハワイ（アメリカ）
- **コガシラネズミイルカ** — カリフォルニア湾
- **ハワイモンクアザラシ** — ハワイ（アメリカ）
- **グランドケイマンイワイグアナ** — グランドケイマン島、カリブ海
- **ヤセフキヤガマ** — コスタリカ
- **ウミアオコンゴウインコ** — アルゼンチン、ウルグアイ、パラグアイ、ブラジル
- **チビオチンチラ** — ボリビア・チリ国境の山岳地帯
- **スペインオオヤマネコ** — スペイン
- **ヒポシデロス・ラモッテイ（コウモリのなかま）** — ニンバ山（ギニア、リベリア、コートジボワールの国境付近）
- **ニシローランドゴリラ** — コンゴの熱帯雨林
- **スクレータークロキツネザル** — マダガスカル

解説

オウムハシハワイマシコ
生息環境の森林が破壊され、絶滅の危機に瀕している。生き残っているのは500羽ほどだ。

ハワイモンクアザラシ
かつては毛皮と脂を目当てに獲られていたが、現在では魚網にからまったり、海洋汚染のせいで死んだりすることが多い。

コガシラネズミイルカ
このネズミイルカのなかまは、世界でもっとも絶滅のおそれが高い海生哺乳類だ。いまでは100〜300頭ほどしか残されていない。

コバシウミスズメ
巨大タンカーから流出した原油のせいで、何千羽も命を落とした。

グランドケイマンイワイグアナ
グランドケイマン島にしかいないイグアナのなかま。保護活動のおかげで、数が増えつつある。

ヤセフキヤガマ
いくつかある種のうちの1種が、真菌病のせいで絶滅寸前に陥っている。

チビオチンチラ
やわらかな灰色の毛皮を目当てに乱獲されたせいで、野生でほぼ絶滅してしまった。

ウミアオコンゴウインコ
多くの個体がとらえられ、ペットとして売られたため、めったにみられなくなってしまった。過去100年で2回しか目撃されていない。

スペインオオヤマネコ
もし絶滅したら、過去1万年ではじめて絶滅した大型のネコ科動物ということになる。

ニシローランドゴリラ
ニシローランドゴリラの多くが、肉を目当てに殺されたり、病気で死んだりしている。

ヒポシデロス・ラモッテイ（コウモリのなかま）
アフリカに生息する哺乳類。おもに生息環境が失われたせいで、絶滅の危機に瀕している。

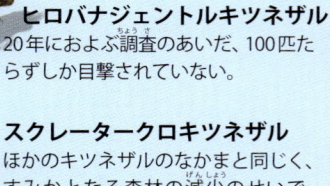

ヒロバナジェントルキツネザル
20年におよぶ調査のあいだ、100匹たらずしか目撃されていない。

スクレータークロキツネザル
ほかのキツネザルのなかまと同じく、すみかとなる森林の減少のせいで、近いうちに絶滅する可能性が高い。

ロシアチョウザメ
ベルーガキャビアとよばれる卵を目当てに殺されている。

インドハゲワシ
耐久力をつける薬を与えられたウシの死骸を食べたせいで、多くのインドハゲワシが死んだ。

フタコブラクダ
野生で生き残っているのは1000頭もいない。

グリフィス・シアメンシス（メジロザメのなかま）
もう何年も目撃されていないため、野生では絶滅してしまったのかもしれない。

スマトラオランウータン
森林伐採により数が減り、わずか7000頭ほどしか残されていない。

68 　数少なくなったカカポ（フクロウオウム）を救おうと、多くの人か

世界の生きもの

絶滅のおそれがある動物

わたしたちの地球には、たくさんの種類の動物が暮らしているが、その多くは絶滅の危機に瀕している。最大の理由は、人間が動物たちの生息環境を破壊していることだ。なかには、生息環境で50年以上にわたって目撃されていないため、「野生絶滅」が宣言された動物もいる。

ロシアチョウザメ
カスピ海、黒海、アゾフ海、ウラル川、ボルガ川、ドナウ川

フタコブラクダ
ゴビ砂漠(モンゴル、中国)

インドハゲワシ
パキスタン、インド

スマトラオランウータン
スマトラ島(インドネシア)

ヒロバナジェントルキツネザル
マダガスカル

グリフィス・シアメンシス(メジロザメのなかま)
イラワジ川(ミャンマー)の河口付近

パランティカ・ダビディ(アサギマダラのなかま)
フィリピン

ジャワサイ
ジャワ島(インドネシア)

デビッドキョウミユビハリモグラ
ニューギニア島

フサオネズミカンガルー
西オーストラリア

ミナミマグロ
南氷洋全域

ミナミマグロ
大型の硬骨魚類で、食料として乱獲されたせいで絶滅の危機に瀕している。

カカポ(フクロウオウム)
大型の飛べないオウムで、最初にニュージーランドに入植した人間たちに狩られて減少した。いまでは150羽以下しか残っていない。

ジャワサイ
おとなのサイわずか50頭ほどが、ジャワ島に残された熱帯雨林で生きのびている。

パランティカ・ダビディ(アサギマダラのなかま)
世界でもとくに絶滅のおそれが大きいチョウで、フィリピンでしかみられない。

デビッドキョウミユビハリモグラ
絶滅寸前に陥っている3種のハリモグラのうちの1種。

フサオネズミカンガルー
この有袋類は近年、劇的に数が減っており、野生では5000匹以下しか残っていない。

カカポ(フクロウオウム)
ニュージーランド沖の島々

努力している。保護されたカカポの1羽1羽に名まえがつけられている！

69

絶滅した動物

南北アメリカ

リョウコウバト
かつてはたくさんいた鳥で、200万羽もの群れをつくることもあった。

レイサンクイナ
ハワイに生息していたが、生息地が外来種のネズミやウサギに奪われてしまった。

グラウコプシケ・クセルクセス（カバイロシジミのなかま）
生息地だったカリフォルニアの砂丘が、都市開発により失われた。

オレンジヒキガエル
生息環境の減少や真菌病が絶滅の原因になったと考えられている。

カササギガモ
絶滅したのは人間による狩りのせいではない。というのも、この鳥の肉はおそろしくまずかったという記録があるからだ。

ピンタゾウガメ
ロンサム・ジョージという名の最後の1頭が2012年に死んだ。

クリプトナヌス・イグニトゥス（オポッサムのなかま）
生息地だったアルゼンチンの森林が、ウシを飼うための牧草地に変わってしまった。

フォークランドオオカミ
入植者による狩りのせいで絶滅した。

ユーラシア

オオウミガラス
肉と羽毛を目当てに、人間に狩られて絶滅した。

オーロクス
巨大なウシのなかまで、手当たりしだいに狩られて絶滅した。

クンミンイモリ
外来種の魚やカエルの侵入により絶滅した。

ヨウスコウカワイルカ
生息していた川が産業により汚染されて絶滅した。

ニホンアシカ
魚を餌としていたため、漁師に殺されて絶滅した。

ケナガマンモス
氷河期の終わりとともに、生息環境のほとんどがなくなった。

リョウコウバト — 1914年までに絶滅

グラウコプシケ・クセルクセス（カバイロシジミのなかま） — 1943年までに絶滅

レイサンクイナ — 1944年までに絶滅

ピンタゾウガメ — 2012年に絶滅

オレンジヒキガエル — 1989年に最後に目撃

クリプトナヌス・イグニトゥス（オポッサムのなかま） — 1962年に最後に目撃

カササギガモ — 1878年までに絶滅

オオウミガラス — 1852年に最後の1羽が殺された。

クアッガ — 1883年までに絶滅

エピオルニス（マダガスカル島） — 17世紀ごろに絶滅

フォークランドオオカミ — おそらく1876年に絶滅

この地図の動物たちは、ごく最近になってから絶滅したものだ。原因はおそらく、人間の活動の影響だろう。ただし、何億年もの動物界の歴史のなかでは、人間とは関係のない自然の絶滅もたびたび起きている。

現在の絶滅のペースは、自然に

世界の生きもの

アフリカ

クアッガ
目立つ模様をしていたため、狩人の格好の標的になった。

ラチスティア・アルダブラエ（カタツムリのなかま）
降水量がとつぜん減ったために絶滅した。おそらく、気候変動の影響だろう。

パレオプロピテクス（キツネザルのなかま）
ゴリラほどの大きさのキツネザルのなかまで、マダガスカル島にすんでいたが、400年ほど前に絶滅した。

エピオルニス
翼のない巨大な鳥で、人間による狩りのせいで絶滅した。

ドードー
飛べない鳥の一種。人間と、人間の連れてきた動物がモーリシャス島に定住してから、わずか100年のあいだに絶滅した。

オーストラリア

チビミミナガバンディクート
ネコとキツネのせいで絶滅したと考えられている。

ヒガシウサギワラビー
絶滅した一因は、生息地に侵入したネコに襲われたことだ。

サバクネズミカンガルー
いったんは絶滅したとされ、その後ふたたび生息が確認されたが、1994年にまた絶滅した。

クロエミュー
入植者と猟犬により絶滅に追いやられた。

フクロオオカミ
タスマニア島が最後の生息地だったが、入植者がしかけたわなや狩りによって絶滅に追いやられた。

モア
乱獲と生息環境の減少により絶滅した。

オーロクス
1627年までに絶滅

ケナガマンモス
紀元前1700年ごろまでに絶滅

ヨウスコウカワイルカ
2004年以降、確認されず

クンミンイモリ
1979年に最後に目撃

ニホンアシカ
1951年以降、確認されず

サバクネズミカンガルー
1935年以降、確認されず。ただし、1980年代まで目撃情報がよせられていた。

ヒガシウサギワラビー
1890年ごろまでに絶滅

ラチスティア・アルダブラエ（カタツムリのなかま）
（アルダブラ島、インド洋）
1997年に最後に目撃

パレオプロピテクス（キツネザルのなかま）
1600年ごろに絶滅

ドードー
（モーリシャス、インド洋）
1690年までに絶滅

チビミミナガバンディクート
1960年代まで目撃されていた。

モア
1400年ごろに絶滅

クロエミュー
1802年ごろまでに絶滅

フクロオオカミ
おそらく1936年に絶滅

> "すべての哺乳類の約23%が絶滅の危機に瀕している"

生じる絶滅と比べて1000倍以上も速い。

71

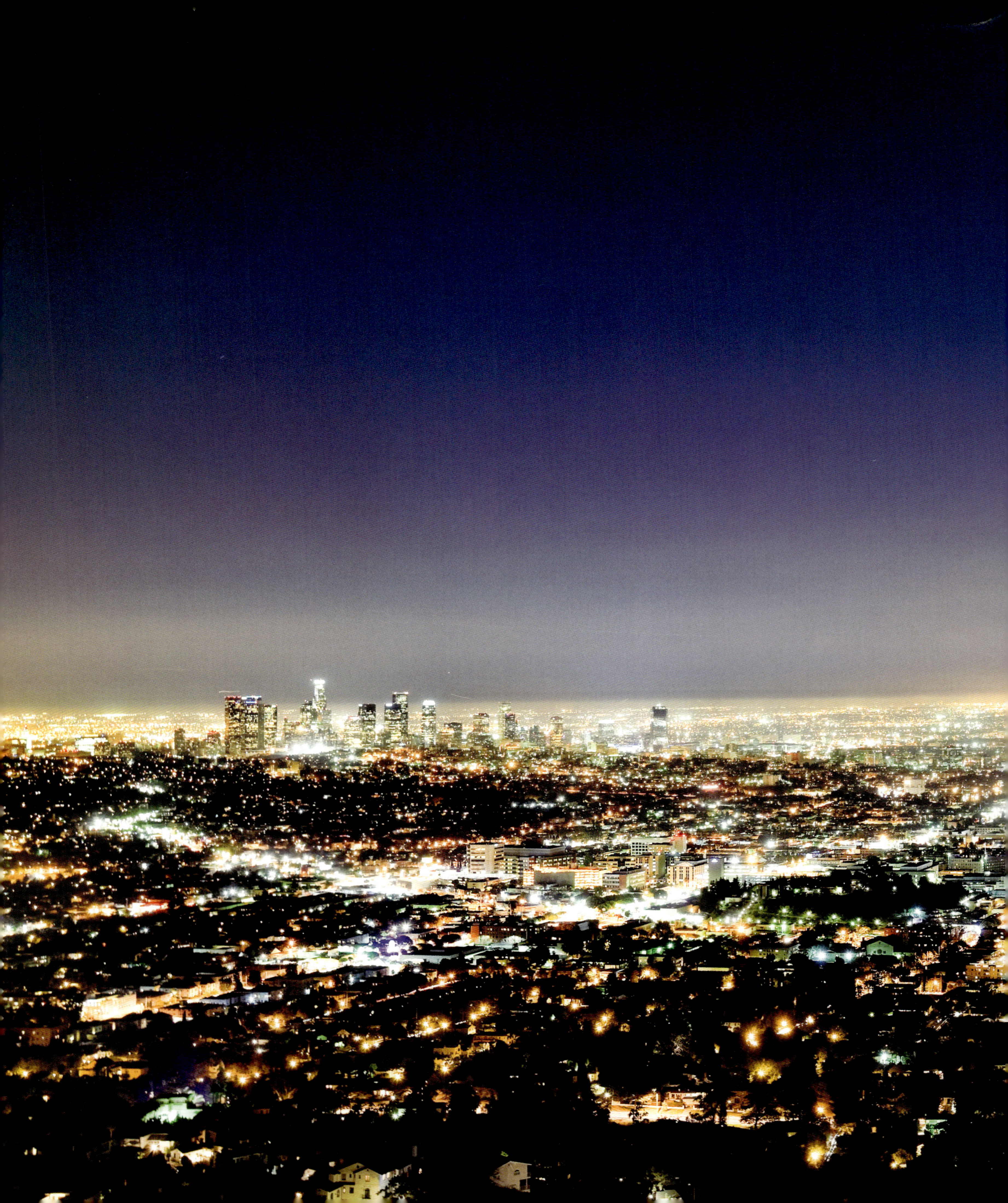

人間と地球

どこまでも広がる街
マウントハリウッドから撮影したカリフォルニア州ロサンゼルス(アメリカ)の夜景。地平線の果てまで街が広がり、左手にはダウンタウンの高層ビル群が見える。

はじめに

わたしたち人間は、ほかの動物や植物とともに、生物圏を形づくっている。「生物圏」とは、地球上で生物が生息している場所全体を表す言葉だ。およそ20万年前にアフリカで現生人類が誕生してから、人間は世界のほぼあらゆる場所に住みつき、灼熱の砂漠や極寒の北極圏にまで進出していった。それに伴い、人間の活動が生物圏に与える影響も世界中に広がっている。

人類の影響

地球上には、人類の「足跡」が広く深く刻まれている。わたしたち人間は、森を切り開いて食物を育て、地中から鉱石や金属を掘りだし、必要に応じて水路をつくり水をたくわえる。そうした活動が地球の風景を変えてきた。人間の居住地は大都市に集中し、どんどん大きくなった都市が周辺地域の食料やエネルギーを猛烈な勢いで消費している。

エネルギー

太陽光や風力を利用する新しい技術によって化石燃料の消費が抑えられている。化石燃料と違って、こうした自然のエネルギーは尽きることがない。

天然資源

地球の地殻には、金属、鉱石、化石燃料(石炭、石油、天然ガス)が埋まっているが、その量には限りがある。使い果たしてしまったら、補充することはできない。そのため、今後はリサイクルや再生可能エネルギーがますます重要になるだろう。

人口

人類が生まれてから、ほとんどの時代をつうじて、人口は比較的ゆっくりと増え続けてきた。紀元前1万年には、地球の人口はわずか100万〜500万人ほどだった。農業発明後の紀元前1000年には、人口はおよそ5000万人にまで増えた。産業革命初期の1804年に10億人に到達してからは、それまでになく速いペースで人口が増加している。

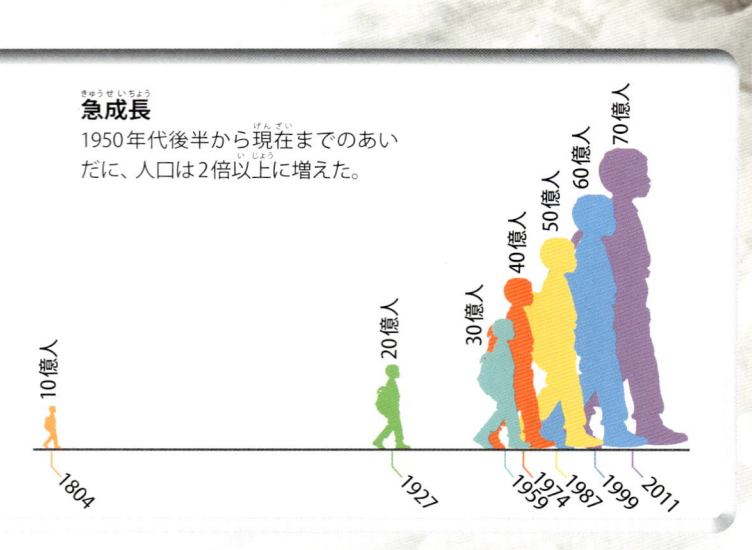

急成長

1950年代後半から現在までのあいだに、人口は2倍以上に増えた。

10億人 1804
20億人 1927
30億人 1959
40億人 1974
50億人 1987
60億人 1999
70億人 2011

1965年以降、世界の人口は2倍に

人間と地球

農業
1700年には、農作物の栽培や家畜の飼育に使われている土地は、地球の陸地の7％ほどだった。現在では40％にまで増えている。

汚染
自動車の排気ガス、工場から出る煙や化学廃棄物、原油の流出により、環境が汚染され、植物や動物の暮らしが脅かされている。

保護
地域固有の植物や動物を保護するために、多くの国が保護地域を設けている。保護地域では農業や工業が禁止され、人が新たにすみつくこともできない。

水の利用
人間はダムや貯水池をつくって水をたくわえている。たくわえられた水は、飲料水や工業用水、灌漑用水、発電などに使われる。

繁栄する種
人類が種として繁栄しているのは、まわりにある材料を利用して、身を守ったり住む場所をつくったりできるからだ。この能力のおかげで、どれほど過酷な環境でも、地球上のほぼあらゆる場所に住むことができる。北アメリカの北極圏に暮らすイヌイットは、何千年も前から、カリブー（トナカイ）の毛皮でできたコートや、アザラシの皮の防水ブーツをつくっていた。どうにか工夫をこらして、資源の乏しい北極圏で生きてきたのだ。

イヌイットの舟
「ウミヤック」はイヌイットの人々が伝統的に使っているボートだ。流木やクジラの骨で骨組みをつくり、セイウチやアザラシの皮をはってある。この地域の法律では、イヌイットの伝統的な道具を使う場合に限り、例外的にクジラ漁が認められているため、ウミヤックはいまでも使われている。

なったが、世界の富は7倍に増えた。

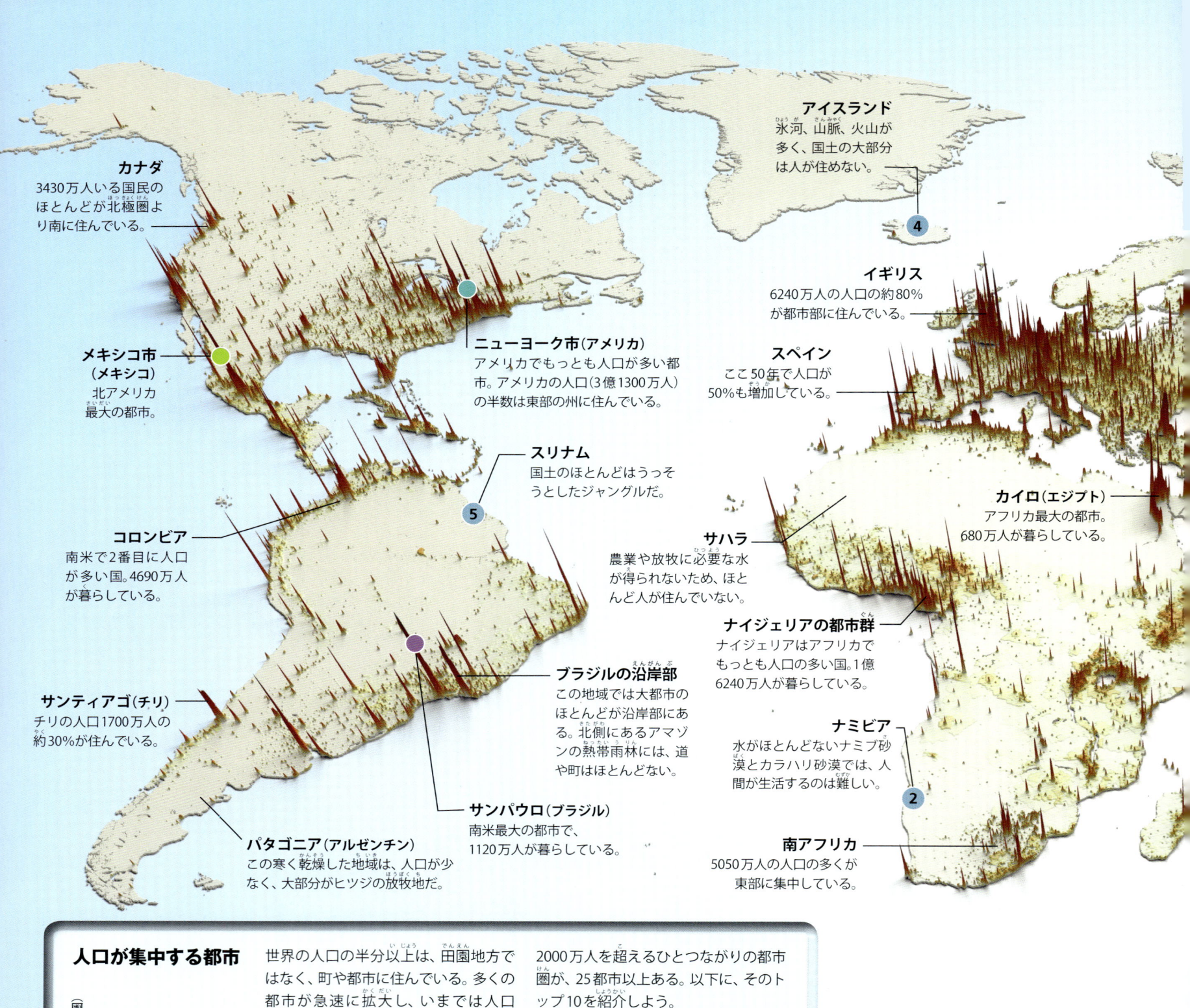

カナダ
3430万人いる国民のほとんどが北極圏より南に住んでいる。

アイスランド
氷河、山脈、火山が多く、国土の大部分は人が住めない。

メキシコ市（メキシコ）
北アメリカ最大の都市。

ニューヨーク市（アメリカ）
アメリカでもっとも人口が多い都市。アメリカの人口（3億1300万人）の半数は東部の州に住んでいる。

イギリス
6240万人の人口の約80％が都市部に住んでいる。

スペイン
ここ50年で人口が50％も増加している。

スリナム
国土のほとんどはうっそうとしたジャングルだ。

コロンビア
南米で2番目に人口が多い国。4690万人が暮らしている。

サハラ
農業や放牧に必要な水が得られないため、ほとんど人が住んでいない。

カイロ（エジプト）
アフリカ最大の都市。680万人が暮らしている。

ナイジェリアの都市群
ナイジェリアはアフリカでもっとも人口の多い国。1億6240万人が暮らしている。

サンティアゴ（チリ）
チリの人口1700万人の約30％が住んでいる。

ブラジルの沿岸部
この地域では大都市のほとんどが沿岸部にある。北側にあるアマゾンの熱帯雨林には、道や町はほとんどない。

ナミビア
水がほとんどないナミブ砂漠とカラハリ砂漠では、人間が生活するのは難しい。

サンパウロ（ブラジル）
南米最大の都市で、1120万人が暮らしている。

南アフリカ
5050万人の人口の多くが東部に集中している。

パタゴニア（アルゼンチン）
この寒く乾燥した地域は、人口が少なく、大部分がヒツジの放牧地だ。

人口が集中する都市

世界の人口の半分以上は、田園地方ではなく、町や都市に住んでいる。多くの都市が急速に拡大し、いまでは人口2000万人を超えるひとつながりの都市圏が、25都市以上ある。以下に、そのトップ10を紹介しよう。

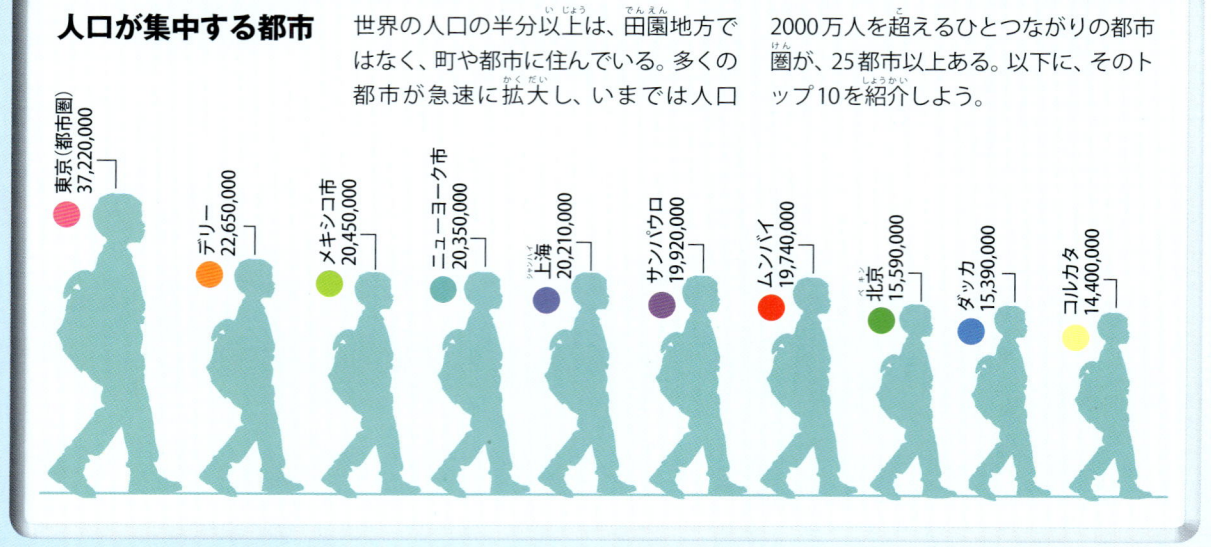

- 東京（都市圏） 37,220,000
- デリー 22,650,000
- メキシコ市 20,450,000
- ニューヨーク市 20,350,000
- 上海 20,210,000
- サンパウロ 19,920,000
- ムンバイ 19,740,000
- 北京 15,590,000
- ダッカ 15,390,000
- コルカタ 14,400,000

ポイント
この地図は、人口密度（一定の面積に住む人の数）を表している。都市などの人口密度の高い場所は、茶色の山で示されている。

低 ← 人口密度 → 高

1800年の世界の人口は10億人未満だった。国連の推定に

人間の住む場所

全世界で70億の人口は地球上にむらなく分布しているわけではない。ほとんどの人間は、天然資源のある場所や、農業にむいた肥沃な土地に住んでいる。地球には、環境が厳しすぎて人類が繁栄できない場所もある。

シベリア（ロシア）
あまりにも寒くて作物が育たないため、人はほとんど住んでいない。ぽつぽつとある棒グラフは、凍ったツンドラの下から掘りだされる石油やガスの周囲にできた町を示している。

モスクワ（ロシア）
1100万人が暮らしている。

コルカタ（インド）
インド東部の中心地。

モンゴル
農業に適した土地がほとんどなく、遊牧民が小さなコミュニティをつくって暮らしている。

上海（中国）
中国最大の都市。

北京
中国の首都。

東京（日本）
1960年代以降、世界最大の都市となっている。

デリー（インド）
ガンジス川流域にあるインドの首都。ガンジス川流域には4億人もの人がひしめき、1km²あたりの人口は400人近くにもなる。

中国東部
中国の人口13億人の大半がこの地域に住んでいる。

ダッカ（バングラデシュ）
世界で人口密度がもっとも高く、建物が密集している都市。

マニラ（フィリピン）
郊外を含めなければ、世界でもっとも人口密度の高い都市となる。

ムンバイ（インド）
急成長しているインドの娯楽中心地。

ジャカルタ（インドネシア）
インドネシアの島々の中でジャワ島はずばぬけて人口が多い。急成長する首都ジャカルタもジャワ島にある。

オーストラリア
オーストラリアの中心部は、乾燥が激しく農業にむかないため、人口はとても少ない。

メルボルン（オーストラリア）
オーストラリアの人口のほとんどは、南東部の沿岸地域にある都市に住んでいる。メルボルンもそのひとつだ。

オークランド（ニュージーランド）
人口のほぼ3人に1人がここに住んでいる。

"フィリピンのマニラでは、サッカー場ほどの面積に平均**215人**が暮らしている"

人口密度の低い国

		総人口	1km²あたりの人口	1平方マイルあたりの人口
1	モンゴル	2,671,000	1.7	4.4
2	ナミビア	2,171,000	2.6	6.7
3	オーストラリア	23,238,688	3.0	7.8
4	アイスランド	319,575	3.1	8.0
5	スリナム	520,000	3.2	8.3

れば、2100年までには、人口は100億人に達するという。

世界にはおよそ4000万人の遊動民がいる

カナダのイヌイット
カナダの北極圏のうち、樹木の生える北限よりさらに北の地域。イヌイットはアラスカ、グリーンランド、ロシア極東地域にも住んでいる。

アワ族
エクアドル北部とコロンビア南部の熱帯雨林

ヌカク・マク
アマゾン川流域の熱帯雨林

アヨレオ族
ボリビアとパラグアイの乾燥した低地

サーミ人
スカンジナビア北部

ペイビー
アイルランド

ベジャ族
スーダン、エリトリア、エジプト

トゥアレグ族
サハラ砂漠

フラニ族
西アフリカ

トゥーブゥー族
ティベスティ山地（チャド）

カラモジョン族
ウガンダ北部

サン族
カラハリ砂漠（ボツワナ、ナミビア、南アフリカ）

南北アメリカ

カナダのイヌイット
4000年にわたって、イヌイットの言葉で「ヌナブート（我らの地）」とよばれる地域を移動しながら暮らしている。

アワ族
「アワピット」という大昔から伝わる独自の言葉を話す。

ヌカク・マク
優れた狩りの技をもつ民族で、1988年まで周囲とは完全に切り離された暮らしを送っていた。

アヨレオ族
狩猟・採集と農業を組みあわせた生活スタイルをもっている。

ヨーロッパ

ペイビー（アイルランドの旅人）
「旅人の法典」とよばれる厳しい道徳の教えを守っている。

サーミ人
5000年以上前から、トナカイを飼い、動物の毛皮をとって暮らしている。

ロマ
ロマ人は世界中に800万〜1000万人いるが、ほとんどはヨーロッパで暮らしている。

ネネツ族
毎年、巨大なトナカイの群れを連れて、長いときには1000 kmもの旅をする。

アフリカ

ベジャ族
ベジャのなかでも、移動生活をしているのは一部の部族だけだ。

トゥアレグ族
トゥアレグの文化では、女性ではなく男性がベールをかぶる。

トゥーブゥー族
テダ族とダザ族のふたつにわかれている。

フラニ族
大昔から、ヤギやヒツジ、ウシを連れて、西アフリカを広範囲に移動して暮らしている。

ガブラ族
アカシアの根と布を使って、ドーム型の家をつくる。

アファル族
乾季には川のそばに住み、雨季になると高地へ向かう。

カラモジョン族
カラモジョンは「もう歩けない老人」という意味だ。

サン族
獲物を追跡してしとめる優れた狩りの技術で知られる。

遊動民のほとんどは砂漠やステップ、ツンドラなどの乾燥した地域に

人間と地球

遊動民

遊動民（ノマド）は、毎年住む場所を変えて、新しい放牧地や狩り場を探す。家畜を飼う遊牧民もいれば、狩猟と採集で暮らす人々、行商をする人々もいる。遊動民の多くが村や町に定住するようになっているため、移動しながら暮らす生活スタイルは急速になくなりつつある。

ロマ
中央ヨーロッパ、東ヨーロッパ

カザフ族
カザフスタンやその他の中央アジア北部

ネネツ族
ロシアの北極圏

バクティアリ族
イラン南西部

カシュガイ族
イラン南西部

ベドウィン族
中東、おもにサウジアラビア

アファル族
アフリカの角

ガブラ族
ケニアのチャルビ砂漠とエチオピア南部の高地

ヤクート族
サハ共和国（ロシア）

エベンキ族
シベリア南部、モンゴル、中国の最北東部

モーケン族
ミャンマー南部とタイの西岸部

ペナン族
サラワク（マレーシア）

アジア

バクティアリ族
バクティアリは「幸運の担い手」という意味。いまでも季節とともに牧草地を移動して暮らす人もいる。

カザフ族
中国の新疆自治区には、いまでも遊牧をして暮らすカザフ人がたくさんいる。

ベドウィン族
砂漠を移動しながら暮らす民族で、客を手厚くもてなすことで知られている。

カシュガイ族
美しい羊毛の織物で知られる遊牧民。

チュクチ族
シベリアのベーリング海峡周辺

ヤクート族
トナカイを飼い、半定住・半遊牧の暮らしを送る。

エベンキ族
かつては家畜化したトナカイの小さな群れを飼い、トナカイに乗って移動していた。

チュクチ族
チュクチは「トナカイをたくさんもつ者」という意味だ。

モーケン族
水に潜って漁をするモーケンの子どもたちは、水中での視力がよい。

ペナン族
ペナンの社会では、あらゆるものが共有されている。

アボリジニ
オーストラリア

オーストラレーシア

アボリジニ
アボリジニの人たちは、およそ6万年前からオーストラリアの全域に住んでいた。

79

世界の年齢分布

貧しい発展途上国は豊かな先進国よりも平均年齢が若く、人口増加のペースも速くなる傾向がある。先進国では高齢化が進んでいて、なかには人口が減少している国もある。

世界の中位数年齢

「中位数年齢」とは、そこを境界として、人口を同じ数のふたつのグループにわけられる年齢のことだ。つまり、半数の人は中位数年齢よりも若く、半数の人は中位数年齢よりも年をとっている。中位数年齢が低いほど、その人口集団は若いということになる。全世界の中位数年齢は28.4歳だ。

年齢
- 14–20歳
- 20–25歳
- 25–30歳
- 30–35歳
- 35–40歳
- 40歳超
- データなし

人口ピラミッド

各年齢層の人口の多さを示すグラフを「人口ピラミッド」という。「若い人口集団」のピラミッドで表される国は大家族が多く、平均寿命が短い。平均寿命が長くなり、子どもが少なくなると、「高齢化する人口集団」になる。

グリーンランド
中位数年齢は33.5歳で、人口の70％以上が15～64歳だ。人口増加率はわずか0.4％。

カナダ
中位数年齢は40.7歳で、高齢化が進んでいる。約16％が65歳以上だ。

アメリカ
中位数年齢は36.9歳。0～14歳の割合は約20％。年間人口増加率は0.9％だ。

メキシコ
人口の28.2％が0～14歳で、中位数年齢は26.7歳だ。

グアテマラ
中央アメリカでもっとも若い国。中位数年齢は19.7歳。

イギリス
中位数年齢は40.5歳で高齢化が進んでいるが、人口はまだ増加している。

モロッコ
中位数年齢は26.5歳で、チュニジア（29.7歳）、アルジェリア（27.1歳）に次いで、アフリカで3番目に高い。

アフリカ
中位数年齢は19.7歳で、世界の大陸のなかでもっとも若い。

ガイアナ
中位数年齢は23.6歳で、南米でもっとも低い。人口の約32％が0～14歳だ。

ウルグアイ
中位数年齢は33.7歳で、南米でもっとも高い。

80　2100年には、世界の人口のおよそ22％が65歳

人間と地球

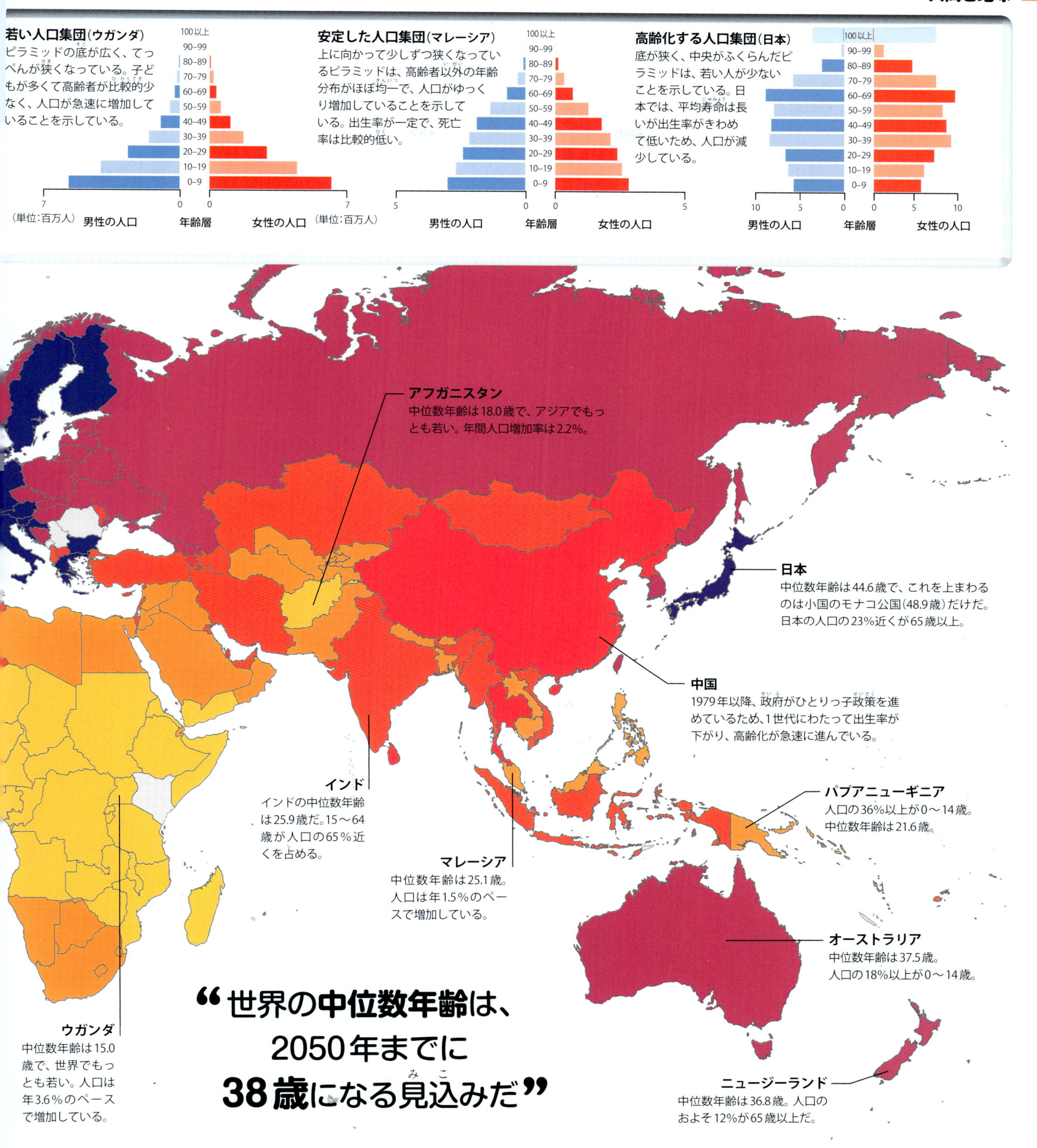

若い人口集団（ウガンダ）
ピラミッドの底が広く、てっぺんが狭くなっている。子どもが多くて高齢者が比較的少なく、人口が急速に増加していることを示している。

安定した人口集団（マレーシア）
上に向かって少しずつ狭くなっているピラミッドは、高齢者以外の年齢分布がほぼ均一で、人口がゆっくり増加していることを示している。出生率が一定で、死亡率は比較的低い。

高齢化する人口集団（日本）
底が狭く、中央がふくらんだピラミッドは、若い人が少ないことを示している。日本では、平均寿命は長いが出生率がきわめて低いため、人口が減少している。

アフガニスタン
中位数年齢は18.0歳で、アジアでもっとも若い。年間人口増加率は2.2%。

日本
中位数年齢は44.6歳で、これを上まわるのは小国のモナコ公国（48.9歳）だけだ。日本の人口の23%近くが65歳以上。

中国
1979年以降、政府がひとりっ子政策を進めているため、1世代にわたって出生率が下がり、高齢化が急速に進んでいる。

インド
インドの中位数年齢は25.9歳だ。15～64歳が人口の65%近くを占める。

マレーシア
中位数年齢は25.1歳。人口は年1.5%のペースで増加している。

パプアニューギニア
人口の36%以上が0～14歳。中位数年齢は21.6歳。

オーストラリア
中位数年齢は37.5歳。人口の18%以上が0～14歳。

ニュージーランド
中位数年齢は36.8歳。人口のおよそ12%が65歳以上だ。

ウガンダ
中位数年齢は15.0歳で、世界でもっとも若い。人口は年3.6%のペースで増加している。

"世界の**中位数年齢**は、2050年までに**38歳**になる見込みだ"

人上になっているだろう。2010年の時点では7.6%だ。

健康

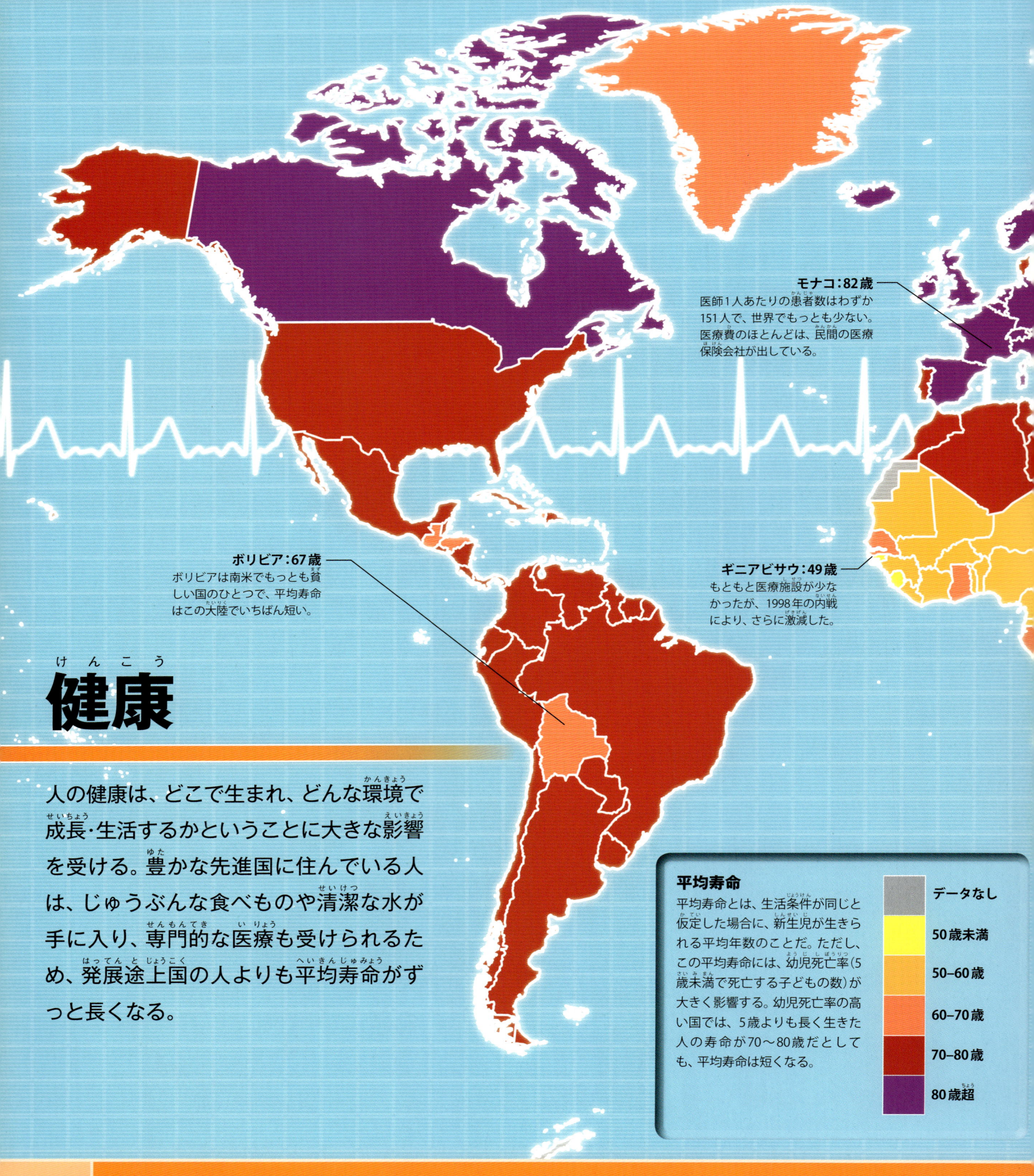

人の健康は、どこで生まれ、どんな環境で成長・生活するかということに大きな影響を受ける。豊かな先進国に住んでいる人は、じゅうぶんな食べものや清潔な水が手に入り、専門的な医療も受けられるため、発展途上国の人よりも平均寿命がずっと長くなる。

モナコ：82歳
医師1人あたりの患者数はわずか151人で、世界でもっとも少ない。医療費のほとんどは、民間の医療保険会社が出している。

ボリビア：67歳
ボリビアは南米でもっとも貧しい国のひとつで、平均寿命はこの大陸でいちばん短い。

ギニアビサウ：49歳
もともと医療施設が少なかったが、1998年の内戦により、さらに激減した。

平均寿命

平均寿命とは、生活条件が同じと仮定した場合に、新生児が生きられる平均年数のことだ。ただし、この平均寿命には、幼児死亡率（5歳未満で死亡する子どもの数）が大きく影響する。幼児死亡率の高い国では、5歳よりも長く生きた人の寿命が70〜80歳だとしても、平均寿命は短くなる。

- データなし
- 50歳未満
- 50–60歳
- 60–70歳
- 70–80歳
- 80歳超

アフリカ南部のスワジランドで生まれた赤ちゃんは、スウェーデン

人間と地球

アフガニスタン：48歳
妊婦の23人に1人が、出産か妊娠に関連する原因で死亡している。この割合は世界でもっとも高い。

日本：83歳
日本の医療制度は、世界保健機関（WHO）に世界最高と評価されている。

南スーダン：42歳
長年にわたる食料不足のせいで、子どもの3人に1人が発育不良だ。

"1900年の世界の平均寿命は30歳だった。現在は67歳だ"

オーストラリア：82歳
オーストラリアのなかでも、アボリジニの平均寿命はわずか70歳で、国全体の平均よりずっと短い。

医療と平均寿命の関係
健康を保ち、病気を治し、長生きをするためには、医師などによる医療が欠かせない。医師1人あたりの人口は、平均寿命を大きく左右するが、人の寿命にはそれ以外の要素も関係している。たとえば、ブータンとマラウイでは、医師1人あたりの人口はほぼ同じだが、平均寿命はブータンが63歳なのに対し、マラウイは47歳だ。

医師1人あたりの人口	
モナコ	151
キューバ	170
セントルシア	204
ベラルーシ	209
グルジア	214
リベリア	34,014
モザンビーク	37,313
ニジェール	41,841
ブータン	44,248
マラウイ	46,296

で生まれた赤ちゃんと比べて、5歳までに死ぬ確率が30倍も高い。

83

病原菌
多くの伝染病の原因は、顕微鏡でなければ見えないほど小さい生命体（病原菌）だ。病原菌は人間の体内で生きのび、無数に増殖する。また、体の接触、血液やだ液、空気をつうじて、人から人へ感染する。

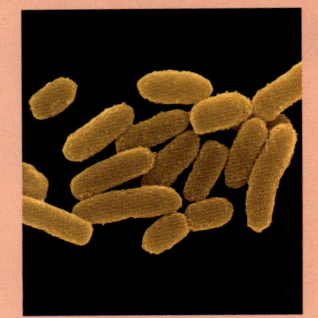

腺ペスト菌
細菌は単細胞生物で、分裂をくり返して増殖する。針の先ほどの大きさに、何億もの細菌がいることもある。現在では、細菌感染症の多くは抗生物質で治療できる。

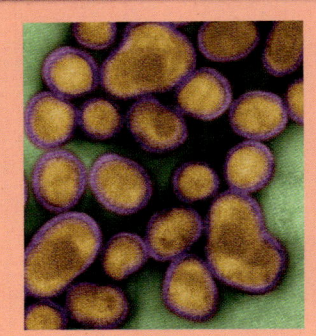

インフルエンザウイルス
ウイルスはごく単純な生命体で、細菌よりもずっと小さい。宿主の体内に入りこみ、細胞を乗っとって増殖する。ウイルスに抗生物質はきかないが、ワクチンで感染を防ぐことはできる。

1348〜50年にかけて、黒死病がイギリスで猛威をふるった。

第一次世界大戦が終わり、アジアから戻ってきた軍隊がスペインかぜをもち帰った。

1918年8月、スペインかぜの第2波が大西洋を渡り、シエラレオネの港街フリータウンを襲った。

一部の研究によれば、HIVはカメルーンの人々のあいだから広がりはじめたという。

スペインかぜ
この伝染病が「スペインかぜ」と名づけられたのは、スペインで最初に発生したと思われていたからだ。だが、じつは最初に感染が報告されたのは、アメリカの訓練所にいたアメリカ兵たちだった。感染した兵士が第一次世界大戦でヨーロッパ全土を移動したため、あっというまに世界中に広がった。

フリータウン

パンデミック

伝染病（人から人にうつる病気）は、あっというまに広がることがある。ある地域で多くの人が伝染病にかかることを「エピデミック」という。流行が世界規模になると、「パンデミック（感染爆発）」とよばれる。

ポイント
この地図では、古代、中世、現代の各時代にもっとも大きな被害を出した3つの伝染病をとりあげ、感染が広がった経路を示している。

- **ユスティニアヌスのペスト** 腺ペスト、541〜42年
- **黒死病** 腺ペスト、1346〜55年
- **スペインかぜ** インフルエンザ、1918〜20年

84　　スペインかぜの猛威で5000万人が命を落としたといわれて

人間と地球

スーパーバグ

細菌やウイルスは急速に変化する。「スーパーバグ」とよばれる細菌は、抗生物質がきかなくなったものだ。また、新しいウイルスについても、科学者たちがワクチンの開発にとり組んでいる。現在では、飛行機での移動により、数日のうちに感染が世界中に広がることもある。そのため、病気がまたたくまに広がってパンデミックが生じる危険性は、かつてないほど高くなっている。ここでは、新しいウイルスがひきおこした、最近のパンデミック4例を紹介しよう。

1 香港かぜ—1968〜69年
2年間でおよそ100万人の死者を出した。このウイルスにより、アメリカだけでおよそ3万4000人が死亡した。

2 鳥インフルエンザ—香港、1997〜現在
香港ではじめて人に感染したことが確認された。感染したニワトリとの接触が原因だ。それ以来、数百人が死亡している。

3 H1N1（豚インフルエンザ）—メキシコ市、2009〜10年
H1N1は新型のウイルスで、鳥、ブタ、人に感染する。これまでに確認されている死者数は1万8500人だが、総死者数はそれを大幅に上まわるとみられている。

4 HIV—西アフリカ〜中央アフリカ、1981年〜現在
このウイルスがひきおこす後天性免疫不全症候群（AIDS）にかかると、体の免疫機能が働かなくなり、多くの場合は死に至る。HIVの感染者は世界中で3000万人を超える。

黒死病
14世紀にアジアからヨーロッパ全土に広がった腺ペストは壊滅的な被害をもたらし、5000万人が死亡した。そのおよそ半分がヨーロッパの人々で、ヨーロッパの人口は25％減少した。

コンスタンティノープル（現在のイスタンブール）

ユスティニアヌスのペストは、エチオピアではなく中央アジアで最初に発生したとする説もある。

黒死病は海上貿易ルートを通って海を渡った。黒死病の病原菌を媒介するノミが、船に入りこんだネズミに寄生していたのだ。

ユスティニアヌスのペスト
ビザンティン帝国（東ローマ帝国）最盛期のユスティニアヌス帝時代に猛威をふるった伝染病で、死者は少なくとも2500万人にのぼった。エチオピアで発生し、貿易ルートだったエジプト北部からコンスタンティノープル（現在のイスタンブール）を通って、ヨーロッパに広がったと考えられている。

局地的な流行
エボラウイルス（上）はパンデミックではないが、内出血などのとてもおそろしい症状が出るため、アフリカでの局地的な流行にもかかわらず、世界中の人を不安にさせた。

> "現在でも、毎年およそ**3000人**が腺ペストにかかっている"

1918年、ヨーロッパで第一次世界大戦を戦った兵士が、スペインかぜをニュージーランドにもち帰った。

ーる。第一次世界大戦よりも多くの死者を出したことになる。

85

貧困線

人が暮らしていける収入の最低ラインを「貧困線」という。食べもの、衣類、医療、住居などの生活必需品を得るのに必要な最低限の金額が基準になっている。生活費は地域ごとに異なるため、貧困線は国によって変わる。

1.25ドル未満で暮らす人たち

貧困を示す世界の指標が「世界貧困線」で、「1日あたりの収入が1.25ドル」と決められている。2010年に、世界銀行が115か国で貧困状態の調査を実施した。この地図は、各国の1日1.25ドル未満で暮らす人の割合を示している。

- 0–10%
- 10–20%
- 20–40%
- 40–60%
- 60–80%
- 80–100%
- データなし
- 極度の貧困がほとんどないため、調査に含まれず

貧困

世界全体でみれば、貧困に苦しむ人は以前よりも少なくなっているが、発展途上国では、いまでも4人に1人が1日1.25ドル未満で生活している。極度の貧困のほとんどは、アフリカ・サハラ砂漠より南の地域に集中している。この地域では、生活必需品さえ買えない人が、ほぼ半数にのぼる。

モロッコ
過去10年で生活水準が上がったが、地方ではまだ貧困が広く残されている。

アメリカ
国民の40%を占める最貧層が所有する財産は、アメリカ全体の富の0.3%にすぎない。そのいっぽう、上位20%の富裕層が、富のおよそ85%を所有している。

ハイチ
西半球でもっとも貧しい国。2010年の大地震により、経済が大打撃を受けた。

ボリビア
南米でもっとも貧しい国のひとつで、80%の人が電気のない家に住んでいる。90%の人が水道を使えず、50%がきちんとした下水設備のない暮らしを送っている。

アルゼンチン
失業率が低下したおかげで、過去10年で貧困が大幅に改善された。

リベリア
貧しい人の割合が世界一多い国。人口の83.7%が、1日1.25ドル未満で生活している。

ガーナ
過去30年で国全体の貧困率は大きく下がったが、北部の貧しさはほとんど変わっていない。

格差
多くの国では、豊かな人と貧しい人の格差が広がっている。この格差は、税金や低所得者のための特別手当、無料の教育などの方法で縮めることができる。右の図は、国全体の富のうち、富裕層が所有する割合を示している。ここで紹介しているのは、豊かな人と貧しい人の格差がとくに大きい国と、格差があまりない国だ。

1日2.50ドル未満で生活する人は30億人を超え

人間と地球

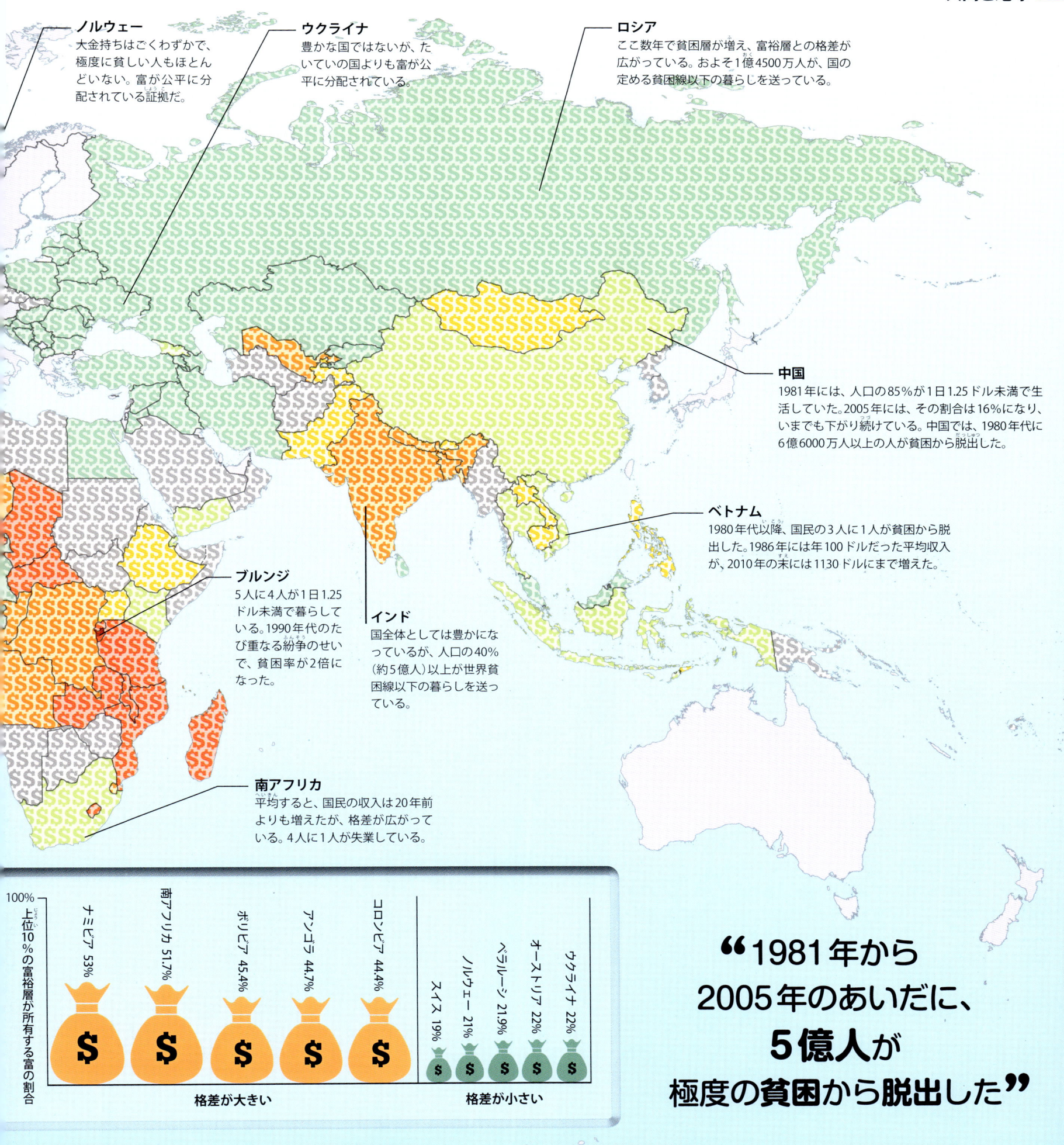

ノルウェー
大金持ちはごくわずかで、極度に貧しい人もほとんどいない。富が公平に分配されている証拠だ。

ウクライナ
豊かな国ではないが、たいていの国よりも富が公平に分配されている。

ロシア
ここ数年で貧困層が増え、富裕層との格差が広がっている。およそ1億4500万人が、国の定める貧困線以下の暮らしを送っている。

中国
1981年には、人口の85％が1日1.25ドル未満で生活していた。2005年には、その割合は16％になり、いまでも下がり続けている。中国では、1980年代に6億6000万人以上の人が貧困から脱出した。

ベトナム
1980年代以降、国民の3人に1人が貧困から脱出した。1986年には年100ドルだった平均収入が、2010年の末には1130ドルにまで増えた。

ブルンジ
5人に4人が1日1.25ドル未満で暮らしている。1990年代のたび重なる紛争のせいで、貧困率が2倍になった。

インド
国全体としては豊かになっているが、人口の40％（約5億人）以上が世界貧困線以下の暮らしを送っている。

南アフリカ
平均すると、国民の収入は20年前よりも増えたが、格差が広がっている。4人に1人が失業している。

上位10％の富裕層が所有する富の割合

格差が大きい：
- ナミビア 53％
- 南アフリカ 51.7％
- ボリビア 45.4％
- アンゴラ 44.7％
- コロンビア 44.4％

格差が小さい：
- スイス 19％
- ノルウェー 21％
- ベラルーシ 21.9％
- オーストリア 22％
- ウクライナ 22％

" 1981年から2005年のあいだに、**5億人**が極度の貧困から**脱出**した "

全世界の5人に4人が1日10ドル未満で暮らしている。

87

世界の金

美しく、貴重で、価値の高い金は、古代エジプト時代から採掘されている。ときには、金脈が発見されて「ゴールドラッシュ」が巻き起こり、一攫千金を夢見る人たちが発見場所に押しよせたこともある。

クロンダイクのゴールドラッシュ（カナダ）—1897〜99年
金を掘り起こそうと、10万人がクロンダイクに殺到。金を手にできたのは、そのうちの4000人程度だった。

カリフォルニアのゴールドラッシュ（アメリカ）—1848〜55年
一攫千金を狙って、30万人がカリフォルニアに押しよせた。

カナダ
世界の金の4％はカナダで産出されている。

アメリカ
世界3位の金の産出国で、年間237 t（全世界の9％）を産出している。

ガーナ
アフリカ2位の金の産出国で、全世界の金の4％を産出している。アフリカ1位の南アフリカの産出量は、全世界の7％だ。

ペルー
南米最大の金の産出国で、世界では6位（全世界の6％を産出）。

世界の金鉱トップ10
数字は2011年の産出量。

1. グラスベルグ（インドネシア） 63 t
2. ムルンタウ（ウズベキスタン） 56 t
3. カーリン（アメリカ・ネバダ州） 54 t
4. ヤナコチャ（ペルー） 45.4 t
5. ゴールドストライク（アメリカ・ネバダ州） 38.6 t
6. コルテス（アメリカ・ネバダ州） 35.5 t
7. ベラデロ（アルゼンチン） 34.8 t
8. ラグナスノルテ（ペルー） 25 t
9. リヒール（パプアニューギニア） 24.6 t
10. スーパーピット（オーストラリア・カルグーリー） 24.5 t

"これまでに採掘されたすべての**金**を**立方体**にすると、一辺が**20.5 m**の大きさになる"

1869年にオーストラリアで採掘された「ウェルカムストレンジャー」は

人間と地球

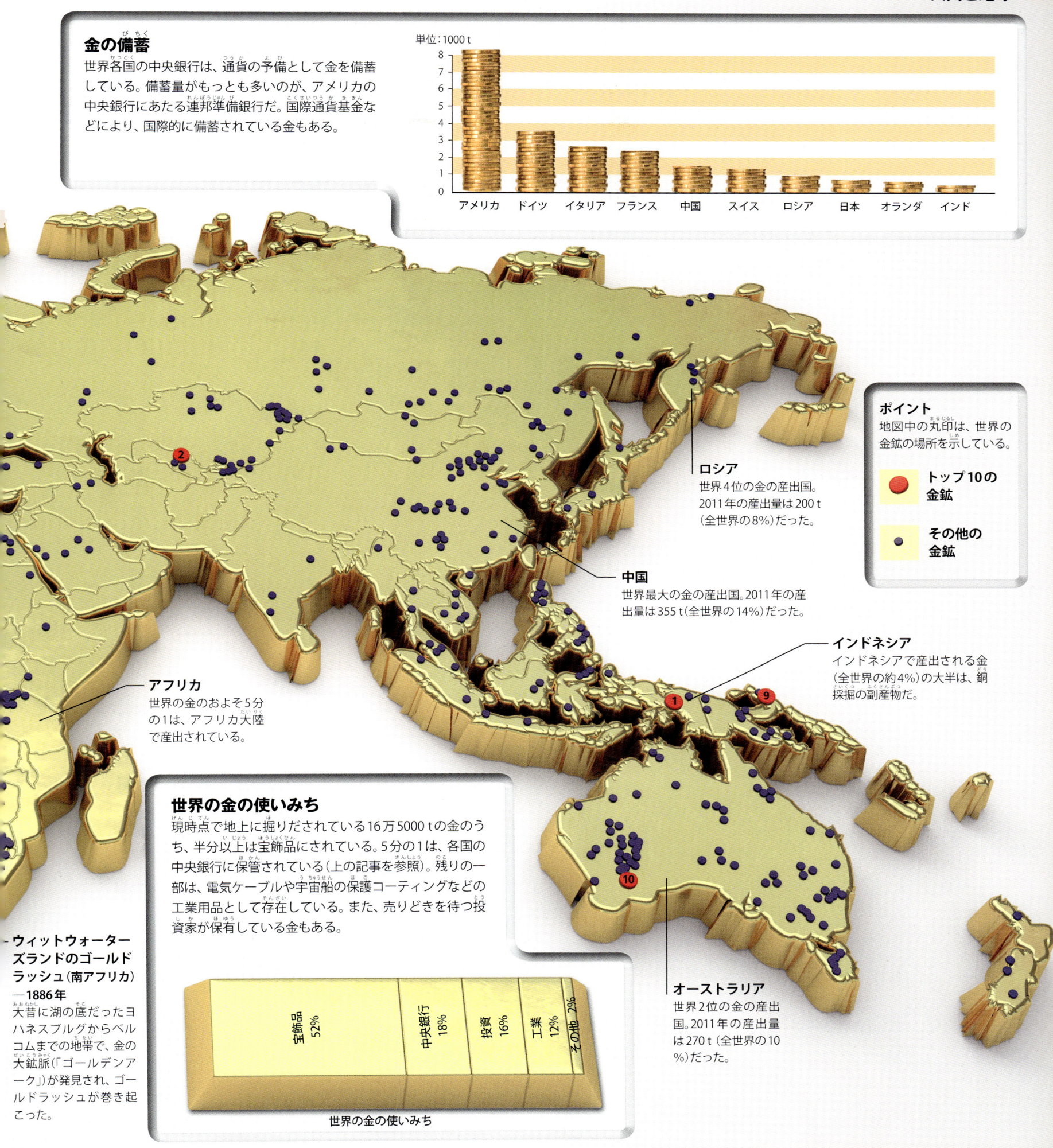

金の備蓄
世界各国の中央銀行は、通貨の予備として金を備蓄している。備蓄量がもっとも多いのが、アメリカの中央銀行にあたる連邦準備銀行だ。国際通貨基金などにより、国際的に備蓄されている金もある。

単位：1000 t

アメリカ　ドイツ　イタリア　フランス　中国　スイス　ロシア　日本　オランダ　インド

ポイント
地図中の丸印は、世界の金鉱の場所を示している。

● トップ10の金鉱
● その他の金鉱

ロシア
世界4位の金の産出国。2011年の産出量は200 t（全世界の8％）だった。

中国
世界最大の金の産出国。2011年の産出量は355 t（全世界の14％）だった。

インドネシア
インドネシアで産出される金（全世界の約4％）の大半は、銅採掘の副産物だ。

アフリカ
世界の金のおよそ5分の1は、アフリカ大陸で産出されている。

世界の金の使いみち
現時点で地上に掘りだされている16万5000 tの金のうち、半分以上は宝飾品にされている。5分の1は、各国の中央銀行に保管されている（上の記事を参照）。残りの一部は、電気ケーブルや宇宙船の保護コーティングなどの工業用品として存在している。また、売りどきを待つ投資家が保有している金もある。

オーストラリア
世界2位の金の産出国。2011年の産出量は270 t（全世界の10％）だった。

ウィットウォーターズランドのゴールドラッシュ（南アフリカ）—1886年
大昔に湖の底だったヨハネスブルグからベルコムまでの地帯で、金の大鉱脈（「ゴールデンアーク」）が発見され、ゴールドラッシュが巻き起こった。

宝飾品 52%　中央銀行 18%　投資 16%　工業 12%　その他 2%

世界の金の使いみち

れまでに発見された最大の金塊だ。この金塊は71 kgぶんの金でできていた。

89

億万長者

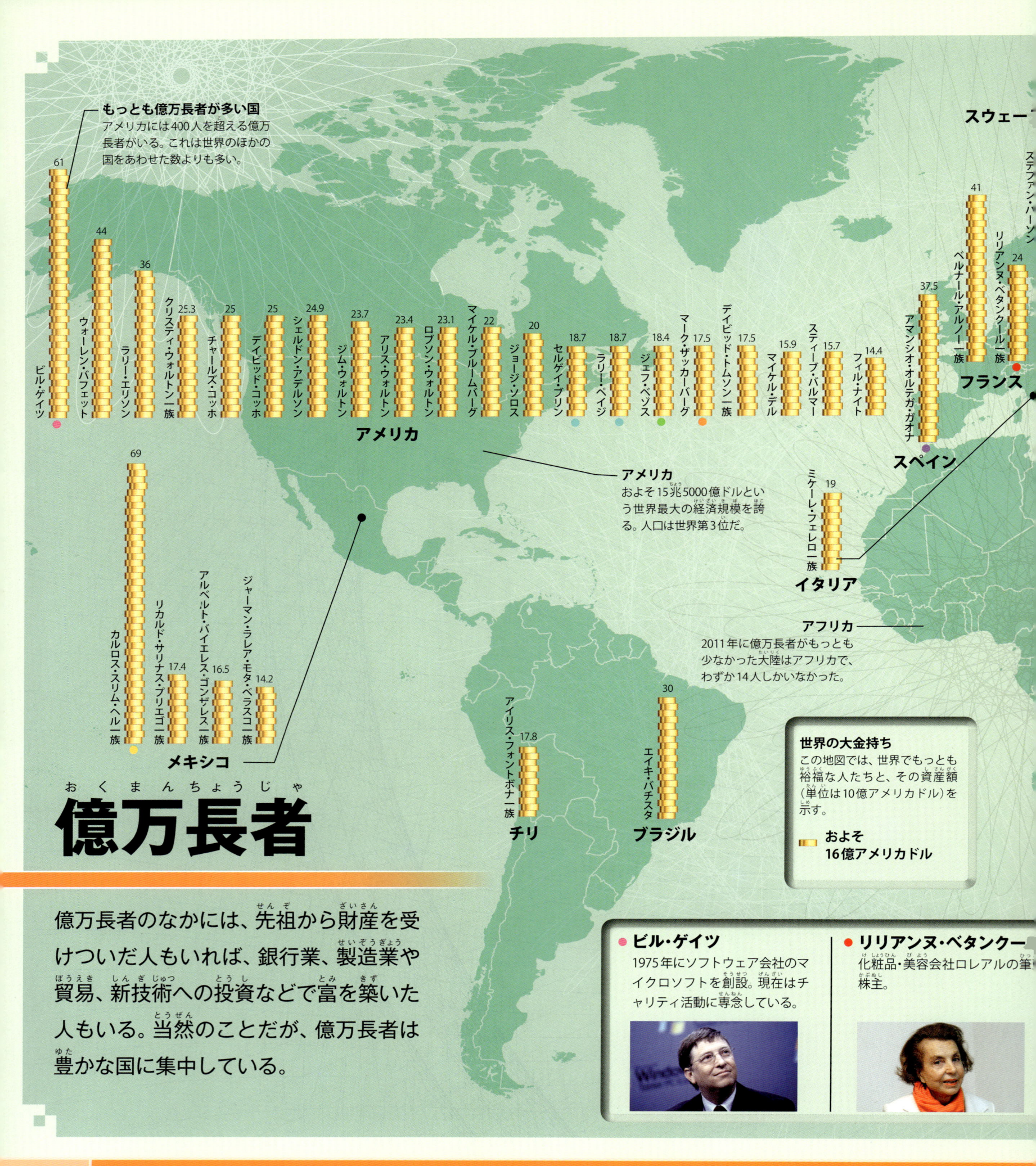

もっとも億万長者が多い国
アメリカには400人を超える億万長者がいる。これは世界のほかの国をあわせた数よりも多い。

アメリカ

額	人物
61	ビル・ゲイツ
44	ウォーレン・バフェット
36	ラリー・エリソン
25.3	クリスティ・ウォルトン一族
25	チャールズ・コッホ
25	デイビッド・コッホ
24.9	シェルドン・アデルソン
23.7	ジム・ウォルトン
23.4	アリス・ウォルトン
23.1	ロブソン・ウォルトン
22	マイケル・ブルームバーグ
20	ジョージ・ソロス
18.7	セルゲイ・ブリン
18.7	ラリー・ペイジ
18.4	ジェフ・ベゾス
17.5	マーク・ザッカーバーグ
17.5	デイビッド・トムソン一族
15.9	マイケル・デル
15.7	スティーブ・バルマー
14.4	フィル・ナイト

アメリカ
およそ15兆5000億ドルという世界最大の経済規模を誇る。人口は世界第3位だ。

メキシコ
- 69 カルロス・スリム・ヘル一族
- 17.4 リカルド・サリナス・プリエゴ一族
- 16.5 アルベルト・バイエレス・ゴンサレス一族
- 14.2 ジャーマン・ラレア・モタ・ベラスコ一族

チリ
- 17.8 アイリス・フォントボナ一族

ブラジル
- 30 エイキ・バチスタ

スウェーデン
- 41 ステファン・パーソン

フランス
- 37.5 リリアンヌ・ベタンクール一族
- 24 ベルナール・アルノー一族

スペイン
- アマンシオ・オルテガ・ガオナ

イタリア
- 19 ミケーレ・フェレロ一族

アフリカ
2011年に億万長者がもっとも少なかった大陸はアフリカで、わずか14人しかいなかった。

世界の大金持ち
この地図では、世界でもっとも裕福な人たちと、その資産額（単位は10億アメリカドル）を示す。

およそ16億アメリカドル

億万長者のなかには、先祖から財産を受けついだ人もいれば、銀行業、製造業や貿易、新技術への投資などで富を築いた人もいる。当然のことだが、億万長者は豊かな国に集中している。

ビル・ゲイツ
1975年にソフトウェア会社のマイクロソフトを創設。現在はチャリティ活動に専念している。

リリアンヌ・ベタンクール
化粧品・美容会社ロレアルの筆頭株主。

1994年以降、ビル＆メリンダ・ゲイツ財団は

人間と地球

ロシア
金属、鉱物、石油などの天然資源が豊富なロシアには、2011年の時点で100人ほどの億万長者がいた。

ドイツ
- カール・アルブレヒト 25.4
- テオ・アルブレヒト・ジュニア一族 17.8
- ミハエル・オットー 17.6

ロシア
- アリシェル・ウスマノフ 18
- アレクセイ・モルダショフ 15.3
- ウラジーミル・リシン 15.9
- ウラジーミル・ポターニン 14.5

ウクライナ
- リナト・アフメトフ 16

サウジアラビア
- アルワリード・ビン・タラール・アル サウード王子 18

インド
- ムケシュ・アンバニ 22.3
- ラクシュミ・ミッタル 20.7
- アジム・プレムジ 15.9

香港
- 李嘉誠 25.5
- トーマス&レイモンド・クォック一族 18.3
- 李兆基 18
- 鄭裕彤 16

オーストラリア
- ジーナ・ラインハート 18

● **セルゲイ・ブリンとラリー・ペイジ**
インターネット関連の製品やサービスを提供するグーグルの創業者。

● **アマンシオ・オルテガ・ガオナ**
アパレルチェーンZARA(ザラ)を所有するファッション会社インディテックスの創業者。

"フェイスブックの **マーク・ザッカーバーグ** は、**23歳**にして億万長者になった"

ジェフ・ベゾス
1994年にアマゾンを創設。アマゾンはいまや、世界最大のオンラインストアになっている。

● **マーク・ザッカーバーグ**
2004年に友人とソーシャルネットワークサイトのフェイスブックを設立。当時は大学生だった。

● **カルロス・スリム・ヘル**
通信業界の大物で、世界一の大金持ち。

35億ドル以上をチャリティ活動に投じている。

91

食料生産

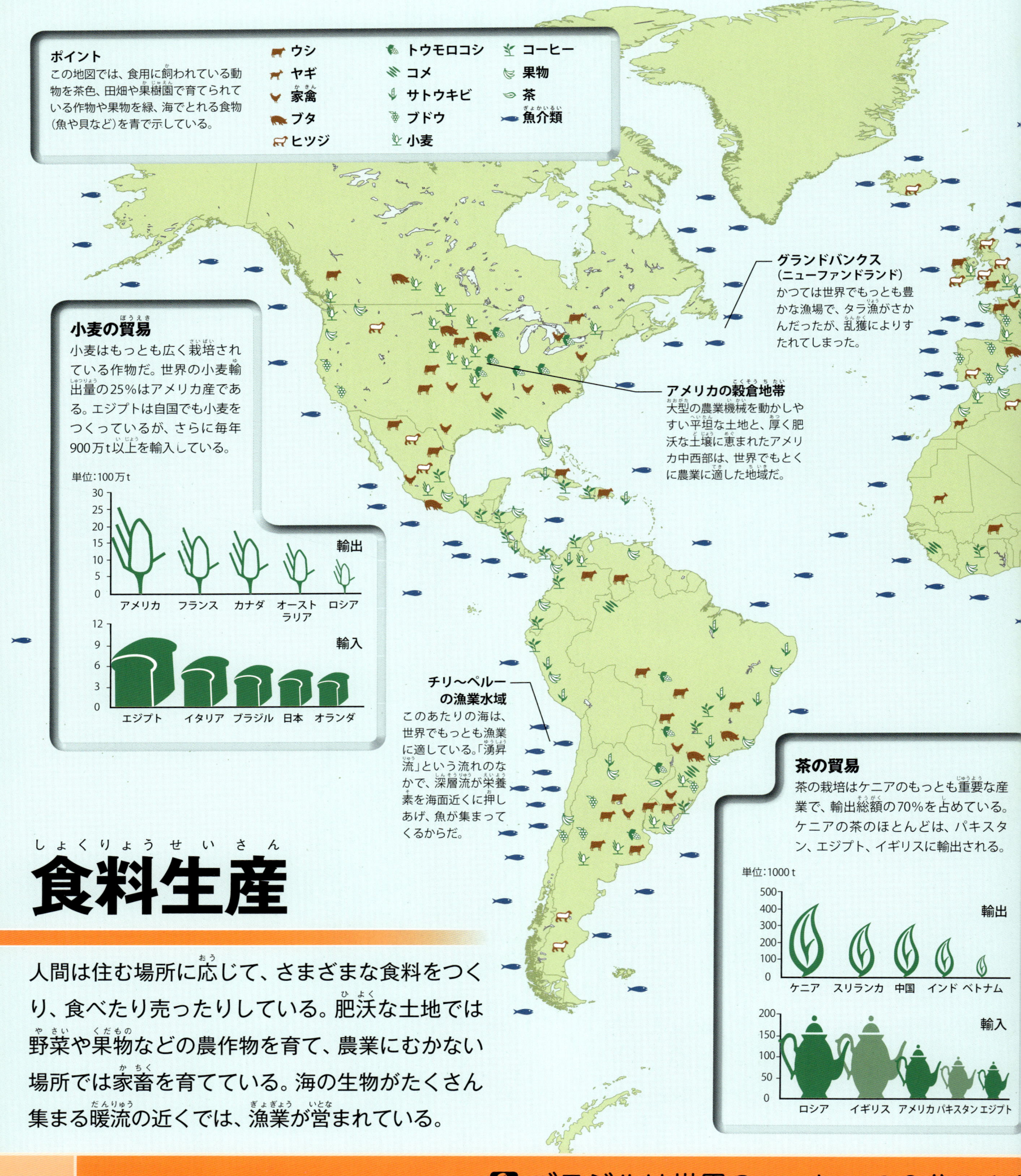

人間は住む場所に応じて、さまざまな食料をつくり、食べたり売ったりしている。肥沃な土地では野菜や果物などの農作物を育て、農業にむかない場所では家畜を育てている。海の生物がたくさん集まる暖流の近くでは、漁業が営まれている。

ポイント
この地図では、食用に飼われている動物を茶色、田畑や果樹園で育てられている作物や果物を緑、海でとれる食物(魚や貝など)を青で示している。

- ウシ
- ヤギ
- 家禽
- ブタ
- ヒツジ
- トウモロコシ
- コメ
- サトウキビ
- ブドウ
- 小麦
- コーヒー
- 果物
- 茶
- 魚介類

グランドバンクス(ニューファンドランド)
かつては世界でもっとも豊かな漁場で、タラ漁がさかんだったが、乱獲によりすたれてしまった。

アメリカの穀倉地帯
大型の農業機械を動かしやすい平坦な土地と、厚く肥沃な土壌に恵まれたアメリカ中西部は、世界でもとくに農業に適した地域だ。

小麦の貿易
小麦はもっとも広く栽培されている作物だ。世界の小麦輸出量の25%はアメリカ産である。エジプトは自国でも小麦をつくっているが、さらに毎年900万t以上を輸入している。

単位:100万t

輸出: アメリカ、フランス、カナダ、オーストラリア、ロシア

輸入: エジプト、イタリア、ブラジル、日本、オランダ

チリ〜ペルーの漁業水域
このあたりの海は、世界でもっとも漁業に適している。「湧昇流」という流れのなかで、深層流が栄養素を海面近くに押しあげ、魚が集まってくるからだ。

茶の貿易
茶の栽培はケニアのもっとも重要な産業で、輸出総額の70%を占めている。ケニアの茶のほとんどは、パキスタン、エジプト、イギリスに輸出される。

単位:1000t

輸出: ケニア、スリランカ、中国、インド、ベトナム

輸入: ロシア、イギリス、アメリカ、パキスタン、エジプト

ブラジルは世界のコーヒーの3分の1を

人間と地球

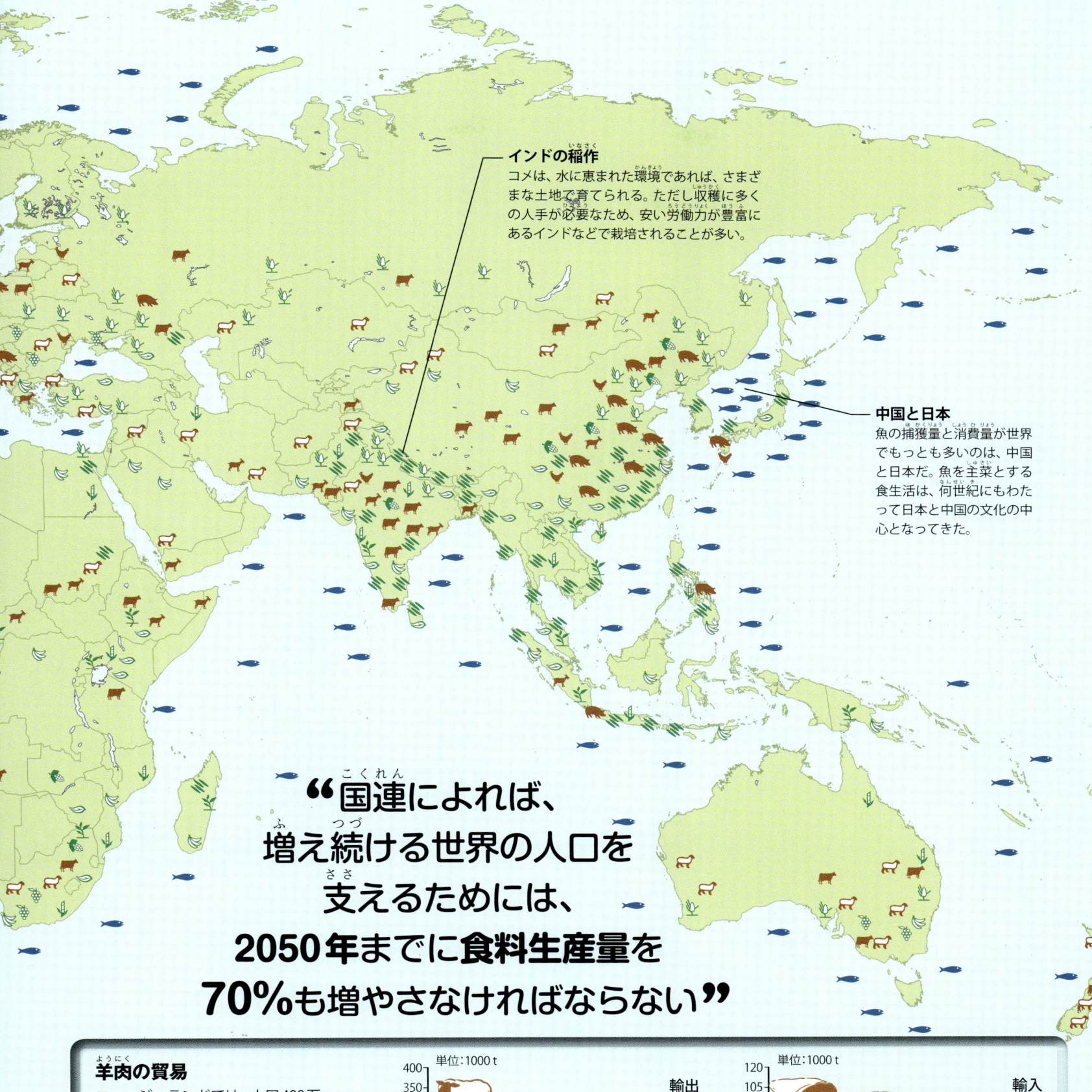

インドの稲作
コメは、水に恵まれた環境であれば、さまざまな土地で育てられる。ただし収穫に多くの人手が必要なため、安い労働力が豊富にあるインドなどで栽培されることが多い。

中国と日本
魚の捕獲量と消費量が世界でもっとも多いのは、中国と日本だ。魚を主菜とする食生活は、何世紀にもわたって日本と中国の文化の中心となってきた。

> "国連によれば、増え続ける世界の人口を支えるためには、2050年までに**食料生産量**を**70%**も増やさなければならない"

羊肉の貿易
ニュージーランドでは、人口400万人に対して3100万頭以上のヒツジが飼われている。そのため、生産される羊肉の90%は輸出されている。最大の輸出先はイギリスで、ニュージーランドの羊肉のおよそ5分の1を輸入している。

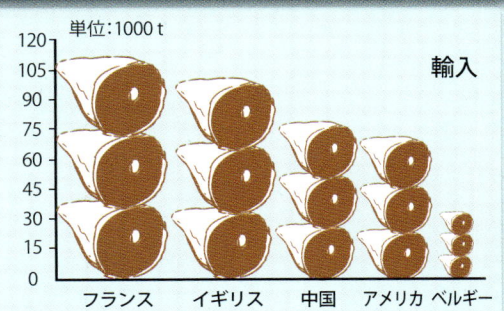

輸出 単位：1000 t
- ニュージーランド
- オーストラリア
- イギリス
- アイルランド
- スペイン

輸入 単位：1000 t
- フランス
- イギリス
- 中国
- アメリカ
- ベルギー

生産している。その量は2位のベトナムのほぼ3倍だ。

93

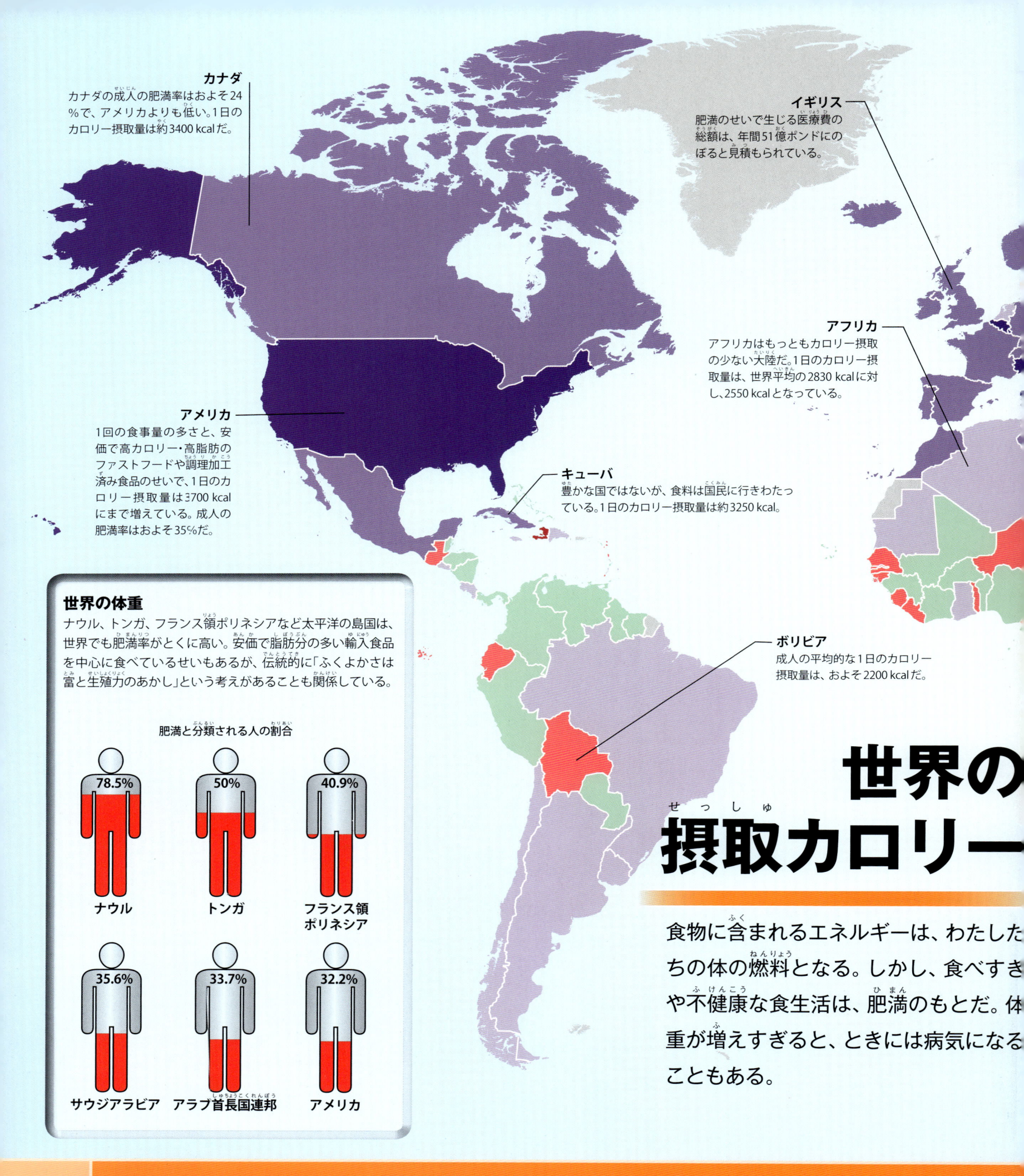

カナダ
カナダの成人の肥満率はおよそ24%で、アメリカよりも低い。1日のカロリー摂取量は約3400 kcalだ。

イギリス
肥満のせいで生じる医療費の総額は、年間51億ポンドにのぼると見積もられている。

アメリカ
1回の食事量の多さと、安価で高カロリー・高脂肪のファストフードや調理加工済み食品のせいで、1日のカロリー摂取量は3700 kcalにまで増えている。成人の肥満率はおよそ35%だ。

アフリカ
アフリカはもっともカロリー摂取の少ない大陸だ。1日のカロリー摂取量は、世界平均の2830 kcalに対し、2550 kcalとなっている。

キューバ
豊かな国ではないが、食料は国民に行きわたっている。1日のカロリー摂取量は約3250 kcal。

ボリビア
成人の平均的な1日のカロリー摂取量は、およそ2200 kcalだ。

世界の体重
ナウル、トンガ、フランス領ポリネシアなど太平洋の島国は、世界でも肥満率がとくに高い。安価で脂肪分の多い輸入食品を中心に食べているせいもあるが、伝統的に「ふくよかさは富と生殖力のあかし」という考えがあることも関係している。

肥満と分類される人の割合

- ナウル 78.5%
- トンガ 50%
- フランス領ポリネシア 40.9%
- サウジアラビア 35.6%
- アラブ首長国連邦 33.7%
- アメリカ 32.2%

世界の摂取カロリー

食物に含まれるエネルギーは、わたしたちの体の燃料となる。しかし、食べすぎや不健康な食生活は、肥満のもとだ。体重が増えすぎると、ときには病気になることもある。

94　　2010年、世界の9億2500万人がじゅうぶんな

人間と地球

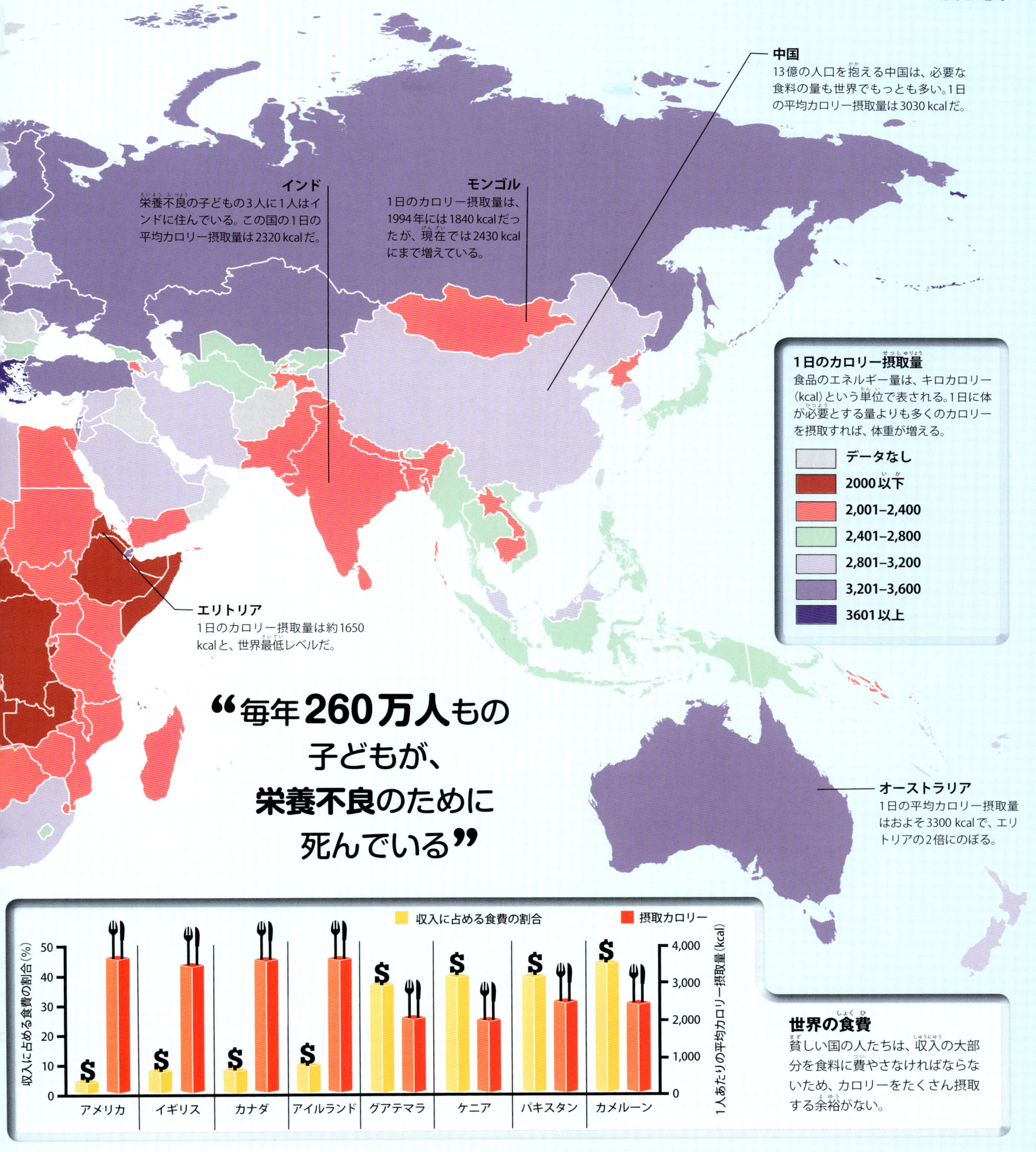

中国
13億の人口を抱える中国は、必要な食料の量も世界でもっとも多い。1日の平均カロリー摂取量は3030 kcalだ。

インド
栄養不良の子どもの3人に1人はインドに住んでいる。この国の1日の平均カロリー摂取量は2320 kcalだ。

モンゴル
1日のカロリー摂取量は、1994年には1840 kcalだったが、現在では2430 kcalにまで増えている。

エリトリア
1日のカロリー摂取量は約1650 kcalと、世界最低レベルだ。

オーストラリア
1日の平均カロリー摂取量はおよそ3300 kcalで、エリトリアの2倍にのぼる。

1日のカロリー摂取量
食品のエネルギー量は、キロカロリー（kcal）という単位で表される。1日に体が必要とする量よりも多くのカロリーを摂取すれば、体重が増える。

- データなし
- 2000 以下
- 2,001–2,400
- 2,401–2,800
- 2,801–3,200
- 3,201–3,600
- 3601 以上

> "毎年**260万人**もの子どもが、**栄養不良**のために死んでいる"

世界の食費
貧しい国の人たちは、収入の大部分を食料に費やさなければならないため、カロリーをたくさん摂取する余裕がない。

凡例：収入に占める食費の割合／摂取カロリー

国：アメリカ、イギリス、カナダ、アイルランド、グアテマラ、ケニア、パキスタン、カメルーン

栄養を与えられなかった。これは総人口の13.6％にあたる。

95

読み書きの能力

識字能力（読み書きをする能力）は、生活するのに欠かせない力だ。読み書きができれば、勉強をして自分の能力を最大限にひきだし、よい仕事につきやすくなる。いっぽう識字率が低い国が発展して豊かになるのは難しい。

カナダ
アメリカと同じく、読み書きのできない人は1％しかいない。

ヨーロッパ
ヨーロッパのほとんどの国は識字率がとても高い。だが、「読み書きできる」と分類されている成人のうち、7600万人以上は基本的な読み書きの力をもっていない。

アメリカ
識字率は99％。

モーリタニア
読み書きのできる国民の数は、半数をわずかに上まわる程度（57.5％）だ。

マリ
読み書きのできる人の割合はわずか26.2％で、世界でもっとも低い。

ブラジル
国民の90％が読み書きできる。

中等学校（中学校・高等学校）の就学率
豊かな国には、すべての子どもに中等教育を受けさせるだけの余裕があるが、貧しい国では、誰もが中等学校へ行けるわけではない。とくに深刻なのが、アフリカのサハラ砂漠より南の地域だ。たとえばブルンジでは、わずか9％の子どもしか中等学校へ通っていない。

中等学校の年齢の子どものうち、実際に入学した割合
（フランス、日本、スウェーデン、セーシェル、ニュージーランド、ブルキナファソ、モザンビーク、中央アフリカ、ニジェール、ブルンジ）

"発展途上国では、15〜24歳の2億人が小学校を卒業していない"

小学生の年齢なのに学校へ行っていない子どもは世界で約6100万人

人間と地球

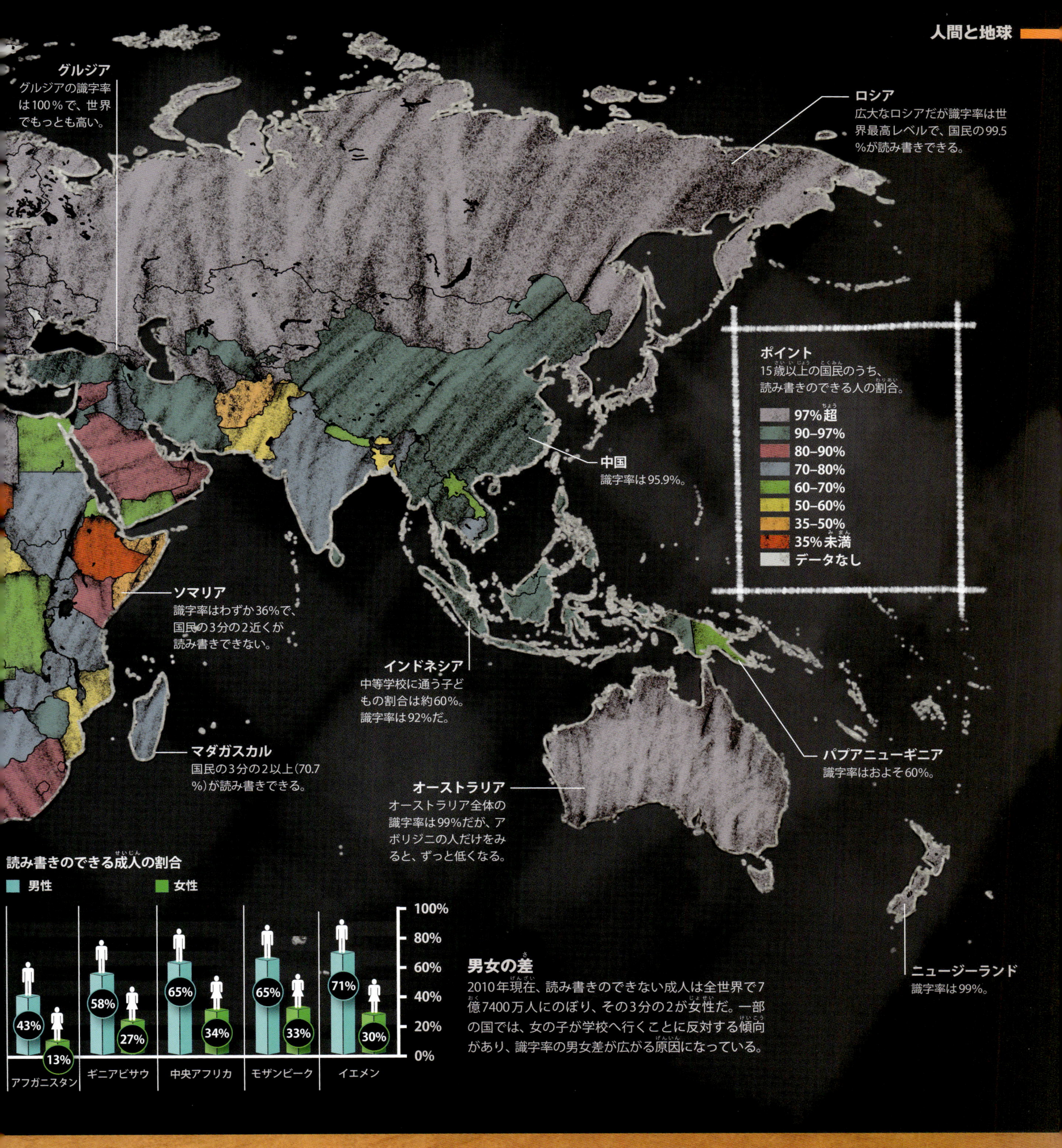

グルジア
グルジアの識字率は100％で、世界でもっとも高い。

ロシア
広大なロシアだが識字率は世界最高レベルで、国民の99.5％が読み書きできる。

中国
識字率は95.9％。

ソマリア
識字率はわずか36％で、国民の3分の2近くが読み書きできない。

インドネシア
中等学校に通う子どもの割合は約60％。識字率は92％だ。

マダガスカル
国民の3分の2以上（70.7％）が読み書きできる。

オーストラリア
オーストラリア全体の識字率は99％だが、アボリジニの人だけをみると、ずっと低くなる。

パプアニューギニア
識字率はおよそ60％。

ニュージーランド
識字率は99％。

ポイント
15歳以上の国民のうち、読み書きのできる人の割合。

- 97％超
- 90–97％
- 80–90％
- 70–80％
- 60–70％
- 50–60％
- 35–50％
- 35％未満
- データなし

読み書きのできる成人の割合
■ 男性　■ 女性

国	男性	女性
アフガニスタン	43%	13%
ギニアビサウ	58%	27%
中央アフリカ	65%	34%
モザンビーク	65%	33%
イエメン	71%	30%

男女の差
2010年現在、読み書きのできない成人は全世界で7億7400万人にのぼり、その3分の2が女性だ。一部の国では、女の子が学校へ行くことに反対する傾向があり、識字率の男女差が広がる原因になっている。

った（2010年）。その約半分がアフリカのサハラ砂漠より南に住んでいる。

最悪の石油流出事故

石油が環境中に流出すると、野生動物がとてつもない被害を受ける。また、流出した石油は除去するのが難しく、費用もかかる。

1 湾岸戦争による石油流出（ペルシャ湾）―1991年
30万～120万t／イラク軍がクウェートの油田のバルブとパイプを開放し、160kmにわたって油膜ができた。

2 レイクビューの石油噴出（アメリカ・カリフォルニア州）―1910～11年
110万t／油田から石油が間欠泉のように噴出し、自然におさまるまで1年以上にわたって、周囲に飛びちった。

3 ディープウォーター・ホライズン（メキシコ湾）―2010年
67万1000t／ディープウォーター・ホライズンの掘削装置が爆発で壊れ、海底油田から石油が流出した。

4 イストク1号の石油流出（アメリカ・メキシコ湾）―1979～80年
41万2000～43万5000t／イストク1号掘削基地が爆発で破壊された。流出は9か月続いた。

5 アトランティック・エンプレス号（トリニダード・トバゴ）―1979年
26万t／タンカーからの流出事故では最大規模。アトランティック・エンプレス号が別の船に衝突し、乗組員26人が死亡した。

残留性有機汚染物質（POPs）―カナダの北極圏
産業により生じた化学物質や農薬なども、POPsに含まれる。こうした物質は、海流や風に運ばれて北極圏にたまり、イヌイットの人たちの食べものを汚染している。

鉛―ハイナ（ドミニカ共和国）
閉鎖された鉛酸バッテリーのリサイクルセンターの近くに位置するハイナは、世界でもっとも鉛汚染が深刻な場所だ。住民全員に鉛中毒の症状が出ている。

鉛―ラ・オロヤ（ペルー）
1922年以降、金属精錬所から有害な鉛が排出されてきた。それにより、水や大気がひどく汚染され、周辺住民の血中の鉛濃度が危険なレベルに上昇している。

環境汚染

石油流出、産業廃棄物、原子力発電所からの放射能もれなどは、人間や環境に害をおよぼす。輸送や製造などの過程で排出される二酸化炭素（CO_2）は、地球温暖化の一因になっている。

> "1991年の湾岸戦争で石油が流出し、油膜の厚さが最大で**13cm**にもなった"

原発事故
原子炉では、原子核を分裂させて、発電のためのエネルギーを生みだしている。原子炉で事故が起きると、放射性物質がもれだし、何年にもわたってがんなどの病気をひきおこすおそれがある。

1 チェルノブイリ（ウクライナ）
1986年4月26日
原子炉が爆発し、放射性物質が放出された。放射能が原因の病気による死者は、数千人から数万人にのぼるといわれている。

98　　原子炉から出る放射性廃棄物は、以後24万年にわたり

人間と地球

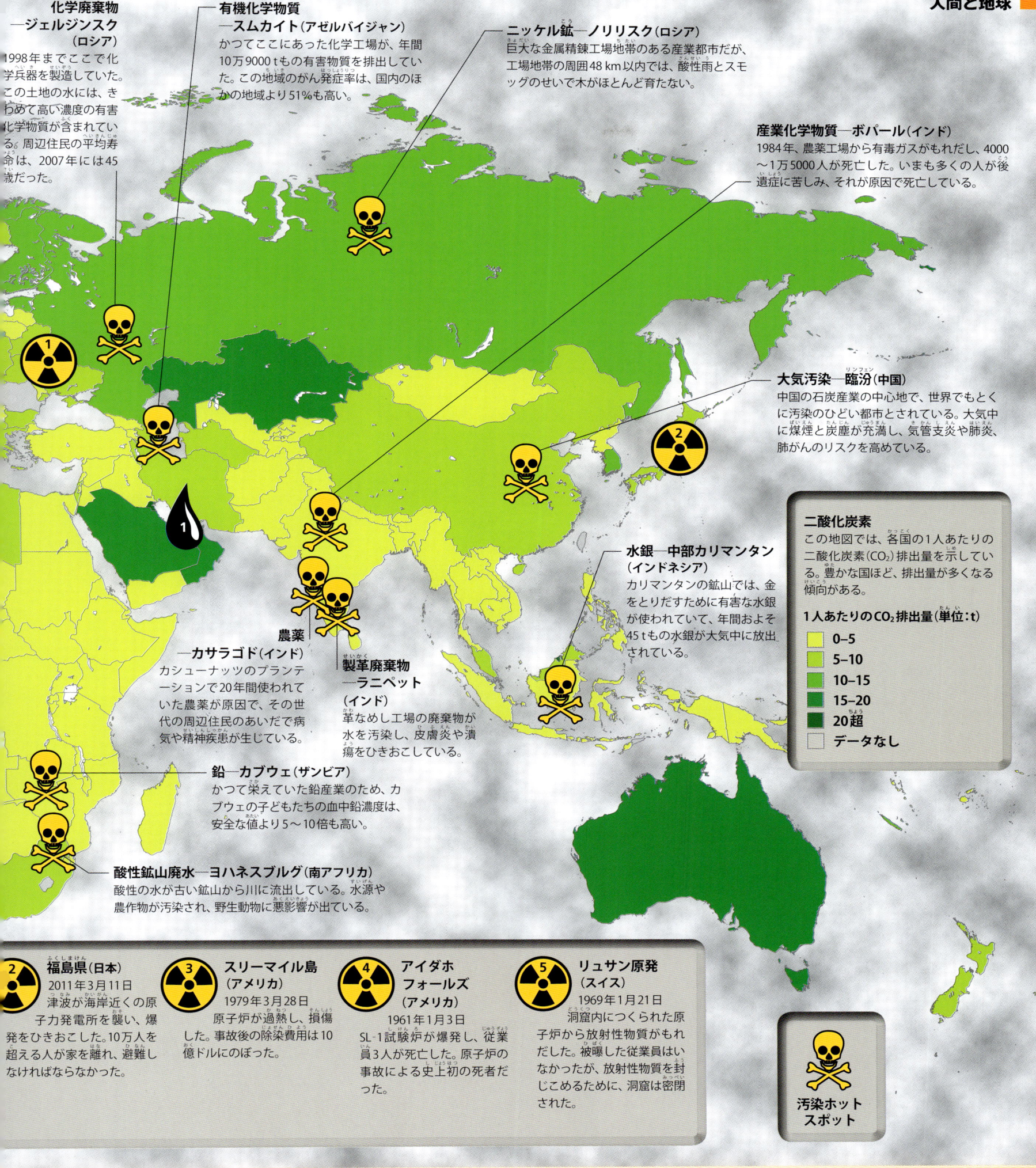

化学廃棄物 ―ジェルジンスク（ロシア）
1998年までここで化学兵器を製造していた。この土地の水には、きわめて高い濃度の有害化学物質が含まれている。周辺住民の平均寿命は、2007年には45歳だった。

有機化学物質 ―スムカイト（アゼルバイジャン）
かつてここにあった化学工場が、年間10万9000 tもの有害物質を排出していた。この地域のがん発症率は、国内のほかの地域より51%も高い。

ニッケル鉱 ―ノリリスク（ロシア）
巨大な金属精錬工場地帯のある産業都市だが、工場地帯の周囲48 km以内では、酸性雨とスモッグのせいで木がほとんど育たない。

産業化学物質 ―ボパール（インド）
1984年、農薬工場から有毒ガスがもれだし、4000～1万5000人が死亡した。いまも多くの人が後遺症に苦しみ、それが原因で死亡している。

大気汚染 ―臨汾（中国）
中国の石炭産業の中心地で、世界でもとくに汚染のひどい都市とされている。大気中に煤煙と炭塵が充満し、気管支炎や肺炎、肺がんのリスクを高めている。

農薬 ―カサラゴド（インド）
カシューナッツのプランテーションで20年間使われていた農薬が原因で、その世代の周辺住民のあいだで病気や精神疾患が生じている。

製革廃棄物 ―ラニペット（インド）
革なめし工場の廃棄物が水を汚染し、皮膚炎や潰瘍をひきおこしている。

水銀 ―中部カリマンタン（インドネシア）
カリマンタンの鉱山では、金をとりだすために有害な水銀が使われていて、年間およそ45 tもの水銀が大気中に放出されている。

鉛 ―カブウェ（ザンビア）
かつて栄えていた鉛産業のため、カブウェの子どもたちの血中鉛濃度は、安全な値より5～10倍も高い。

酸性鉱山廃水 ―ヨハネスブルグ（南アフリカ）
酸性の水が古い鉱山から川に流出している。水源や農作物が汚染され、野生動物に悪影響が出ている。

二酸化炭素
この地図では、各国の1人あたりの二酸化炭素（CO_2）排出量を示している。豊かな国ほど、排出量が多くなる傾向がある。

1人あたりのCO_2排出量（単位：t）
- 0–5
- 5–10
- 10–15
- 15–20
- 20超
- データなし

2 福島県（日本）
2011年3月11日
津波が海岸近くの原子力発電所を襲い、爆発をひきおこした。10万人を超える人が家を離れ、避難しなければならなかった。

3 スリーマイル島（アメリカ）
1979年3月28日
原子炉が過熱し、損傷した。事故後の除染費用は10億ドルにのぼった。

4 アイダホフォールズ（アメリカ）
1961年1月3日
SL-1試験炉が爆発し、従業員3人が死亡した。原子炉の事故による史上初の死者だった。

5 リュサン原発（スイス）
1969年1月21日
洞窟内につくられた原子炉から放射性物質がもれだした。被曝した従業員はいなかったが、放射性物質を封じこめるために、洞窟は密閉された。

汚染ホットスポット

危険な放射線を出し続ける。現生人類の歴史よりも長い年月だ！

99

ごみと廃棄物

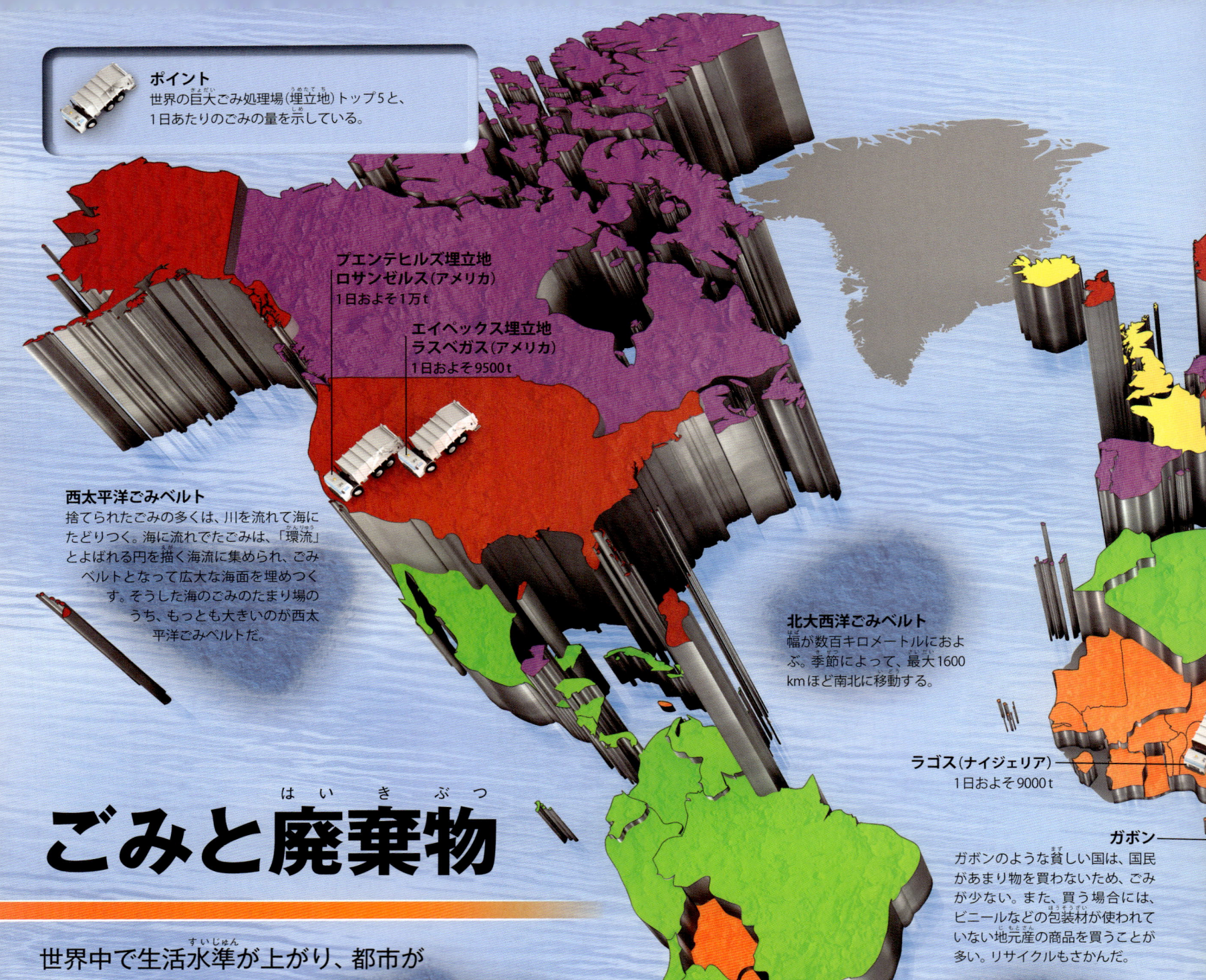

世界中で生活水準が上がり、都市が拡大するのに伴い、ごみの量も増えていく。ほとんどの廃棄物はごみ処理場へ送られるが、ごみ処理には高い費用がかかり、広い土地が必要で、そのうえ環境も汚染する。地球のごみの山がこれ以上大きくならないようにするために、リサイクルなどの方法がとられている。

ポイント
世界の巨大ごみ処理場(埋立地)トップ5と、1日あたりのごみの量を示している。

プエンテヒルズ埋立地 ロサンゼルス(アメリカ)
1日およそ1万t

エイペックス埋立地 ラスベガス(アメリカ)
1日およそ9500t

西太平洋ごみベルト
捨てられたごみの多くは、川を流れて海にたどりつく。海に流れでたごみは、「環流」とよばれる円を描く海流に集められ、ごみベルトとなって広大な海面を埋めつくす。そうした海のごみのたまり場のうち、もっとも大きいのが西太平洋ごみベルトだ。

北大西洋ごみベルト
幅が数百キロメートルにおよぶ。季節によって、最大1600kmほど南北に移動する。

ラゴス(ナイジェリア)
1日およそ9000t

ガボン
ガボンのような貧しい国は、国民があまり物を買わないため、ごみが少ない。また、買う場合には、ビニールなどの包装材が使われていない地元産の商品を買うことが多い。リサイクルもさかんだ。

南太平洋ごみベルト
これまでのところ、南太平洋環流で集められるプラスチックごみの量は、ほかのごみベルトよりも少ないとみられている。

南大西洋ごみベルト
南大西洋ごみベルトの存在が最初に確認されたのは、2011年のことだ。海のごみベルトに集まるプラスチック粒子はとても小さいため、たいていは肉眼では見えない。

リサイクルのさかんな国
いまのところ、ごみの半分以上をリサイクルしている国はスイスだけだ。スイス人はリサイクルに熱心だが、それには金銭的な動機もある。というのも、ごみ捨て場に出すごみ1袋ごとに料金がかかるからだ。

アルミ缶1本をリサイクルすると、電球をほぼ4時間

人間と地球

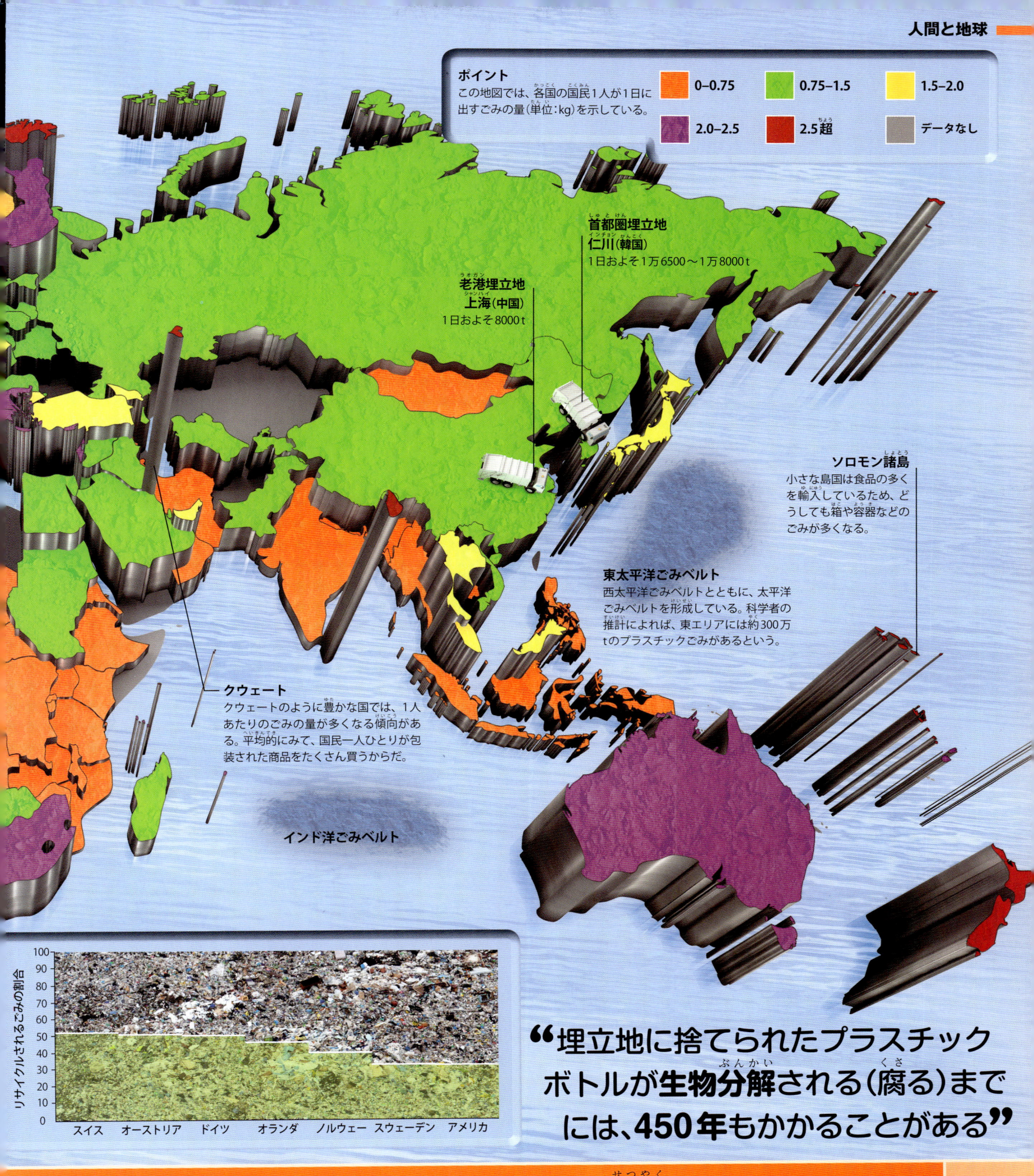

ポイント この地図では、各国の国民1人が1日に出すごみの量（単位：kg）を示している。	0–0.75	0.75–1.5	1.5–2.0
	2.0–2.5	2.5超	データなし

首都圏埋立地 仁川（韓国）
1日およそ1万6500〜1万8000t

老港埋立地 上海（中国）
1日およそ8000t

ソロモン諸島
小さな島国は食品の多くを輸入しているため、どうしても箱や容器などのごみが多くなる。

東太平洋ごみベルト
西太平洋ごみベルトとともに、太平洋ごみベルトを形成している。科学者の推計によれば、東エリアには約300万tのプラスチックごみがあるという。

クウェート
クウェートのように豊かな国では、1人あたりのごみの量が多くなる傾向がある。平均的にみて、国民一人ひとりが包装された商品をたくさん買うからだ。

インド洋ごみベルト

"埋立地に捨てられたプラスチックボトルが**生物分解される**（腐る）までには、**450年**もかかることがある"

リサイクルされるごみの割合

スイス　オーストリア　ドイツ　オランダ　ノルウェー　スウェーデン　アメリカ

テレビなら3時間つけておくだけのエネルギーが節約できる。

101

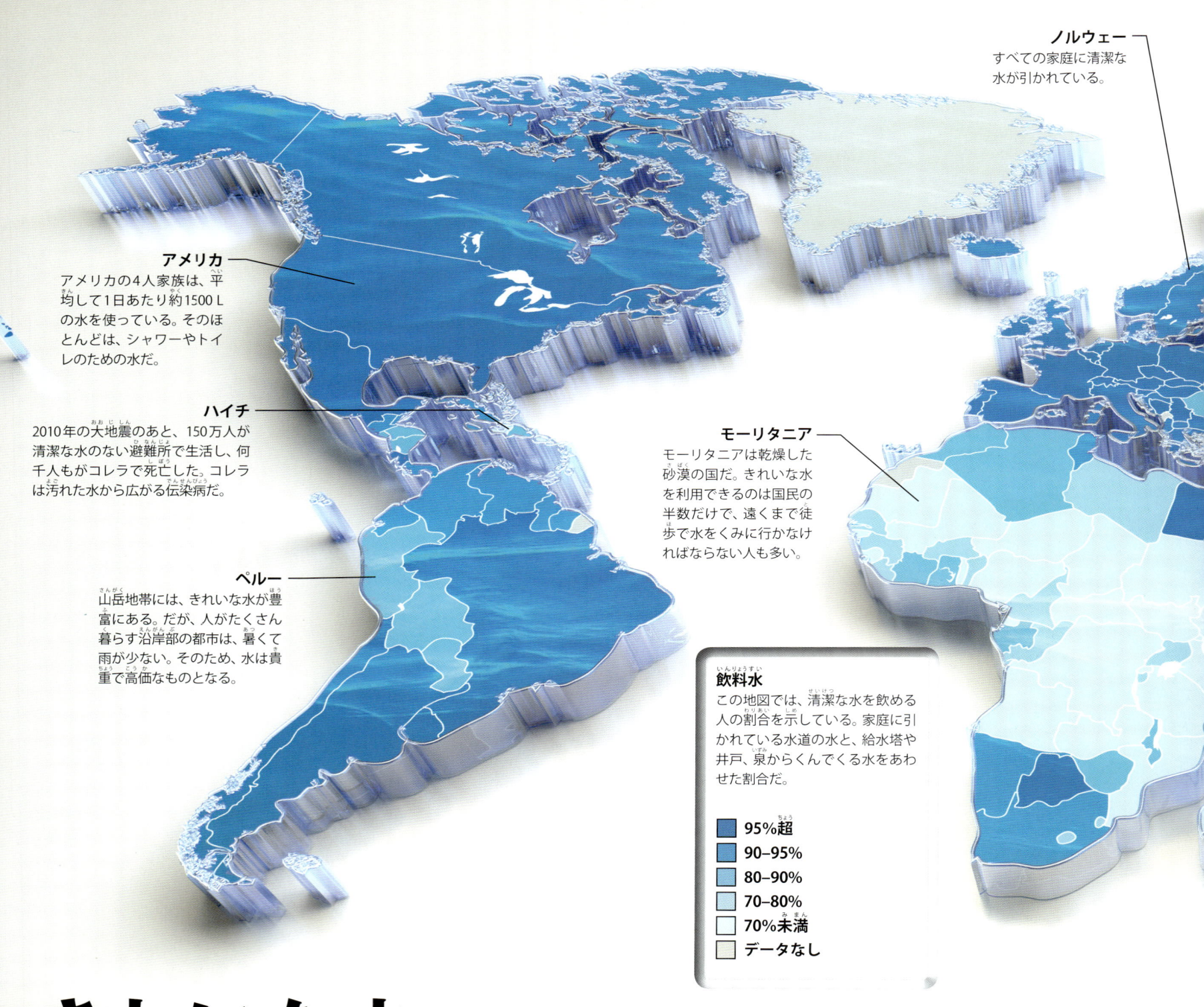

きれいな水

あなたの家では、水道の蛇口をひねれば、きれいな飲み水が出てくるかもしれない。だが、世界の90％の人は、給水塔や井戸までくみに行かなければ、水が手に入らない。水源が汚染されていて安全な水を飲めない人は、7億8300万人にのぼる。

ノルウェー
すべての家庭に清潔な水が引かれている。

アメリカ
アメリカの4人家族は、平均して1日あたり約1500Lの水を使っている。そのほとんどは、シャワーやトイレのための水だ。

ハイチ
2010年の大地震のあと、150万人が清潔な水のない避難所で生活し、何千人もがコレラで死亡した。コレラは汚れた水から広がる伝染病だ。

モーリタニア
モーリタニアは乾燥した砂漠の国だ。きれいな水を利用できるのは国民の半数だけで、遠くまで徒歩で水をくみに行かなければならない人も多い。

ペルー
山岳地帯には、きれいな水が豊富にある。だが、人がたくさん暮らす沿岸部の都市は、暑くて雨が少ない。そのため、水は貴重で高価なものとなる。

飲料水
この地図では、清潔な水を飲める人の割合を示している。家庭に引かれている水道の水と、給水塔や井戸、泉からくんでくる水をあわせた割合だ。

- 95％超
- 90–95％
- 80–90％
- 70–80％
- 70％未満
- データなし

水を吸いとる農作物
乾燥地帯での農作物栽培は、人類史上もっとも多くの水を必要とする活動だ。家庭で使うよりもずっと大量の水が必要で、多くの国において水の使用量の大部分を占めている。そのため、1人あたりの水の総使用量を示す右の表では、綿の栽培に水を必要とする中央アジアの乾燥地帯の国が上位に並ぶことになった。

発展途上国では、産業廃水の70％が処理されずに

人間と地球

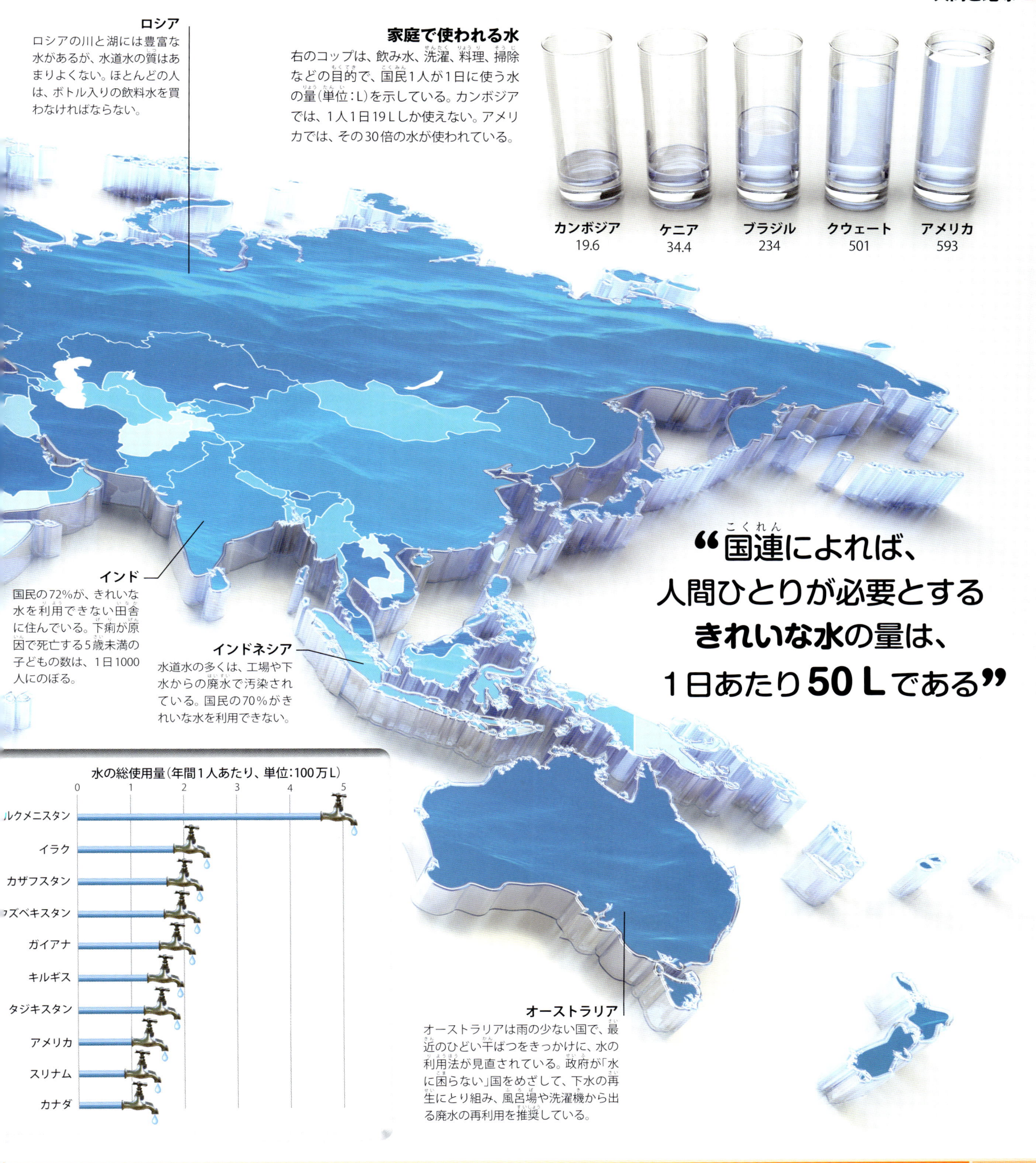

ロシア
ロシアの川と湖には豊富な水があるが、水道水の質はあまりよくない。ほとんどの人は、ボトル入りの飲料水を買わなければならない。

家庭で使われる水
右のコップは、飲み水、洗濯、料理、掃除などの目的で、国民1人が1日に使う水の量（単位：L）を示している。カンボジアでは、1人1日19Lしか使えない。アメリカでは、その30倍の水が使われている。

カンボジア	ケニア	ブラジル	クウェート	アメリカ
19.6	34.4	234	501	593

インド
国民の72％が、きれいな水を利用できない田舎に住んでいる。下痢が原因で死亡する5歳未満の子どもの数は、1日1000人にのぼる。

インドネシア
水道水の多くは、工場や下水からの廃水で汚染されている。国民の70％がきれいな水を利用できない。

"国連によれば、人間ひとりが必要とするきれいな水の量は、1日あたり **50L** である"

水の総使用量（年間1人あたり、単位：100万L）

- トルクメニスタン
- イラク
- カザフスタン
- ウズベキスタン
- ガイアナ
- キルギス
- タジキスタン
- アメリカ
- スリナム
- カナダ

オーストラリア
オーストラリアは雨の少ない国で、最近のひどい干ばつをきっかけに、水の利用法が見直されている。政府が「水に困らない」国をめざして、下水の再生にとり組み、風呂場や洗濯機から出る廃水の再利用を推奨している。

川に捨てられ、利用できたはずの水を汚染している。

103

化石燃料

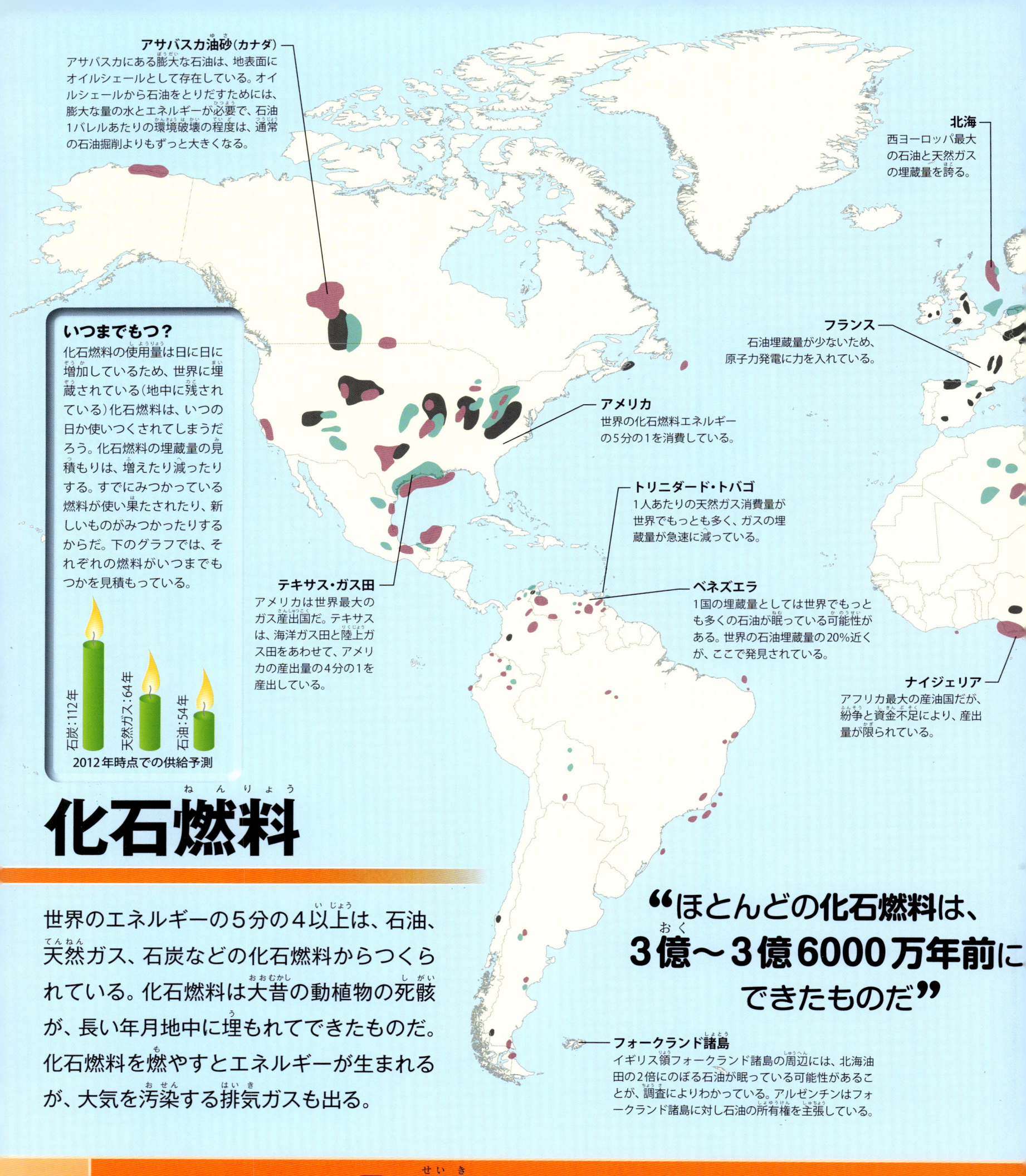

世界のエネルギーの5分の4以上は、石油、天然ガス、石炭などの化石燃料からつくられている。化石燃料は大昔の動植物の死骸が、長い年月地中に埋もれてできたものだ。化石燃料を燃やすとエネルギーが生まれるが、大気を汚染する排気ガスも出る。

"ほとんどの化石燃料は、3億～3億6000万年前にできたものだ"

アサバスカ油砂(カナダ)
アサバスカにある膨大な石油は、地表面にオイルシェールとして存在している。オイルシェールから石油をとりだすためには、膨大な量の水とエネルギーが必要で、石油1バレルあたりの環境破壊の程度は、通常の石油掘削よりもずっと大きくなる。

北海
西ヨーロッパ最大の石油と天然ガスの埋蔵量を誇る。

フランス
石油埋蔵量が少ないため、原子力発電に力を入れている。

アメリカ
世界の化石燃料エネルギーの5分の1を消費している。

トリニダード・トバゴ
1人あたりの天然ガス消費量が世界でもっとも多く、ガスの埋蔵量が急速に減っている。

ベネズエラ
1国の埋蔵量としては世界でもっとも多くの石油が眠っている可能性がある。世界の石油埋蔵量の20％近くが、ここで発見されている。

ナイジェリア
アフリカ最大の産油国だが、紛争と資金不足により、産出量が限られている。

テキサス・ガス田
アメリカは世界最大のガス産出国だ。テキサスは、海洋ガス田と陸上ガス田をあわせて、アメリカの産出量の4分の1を産出している。

フォークランド諸島
イギリス領フォークランド諸島の周辺には、北海油田の2倍にのぼる石油が眠っている可能性があることが、調査によりわかっている。アルゼンチンはフォークランド諸島に対し石油の所有権を主張している。

いつまでもつ？
化石燃料の使用量は日に日に増加しているため、世界に埋蔵されている(地中に残されている)化石燃料は、いつの日か使いつくされてしまうだろう。化石燃料の埋蔵量の見積もりは、増えたり減ったりする。すでにみつかっている燃料が使い果たされたり、新しいものがみつかったりするからだ。下のグラフでは、それぞれの燃料がいつまでもつかを見積もっている。

- 石炭：112年
- 天然ガス：64年
- 石油：54年

2012年時点での供給予測

人間と地球

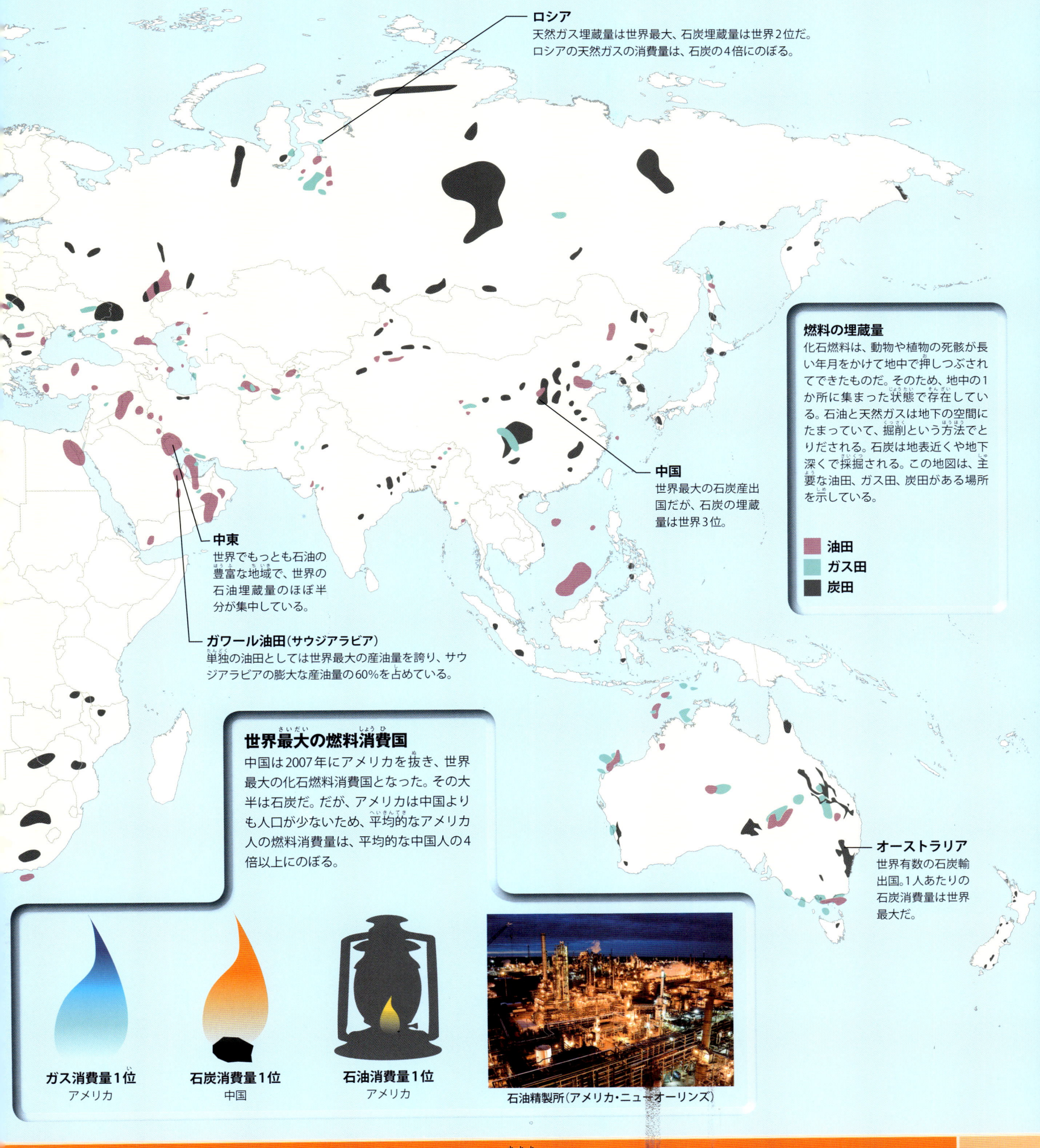

ロシア
天然ガス埋蔵量は世界最大、石炭埋蔵量は世界2位だ。ロシアの天然ガスの消費量は、石炭の4倍にのぼる。

燃料の埋蔵量
化石燃料は、動物や植物の死骸が長い年月をかけて地中で押しつぶされてできたものだ。そのため、地中の1か所に集まった状態で存在している。石油と天然ガスは地下の空間にたまっていて、掘削という方法でとりだされる。石炭は地表近くや地下深くで採掘される。この地図は、主要な油田、ガス田、炭田がある場所を示している。

■ 油田
■ ガス田
■ 炭田

中国
世界最大の石炭産出国だが、石炭の埋蔵量は世界3位。

中東
世界でもっとも石油の豊富な地域で、世界の石油埋蔵量のほぼ半分が集中している。

ガワール油田（サウジアラビア）
単独の油田としては世界最大の産油量を誇り、サウジアラビアの膨大な産油量の60%を占めている。

世界最大の燃料消費国
中国は2007年にアメリカを抜き、世界最大の化石燃料消費国となった。その大半は石炭だ。だが、アメリカは中国よりも人口が少ないため、平均的なアメリカ人の燃料消費量は、平均的な中国人の4倍以上にのぼる。

オーストラリア
世界有数の石炭輸出国。1人あたりの石炭消費量は世界最大だ。

ガス消費量1位
アメリカ

石炭消費量1位
中国

石油消費量1位
アメリカ

石油精製所（アメリカ・ニューオーリンズ）

大規模に採掘し、地下のパイプで室内を暖めていた。

105

代替エネルギー

代替エネルギー
いろいろなタイプの代替エネルギーが開発されている。そのうちの一部は、再生可能エネルギーでもある（右ページ参照）。

風力
「風力タービン」とよばれる巨大なブレードを背の高い支柱にとりつけ、それを回転させて風のエネルギーを集め、発電機を動かす。

太陽光
太陽のエネルギーを活用すれば、家庭で水を温めたり、熱を集めて電気を生みだしたりすることができる。光起電性パネル（ソーラーパネル）は、太陽光を電力に直接変換する装置だ。

原子力
原子力発電所では、原子の核を分裂させることで、膨大な量のエネルギーを生みだしている。だが、この発電では、危険な核廃棄物も同時にできてしまう。

地熱
地下の蒸気や温泉を利用し、電気をつくったり、建物を直接暖めたりする。

水力
ダムのなかに発電機が備えつけられている。水はダムの上流でせき止められていて、ダムのゲートが開くと、水の流れる力で発電機が動く。

バイオ燃料、バイオガス、バイオマス
植物からつくられた液体の燃料は、石油ではなく「バイオ燃料」とよばれる。農場廃棄物、下水、ごみなどが腐るとバイオガスが生じるが、これも燃料として燃やすことができる。バイオマスとは、植物や動物から生まれる資源のことで、燃やして暖房や発電に利用することができる。

化石燃料（石炭、石油、天然ガス）は環境破壊をもたらすし、永遠に使えるわけでもない。そのため、もっとクリーンで再生可能な代替エネルギー源の開発が進められている。

地図上の各国情報

アイスランド
地熱発電が世界7位。

ノルウェー
水力発電が世界6位。

カナダ
水力発電量が世界2位。原子力発電、バイオ燃料が7位。風力発電が9位。

ドイツ
太陽光発電が世界1位、風力発電とバイオ燃料が3位、原子力発電が8位。

フランス
原子力発電が世界2位、バイオ燃料が4位、風力発電が6位、太陽光発電が7位。

アメリカ
地熱発電、バイオ燃料、原子力発電が世界1位。風力発電が2位、水力発電が4位、太陽光発電が5位。

スペイン
風力発電と太陽光発電が世界4位、バイオ燃料が8位。

イタリア
太陽光発電が世界2位、地熱発電が5位、風力発電が7位、バイオ燃料が10位。

ベネズエラ
水力発電が世界9位。

メキシコ
地熱発電が世界4位。

エルサルバドル
地熱発電が世界9位。

コンゴ民主共和国
ほかのアフリカ諸国と同じく、エネルギーの大半を家庭で燃やす薪でまかなっている。バイオマスとバイオガスがエネルギー生産量の90％以上を占めている。

ブラジル
バイオ燃料が世界2位、水力発電が世界3位。

アルゼンチン
バイオ燃料が世界6位。

> "ノルウェーのエネルギーの99％は、水力発電でまかなわれている"

ポイント
各分野の代替エネルギーの生産国トップ10

- ↑ 風力エネルギー
- 地熱エネルギー
- 太陽光エネルギー
- 水力エネルギー
- 原子力エネルギー
- バイオ燃料エネルギー

アイスランドは火山の島だ。アイスランドの家庭の

人間と地球

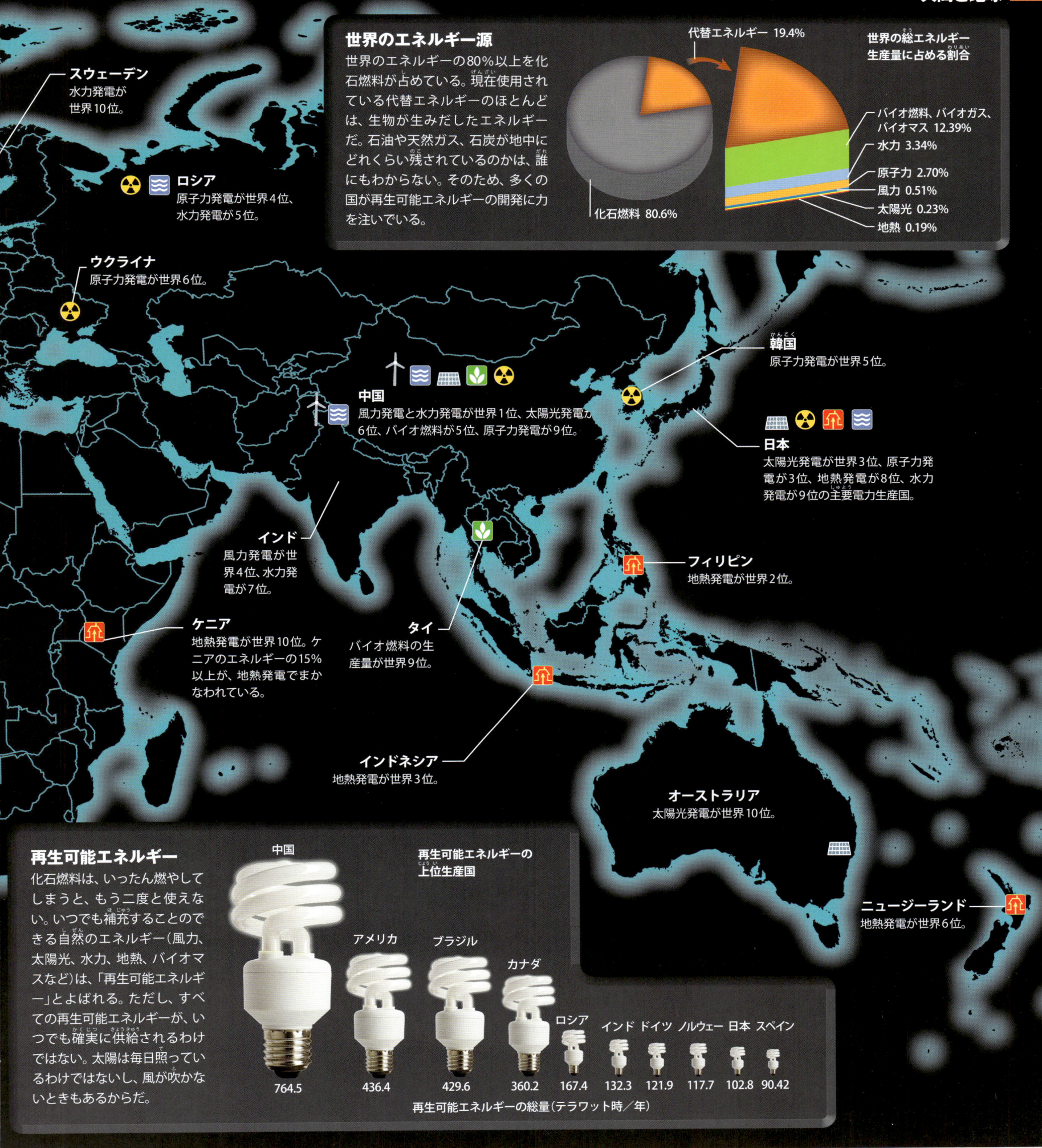

世界のエネルギー源

世界のエネルギーの80％以上を化石燃料が占めている。現在使用されている代替エネルギーのほとんどは、生物が生みだしたエネルギーだ。石油や天然ガス、石炭が地中にどれくらい残されているのかは、誰にもわからない。そのため、多くの国が再生可能エネルギーの開発に力を注いでいる。

世界の総エネルギー生産量に占める割合

- 代替エネルギー 19.4%
- 化石燃料 80.6%
- バイオ燃料、バイオガス、バイオマス 12.39%
- 水力 3.34%
- 原子力 2.70%
- 風力 0.51%
- 太陽光 0.23%
- 地熱 0.19%

スウェーデン
水力発電が世界10位。

ロシア
原子力発電が世界4位、水力発電が5位。

ウクライナ
原子力発電が世界6位。

中国
風力発電と水力発電が世界1位、太陽光発電が6位、バイオ燃料が5位、原子力発電が9位。

韓国
原子力発電が世界5位。

日本
太陽光発電が世界3位、原子力発電が3位、地熱発電が8位、水力発電が9位の主要電力生産国。

インド
風力発電が世界4位、水力発電が7位。

ケニア
地熱発電が世界10位。ケニアのエネルギーの15％以上が、地熱発電でまかなわれている。

タイ
バイオ燃料の生産量が世界9位。

フィリピン
地熱発電が世界2位。

インドネシア
地熱発電が世界3位。

オーストラリア
太陽光発電が世界10位。

ニュージーランド
地熱発電が世界6位。

再生可能エネルギー

化石燃料は、いったん燃やしてしまうと、もう二度と使えない。いつでも補充することのできる自然のエネルギー（風力、太陽光、水力、地熱、バイオマスなど）は、「再生可能エネルギー」とよばれる。ただし、すべての再生可能エネルギーが、いつでも確実に供給されるわけではない。太陽は毎日照っているわけではないし、風が吹かないときもあるからだ。

再生可能エネルギーの上位生産国

国	再生可能エネルギーの総量（テラワット時／年）
中国	764.5
アメリカ	436.4
ブラジル	429.6
カナダ	360.2
ロシア	167.4
インド	132.3
ドイツ	121.9
ノルウェー	117.7
日本	102.8
スペイン	90.42

約90％では、地熱発電による暖房が使われている。

気候変動

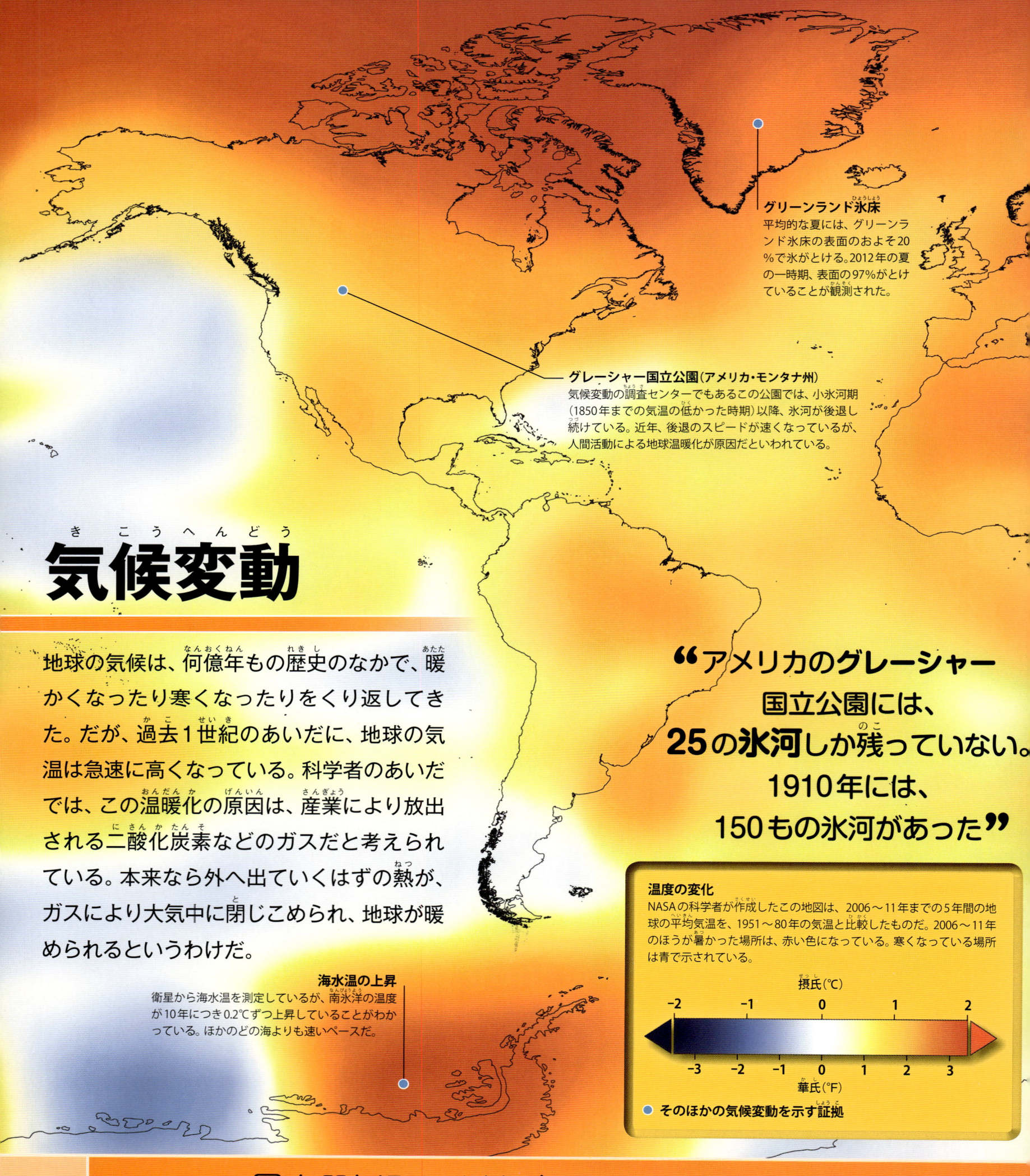

地球の気候は、何億年もの歴史のなかで、暖かくなったり寒くなったりをくり返してきた。だが、過去1世紀のあいだに、地球の気温は急速に高くなっている。科学者のあいだでは、この温暖化の原因は、産業により放出される二酸化炭素などのガスだと考えられている。本来なら外へ出ていくはずの熱が、ガスにより大気中に閉じこめられ、地球が暖められるというわけだ。

グリーンランド氷床
平均的な夏には、グリーンランド氷床の表面のおよそ20％で氷がとける。2012年の夏の一時期、表面の97％がとけていることが観測された。

グレーシャー国立公園（アメリカ・モンタナ州）
気候変動の調査センターでもあるこの公園では、小氷河期（1850年までの気温の低かった時期）以降、氷河が後退し続けている。近年、後退のスピードが速くなっているが、人間活動による地球温暖化が原因だといわれている。

海水温の上昇
衛星から海水温を測定しているが、南氷洋の温度が10年につき0.2℃ずつ上昇していることがわかっている。ほかのどの海よりも速いペースだ。

"アメリカのグレーシャー国立公園には、**25の氷河**しか残っていない。1910年には、150もの氷河があった"

温度の変化
NASAの科学者が作成したこの地図は、2006～11年までの5年間の地球の平均気温を、1951～80年の気温と比較したものだ。2006～11年のほうが暑かった場所は、赤い色になっている。寒くなっている場所は青で示されている。

摂氏（℃）
-2　-1　0　1　2

華氏（°F）
-3　-2　-1　0　1　2　3

● そのほかの気候変動を示す証拠

🌡 年間気温は、測定が開始された1879年以降、上位13位に

人間と地球

北極圏の海氷
北極圏全域は、ここ数十年でもっとも温暖化が進んでいる地域だ。その影響は、海氷にはっきりと表れている。海氷とは、凍った海水の層のこと。ふつう厚さ2～3mほどで、極地の海でみられる。2012年の北極の海氷の面積は、衛星観測がはじまった1979年以来もっとも小さかった。

海水面の上昇
地球全体で海水面が上昇しているが、衛星観測データにより、一部の地域ではほかよりも速いペースで上昇が進んでいることがわかっている。1992年から2011年にかけて、フィリピン周辺の海水面は1年につき5.8mmのペースで上昇した。国連のつくった気候変動の影響が大きい国のリストでは、海抜の低いフィリピンが3位になっている。

縮む湖
1960年以降、チャド湖の面積は95％に縮んでいる。雨季の雨の降りかたが変わり、降水量が減ったせいだ。雨が減ったために、農業用水に湖の水を使うことが多くなり、それが縮小に拍車をかけている。雨の降りかたが変わったのは、海表面の水温上昇が原因と考えられている。

ヒマラヤの氷河の後退
インド北部のヒマラヤでは、氷河が後退している。その一因が、「アジア褐色雲」とよばれる、南アジアの都市から放出される煤の粒子でできた雲だ。この雲には、太陽の光を遮り、その下の地面を冷やす働きもあるが、二酸化炭素と同じように、熱エネルギーを吸収して大気中に閉じこめるため、全体としては温暖化効果のほうが大きくなる。

とける氷河
アメリカ・アラスカ州のミューア氷河は、ここ50年でどんどん小さくなっている。すでに12km以上後退し、厚さも800mほど薄くなっている。1941年にはむきだしの岩に囲まれていたが、いまでは木や低木に覆われている。

1941年8月13日　　2004年8月31日

地球の海水面上昇
1993年以降、地球の海水面は、毎年およそ3mm（衛星から測定）のペースで着々と上昇している。1993年以前の100年間では、海水面の上昇ペースは、1年あたりの平均で1.7mmにすぎなかった。

1993年以降の海水面上昇（60日間平均）

2001年から2011年までのすべての年がランクインしている。

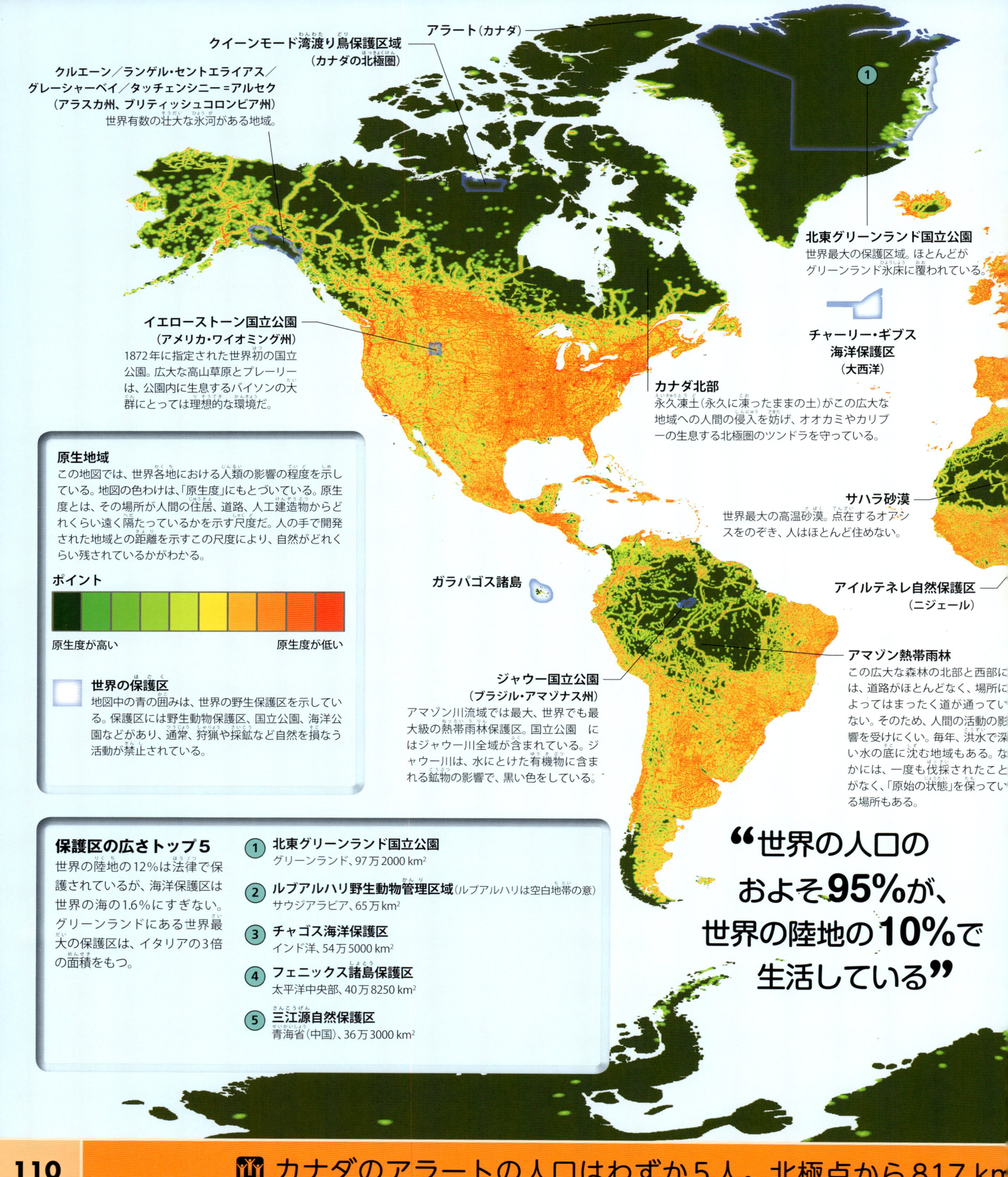

クイーンモード湾渡り鳥保護区域
（カナダの北極圏）

アラート（カナダ）

クルエーン／ランゲル・セントエライアス／グレーシャーベイ／タッチェンシニー＝アルセク
（アラスカ州、ブリティッシュコロンビア州）
世界有数の壮大な氷河がある地域。

北東グリーンランド国立公園
世界最大の保護区域。ほとんどがグリーンランド氷床に覆われている。

イエローストーン国立公園
（アメリカ・ワイオミング州）
1872年に指定された世界初の国立公園。広大な高山草原とプレーリーは、公園内に生息するバイソンの大群にとっては理想的な環境だ。

チャーリー・ギブス海洋保護区
（大西洋）

カナダ北部
永久凍土（永久に凍ったままの土）がこの広大な地域への人間の侵入を妨げ、オオカミやカリブーの生息する北極圏のツンドラを守っている。

サハラ砂漠
世界最大の高温砂漠。点在するオアシスをのぞき、人はほとんど住めない。

原生地域
この地図では、世界各地における人類の影響の程度を示している。地図の色わけは、「原生度」にもとづいている。原生度とは、その場所が人間の住居、道路、人工建造物からどれくらい遠く隔たっているかを示す尺度だ。人の手で開発された地域との距離を示すこの尺度により、自然がどれくらい残されているかがわかる。

ポイント

原生度が高い　　　　　原生度が低い

世界の保護区
地図中の青の囲みは、世界の野生保護区を示している。保護区には野生動物保護区、国立公園、海洋公園などがあり、通常、狩猟や採鉱など自然を損なう活動が禁止されている。

ガラパゴス諸島

アイルテネレ自然保護区
（ニジェール）

ジャウー国立公園
（ブラジル・アマゾナス州）
アマゾン川流域では最大、世界でも最大級の熱帯雨林保護区。国立公園にはジャウー川全域が含まれている。ジャウー川は、水にとけた有機物に含まれる鉱物の影響で、黒い色をしている。

アマゾン熱帯雨林
この広大な森林の北部と西部には、道路がほとんどなく、場所によってはまったく道が通っていない。そのため、人間の活動の影響を受けにくい。毎年、洪水で深い水の底に沈む地域もある。なかには、一度も伐採されたことがなく、「原始の状態」を保っている場所もある。

保護区の広さトップ5
世界の陸地の12％は法律で保護されているが、海洋保護区は世界の海の1.6％にすぎない。グリーンランドにある世界最大の保護区は、イタリアの3倍の面積をもつ。

① 北東グリーンランド国立公園
　グリーンランド、97万2000 km²

② ルブアルハリ野生動物管理区域（ルブアルハリは空白地帯の意）
　サウジアラビア、65万 km²

③ チャゴス海洋保護区
　インド洋、54万5000 km²

④ フェニックス諸島保護区
　太平洋中央部、40万8250 km²

⑤ 三江源自然保護区
　青海省（中国）、36万3000 km²

"世界の人口のおよそ**95%**が、世界の陸地の**10%**で生活している"

カナダのアラートの人口はわずか5人。北極点から817 km

人間と地球

- **ペラゴス海洋哺乳類保護区（地中海）**
- **ユグド・バ国立公園（ロシア）** ヨーロッパ最大の国立公園で、ウラル山脈北部の森林が広がる地域。
- **シベリア** ロシア北東部は寒くて人もまばらで、ほとんどが人の手の加わっていない森林、山脈、ツンドラで占められている。
- **大シベリア氷海域（ロシア）**
- **世界遺産のバイカル湖（ロシア）**
- **羌塘自然保護区（中国）** 辺境のチベット高原には、人がほとんど住んでいない。もっとも人里から離れた場所までは、もっとも近い都市のラサかコルラから3週間もかかる——1日は車を使えるが、残りの20日は歩いて行かなければならない。
- **セルース猟獣保護区（タンザニア）**
- **カバンゴ・ザンベジ国際保護区** 17の国立公園で構成される。ザンビアとジンバブエにまたがるビクトリアの滝は、この保護区の中央にある。
- **チャゴス海洋保護区（インド洋）** 55の小島からなる、イギリス領の保護区。世界最大の海洋保護区だ。
- **アウトバック（オーストラリア）** アウトバックとは、オーストラリ内陸部に広がる暑くて乾燥した地域のこと。住人はごくわずかで、その多くはアボリジニの人々だ。この辺境にも、数本のハイウェイが走っている。
- **グレートバリアリーフ海洋公園（オーストラリア）** 世界最大のサンゴ礁地帯。

原生地域

原生地域とは、人の手がほとんど加わらずに残されている場所のことだ。そうした未開の地の一部には原住民が住んでいる。その生活スタイルは、風景や自然にほとんど影響を与えないことも多い。

りこの町は、人が住んでいる場所としては世界最北となる。

111

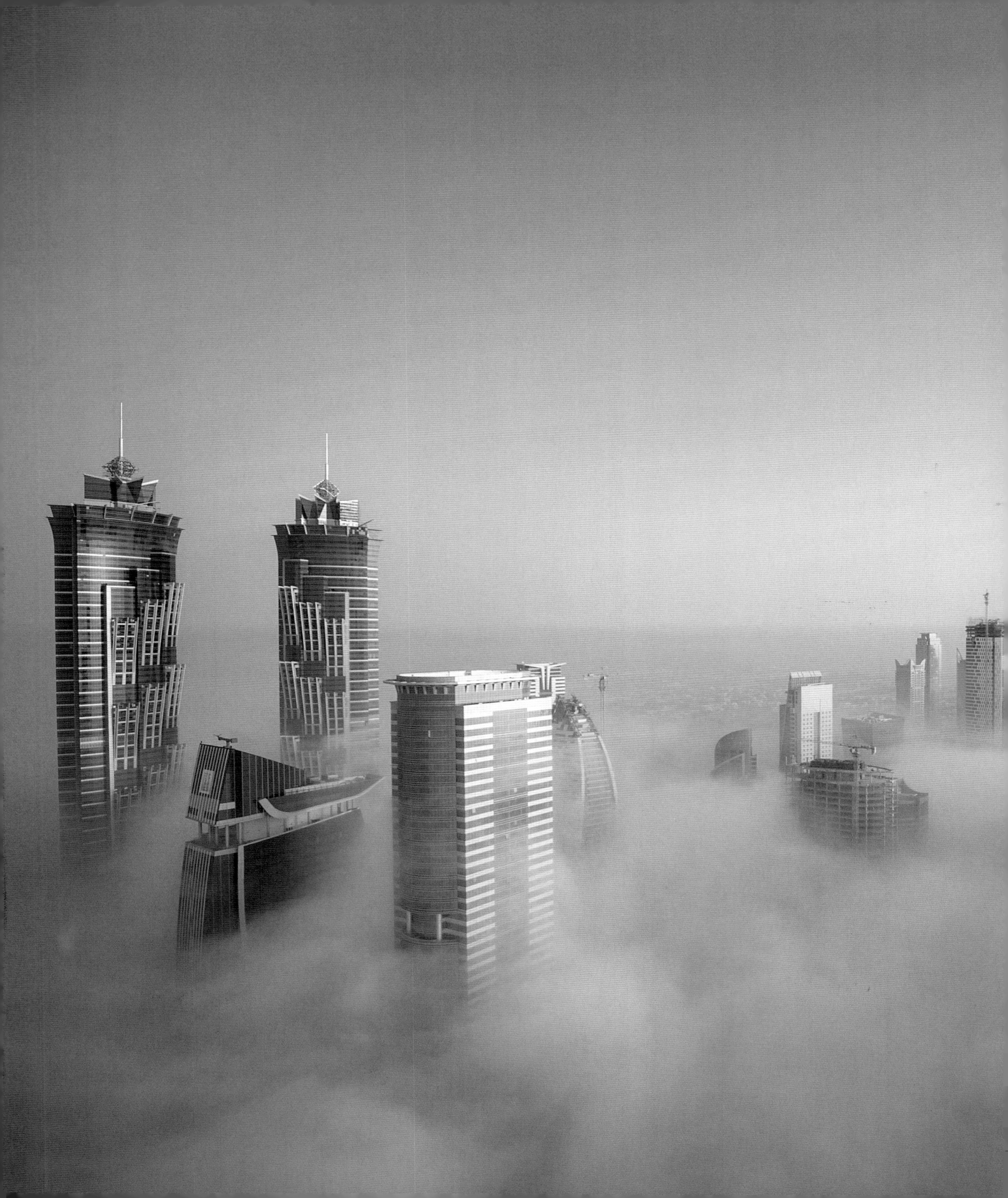

工学と科学技術

空に届く摩天楼
アラブ首長国連邦最大の都市ドバイ。霧の向こうにそびえたつのは、世界一高いビル、ブルジュハリファだ。

はじめに

雲まで届く高層ビル、広大な渓谷をまたぐ橋、山や海底を貫くトンネル。工学と科学技術によって、人類は目覚ましい偉業をなしとげてきた。いまでは、コンピューターネットワークと輸送システムで、世界中の人と場所がつねにつながっている。ほかの惑星を探査することもできるのだ。

動き続ける世界
交通が発達するほど世界は小さくなる。ジェット機や自動車道路、高速鉄道などのおかげで、ほんの数十年前には考えられなかったほどの長い距離を旅することができるようになった。こうした交通革命は、鉄道が発明された約200年前にはじまり、いまなお猛スピードで進んでいる。

架線
電車は線路の上にある架線（電力ケーブル）から電気を集めて走る。

高速電気機関車
1999年に運転を開始したベラロは、いまではドイツ、スペイン、中国、ロシアを走っている。最高時速は350 kmを超える。電気を動力とし、900人以上の客を乗せて走ることができる。

技術の小型化
コンピューターほど急速に進歩した技術は、ほかにあまり例がない。プログラムを組み換えられる世界初の汎用電子計算機（コンピューター）は、1946年にアメリカ陸軍が開発したENIACだ。このENIACは、10万個あまりの部品でできていた。以来、電子部品はどんどん小さくなっていった。現代のノートパソコンは、小さなマイクロチップが制御している。マイクロチップには、10億を超える要素を刻みこむことができる。

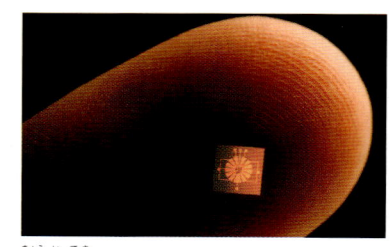

驚異的な小ささ
このわずか1 mm²ほどの小さなコンピューターは、緑内障患者の目に埋めこんで、視覚を補助するためのものだ。

巨大な祖先
ENIACは重さ30 tで、ひと部屋を丸ごと占領していた。プログラミングをするときは、オペレーターがケーブルを差しかえたり、スイッチを調節したりしていた。

世界最速のコンピューター「セコイア」の計算速度は毎秒1京6000兆回

工学と科学技術

初期の蒸気機関車
パッフィン・ビリーは、現存する世界最古の蒸気機関車だ。1813年に、イギリス北部で石炭を運ぶためにつくられた。最高時速はおよそ10 kmだった。石炭を燃やし、水を熱して蒸気を生みだし、車輪を動かしていた。

炭水車
上部に石炭を積み、下部のタンクに水を積む車両。先頭の蒸気機関車に石炭と水を補給する。

ノーズ
弾丸型のノーズ(先端部)のおかげで、空気の抵抗が小さくなり、スピードを出すことができる。

建造物
鉄鋼とコンクリートによる建造物の革命は、19世紀後半にはじまった。鋼桁の骨組みのおかげで、それまでよりも高いビルを建てられるようになり、鉄筋コンクリート(鉄の棒を埋めこんだコンクリート)が発明されたことで、驚くほどじょうぶで耐久性のある新たな建材が登場した。この鋼鉄と鉄筋コンクリートが、現代の高層ビルを生みだし、世界の都市の姿を変えた。

- **大昔のコンクリート**
  古代ローマ人は、コンクリートを使った建築が得意だった。ローマのコロセウムやパンテオンの建造にもコンクリートが使われている。

- **世界最古の高層都市?**
  イエメンのシバームには、日干しれんがでできた500棟もの高層住宅がある。そのほとんどは、16世紀に建てられたものだ。

- **世界初の鉄骨フレーム高層ビル**
  1885年にアメリカのシカゴに建てられたホームインシュアランスビルは、革新的な10階だての高層ビルで、鋼鉄の骨組みが壁を支えていた。

- **世界初の鉄筋コンクリートビル**
  鉄筋コンクリートを使った世界初の高層ビルは、1903年にアメリカのシンシナティに建てられた15階だてのインガルスビルだ。

マンハッタン、いまと昔
ニューヨークのイースト川にブルックリン橋が開通したのは1883年。それ以降、マンハッタン島を望む景色は劇的に変わり、いまでは高層ビルが林立している。

インフラの発達
下水道や通信ネットワーク、送電線、鉄道、自動車道など、日々の生活を支えている建造物や工学的システムを、まとめて「インフラストラクチャー(インフラ)」とよぶ。インフラがなければ、現代のような生活を送るのは不可能だろう。

- **最初の電話交換局**
  電話の発信者と受信者をつなぐ世界初の商業用電話交換局が、1878年にアメリカ・コネティカット州のニューヘイブンで開局した。

- **都市間鉄道**
  世界初の都市間鉄道はイギリスのマサチューセッツとリバプールを結ぶ路線だ。1830年に開業した。

ウルムとシュトゥットガルトを結ぶアウトバーン(1950年)
ドイツは1930年代に、世界に先がけて高速道路(アウトバーン)を整備した。ただし、車が増えて道路が渋滞するのは、ずっとあとになってからだ。

世界最古のコンピューター ENIACの計算速度は毎秒わずか5000回だった。　　115

> "2011年、ハーツフィールド・ジャクソン・アトランタ国際空港の平均フライト数は、1日あたり2531本だった"

航空交通

航空管制官の仕事はたいへんだ。毎日、空を縦横に飛びかう無数の飛行機が安全なルートを通り、きちんと離着陸できるようにしなければならない。この地図は、民間航空機の6000本近い定期便のルートを示している。

利用客が多い空港トップ10（2011年）

2011年には、およそ32億人の乗客が、世界のトップ100の空港から飛び立った。そのうち、ヨーロッパが約9億9800万人、北アメリカが約9億8900万人だ。世界でもっとも利用客の多いハーツフィールド・ジャクソン・アトランタ国際空港（アメリカ・ジョージア州）では、2011年の1日あたりの平均利用者数は25万2000人、1年間のフライト数は92万3991本だった。

順位	空港	年間利用者数
1	ハーツフィールド・ジャクソン・アトランタ国際空港（アメリカ）	92,365,860
2	北京首都国際空港（中国）	77,403,668
3	ロンドン・ヒースロー空港（イギリス）	69,433,565
4	シカゴ・オヘア国際空港（アメリカ）	66,561,023
5	東京国際空港（羽田空港）（日本）	62,263,025
6	ロサンゼルス国際空港（アメリカ）	61,848,449
7	シャルル・ド・ゴール国際空港（フランス）	60,970,551
8	ダラス・フォートワース国際空港（アメリカ）	57,806,152
9	フランクフルト国際空港（ドイツ）	56,436,255
10	香港国際空港（中国）	53,314,213

2011年の全世界のフライト数は、旅客機と貨物機あわせて2479

工学と科学技術

年間利用者数

済州	✈ 990万人 ✈	ソウル
リオデジャネイロ	✈ 760万人 ✈	サンパウロ
大阪	✈ 750万人 ✈	東京
札幌	✈ 750万人 ✈	東京
メルボルン	✈ 700万人 ✈	シドニー
福岡	✈ 660万人 ✈	東京
北京	✈ 660万人 ✈	上海
香港	✈ 620万人 ✈	台北
ケープタウン	✈ 450万人 ✈	ヨハネスブルグ
ムンバイ	✈ 430万人 ✈	デリー

重要な航空路線

世界の航空路線を示す地図は、まるで巨大なクモの巣のようだ。それぞれの路線は、金融や商業、産業の中心地や人口の多い地域を結んでいる。2011年に利用者数の多かった路線のトップ10は左の図のとおり。

万本だった。2030年には、5171万本になると予想されている。

117

航路

この地図は、世界の主要な航路とその交通量を示している。GPS（全地球測位システム）で年間1万6363隻の貨物船の航海を追跡した2007年の調査にもとづいている。

- 3001隻以上
- 1,001–3,000隻
- 501–1,000隻
- 101–500隻
- 25–100隻
- 24隻以下

ロサンゼルス

ロングビーチ

ニューヨーク／ニュージャージー

パナマ運河
1914年に開通したパナマ運河は、太平洋と大西洋を結んでいる。ここは世界でもっとも交通量の多い航路で、毎年およそ1万4000隻の船が通過する。

海上輸送

世界のほとんどの国は、つくった商品を売り、必要なものを買わなければならない。そうした世界の貿易に欠かせないのが、船を使った輸送だ。たくさんの船が食料や燃料、化学物質、工業製品を積み、世界の市場から市場へ行き来している。

" 世界の貿易品の90％以上は船で運ばれている "

船による貨物輸送は、鉄道による輸送の2.5倍

工学と科学技術

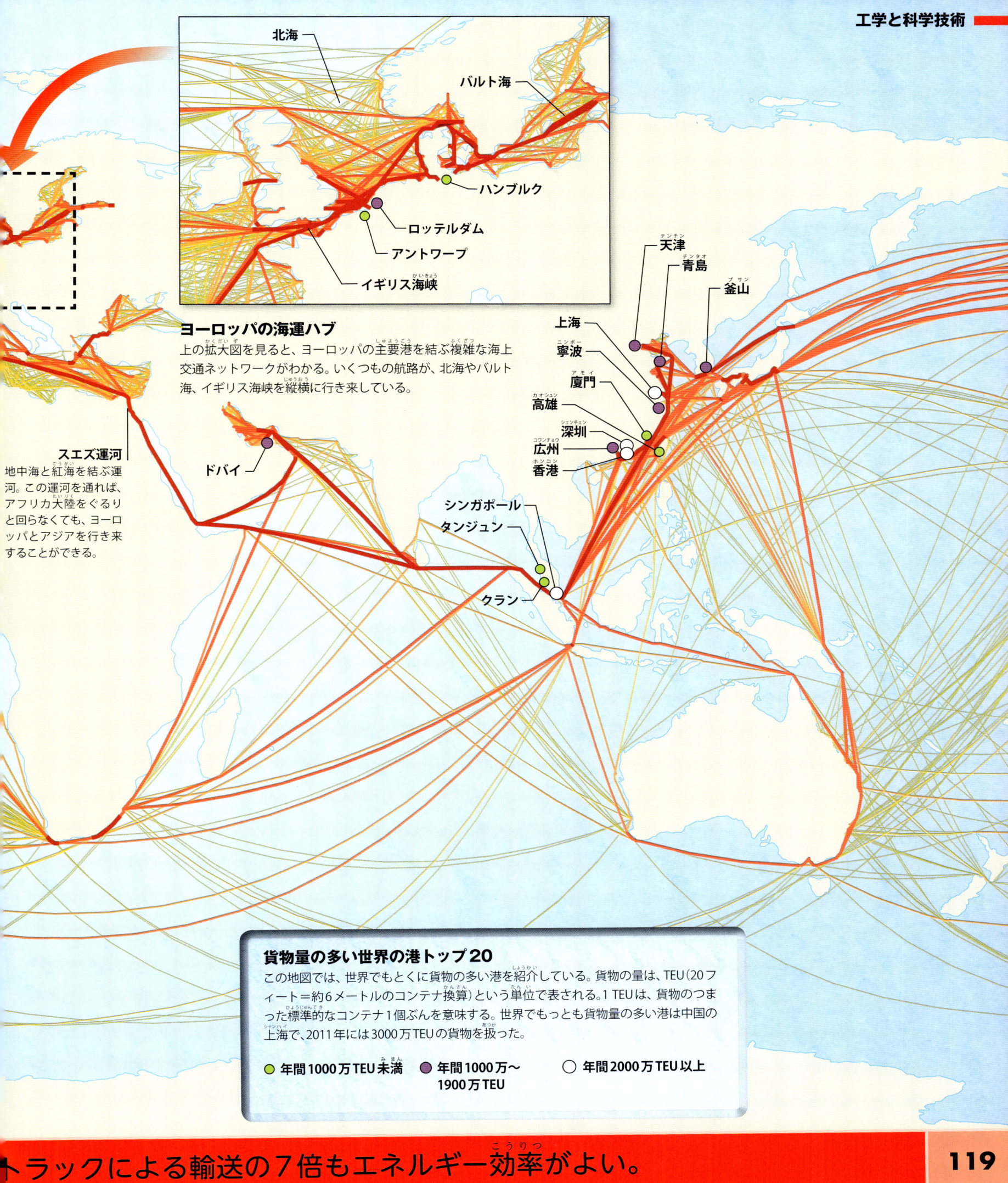

ヨーロッパの海運ハブ
上の拡大図を見ると、ヨーロッパの主要港を結ぶ複雑な海上交通ネットワークがわかる。いくつもの航路が、北海やバルト海、イギリス海峡を縦横に行き来している。

北海 / **バルト海** / **ハンブルク** / **ロッテルダム** / **アントワープ** / **イギリス海峡**

スエズ運河
地中海と紅海を結ぶ運河。この運河を通れば、アフリカ大陸をぐるりと回らなくても、ヨーロッパとアジアを行き来することができる。

ドバイ

シンガポール / **タンジュン** / **クラン**

天津（テンチン）/ **青島**（チンタオ）/ **釜山**（ブサン）/ **上海**（シャンハイ）/ **寧波**（ニンポー）/ **廈門**（アモイ）/ **高雄**（カオシュン）/ **深圳**（シェンチェン）/ **広州**（コワンチョウ）/ **香港**（ホンコン）

貨物量の多い世界の港トップ20
この地図では、世界でもとくに貨物の多い港を紹介している。貨物の量は、TEU（20フィート＝約6メートルのコンテナ換算）という単位で表される。1 TEUは、貨物のつまった標準的なコンテナ1個ぶんを意味する。世界でもっとも貨物量の多い港は中国の上海で、2011年には3000万TEUの貨物を扱った。

- 🟢 年間1000万TEU未満
- 🟣 年間1000万〜1900万TEU
- ⚪ 年間2000万TEU以上

トラックによる輸送の7倍もエネルギー効率がよい。

119

鉄道

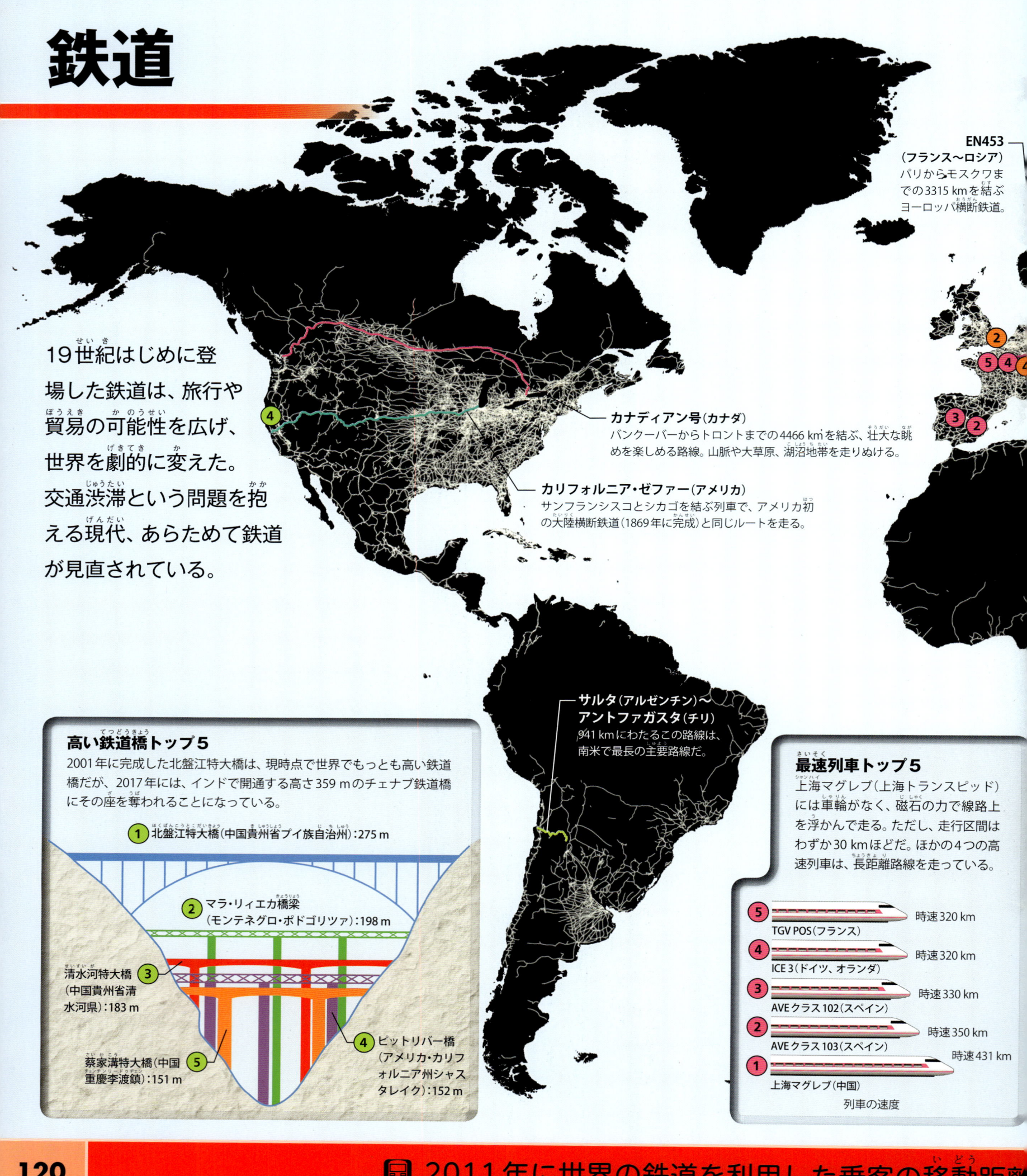

19世紀はじめに登場した鉄道は、旅行や貿易の可能性を広げ、世界を劇的に変えた。交通渋滞という問題を抱える現代、あらためて鉄道が見直されている。

EN453（フランス～ロシア）
パリからモスクワまでの3315 kmを結ぶヨーロッパ横断鉄道。

カナディアン号（カナダ）
バンクーバーからトロントまでの4466 kmを結ぶ、壮大な眺めを楽しめる路線。山脈や大草原、湖沼地帯を走りぬける。

カリフォルニア・ゼファー（アメリカ）
サンフランシスコとシカゴを結ぶ列車で、アメリカ初の大陸横断鉄道（1869年に完成）と同じルートを走る。

サルタ（アルゼンチン）～アントファガスタ（チリ）
941 kmにわたるこの路線は、南米で最長の主要路線だ。

高い鉄道橋トップ5

2001年に完成した北盤江特大橋は、現時点で世界でもっとも高い鉄道橋だが、2017年には、インドで開通する高さ359 mのチェナブ鉄道橋にその座を奪われることになっている。

1. 北盤江特大橋（中国貴州省プイ族自治州）：275 m
2. マラ・リィエカ橋梁（モンテネグロ・ポドゴリツァ）：198 m
3. 清水河特大橋（中国貴州省清水河県）：183 m
4. ピットリバー橋（アメリカ・カリフォルニア州シャスタレイク）：152 m
5. 蔡家溝特大橋（中国重慶李渡鎮）：151 m

最速列車トップ5

上海マグレブ（上海トランスピッド）には車輪がなく、磁石の力で線路上を浮かんで走る。ただし、走行区間はわずか30 kmほどだ。ほかの4つの高速列車は、長距離路線を走っている。

5. TGV POS（フランス） 時速320 km
4. ICE 3（ドイツ、オランダ） 時速320 km
3. AVEクラス102（スペイン） 時速330 km
2. AVEクラス103（スペイン） 時速350 km
1. 上海マグレブ（中国） 時速431 km

列車の速度

2011年に世界の鉄道を利用した乗客の移動距離

工学と科学技術

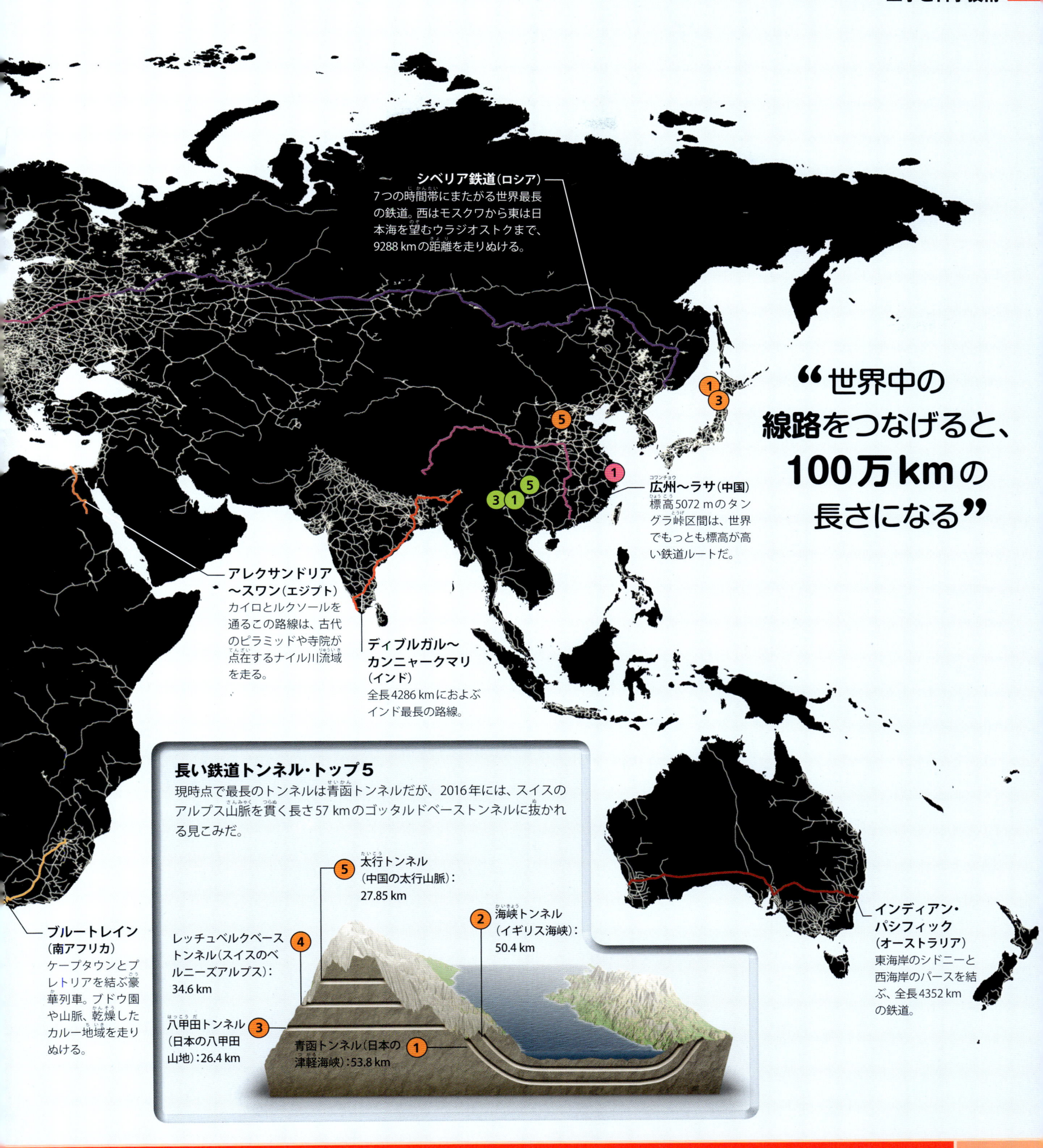

シベリア鉄道（ロシア）
7つの時間帯にまたがる世界最長の鉄道。西はモスクワから東は日本海を望むウラジオストクまで、9288kmの距離を走りぬける。

"世界中の線路をつなげると、100万kmの長さになる"

広州～ラサ（中国）
標高5072mのタングラ峠区間は、世界でもっとも標高が高い鉄道ルートだ。

アレクサンドリア～スワン（エジプト）
カイロとルクソールを通るこの路線は、古代のピラミッドや寺院が点在するナイル川流域を走る。

ディブルガル～カンニャークマリ（インド）
全長4286kmにおよぶインド最長の路線。

長い鉄道トンネル・トップ5
現時点で最長のトンネルは青函トンネルだが、2016年には、スイスのアルプス山脈を貫く長さ57kmのゴッタルドベーストンネルに抜かれる見こみだ。

5 **太行トンネル**（中国の太行山脈）：27.85km

4 **レッチュベルクベーストンネル**（スイスのベルニーズアルプス）：34.6km

2 **海峡トンネル**（イギリス海峡）：50.4km

3 **八甲田トンネル**（日本の八甲田山地）：26.4km

1 **青函トンネル**（日本の津軽海峡）：53.8km

ブルートレイン（南アフリカ）
ケープタウンとプレトリアを結ぶ豪華列車。ブドウ園や山脈、乾燥したカルー地域を走りぬける。

インディアン・パシフィック（オーストラリア）
東海岸のシドニーと西海岸のパースを結ぶ、全長4352kmの鉄道。

を合計すると、およそ2兆8000億kmになる。

121

デンプスターハイウェイ延長線
冬のあいだは、凍ったマッケンジー川と北極海に氷の道ができ、海で隔てられたトゥクトヤクトゥクの町へ渡れるようになる。

山道と峠道

① トロルスティーゲン（ノルウェー）
「トロールのはしご」を意味するドラマチックな道路。険しい山腹を曲がりくねって走り、11のヘアピンカーブがある。

② ステルビオ峠（イタリア）
アルプスでもっとも標高の高い山路のひとつ。60ものヘアピンカーブが、ドライバーやサイクリストの行く手を阻んでいる。

③ カルドゥン・ラ（インド）
カシミール州ラダック地方の高山にある有名な峠道。1976年に開通し、1988年には自動車が通れるようになった。

④ セモ・ラ（中国、チベット自治区）
自動車が通れる峠道としては、おそらく世界でもっとも標高が高い。1999年の精密測定では、標高5565mだった。

⑤ いろは坂（日本）
48あるヘアピンカーブに、いろは48音の各文字があてられている。

ボンとケルンを結ぶアウトバーン
1932年に開通した世界初の自動車専用道路。1本1本の車線が分離されていて、ほかの道路とはまったく交わらない。

カボットトレイル
ノバスコシアのケープブレトン島の北端をぐるりと回る道路。16世紀のイタリア人探検家ジョン・カボットにちなんで名づけられた。

ティビットとコントウォイトを結ぶ冬期道路
凍った湖の上にできる氷の道。毎年1月下旬から10週間ほど開通する。

国道66号線（ルート66）
全長3940kmの道路で、世界大恐慌のころにカリフォルニアをめざす移民がたどった歴史的なルートをなぞっている。

パシフィックコーストハイウェイ
世界的に有名なルートで、南のオレンジ郡から北部にあるセコイアの巨木の森まで、カリフォルニアの沿岸部を走りぬける。

ナッチェストレースパークウェイ
現代の道路ができる以前から、何千年ものあいだネイティブアメリカンの人々や動物たちが使ってきたルート。

ダリエン地峡（パナマ）
一帯に広がる熱帯雨林により、パンアメリカンハイウェイのルートが分断されている場所。

パンアメリカンハイウェイ
アラスカからアルゼンチン南端まで、18か国を走りぬける全長およそ4万8000kmの道路。

ユンガスの道（ボリビア）
トラックが多く走る単車線の山岳道路だが、高さ600mもの切り立った断崖にあり、しかもガードレールはない。毎年、この道で300人もの人が事故死している。

交通量の多い道路

① キングスハイウェイ401号線（カナダ）
北アメリカでもっとも交通量の多い道路で、トロント区間は毎日44万台以上の自動車が通過する。もっとも横幅の広い道路のひとつでもあり、18車線の区間もある。

② サンタモニカフリーウェイ（アメリカ）
サンタモニカとロサンゼルスを結ぶ道路。1993年に数キロ南にセンチュリーフリーウェイができるまでは、世界でもっとも交通量の多い道路だった。以後、渋滞は緩和されたが、いまでも毎日32万9000台もの車が走っている。

キングスハイウェイ401号線（カナダ・オンタリオ州）

道路

地球には、かつてないほど多数の道路がはりめぐらされている。世界の道路の総距離は1億200万キロメートルにのぼり、多車線の高速道路から湖や海が凍ってできる季節限定の氷の道まで、さまざまな道路が存在する。

122　フランスの舗装道路は100万km近くあるが

工学と科学技術

エストニアの島々
ルート全体の氷の厚さが22cmに達しているときだけ、島々と本土を結ぶ氷の道が開通する。

シベリア
シベリアには常設道がほとんどない。永久凍土の上に安定した基盤をつくるのが難しいためだ。

骨の道
M56コリマハイウェイ（別名「骨の道」）は、人の居住地としては地球上でもっとも寒い地域を通っている。冬の気温は−50℃を下回る。

カラコルムハイウェイ
標高4693mの地点を走る、世界でもっとも標高の高い道路のひとつ。中国とパキスタンを結んでいる。

"ニューヨークの**ジョージワシントン橋**を渡る車は、**毎年1億600万台**にのぼる"

ミルフォードロード
ニュージーランドのミルフォードサウンドの美しい景色をぬって走る。

ガーデンルート
ケープタウンからポートエリザベスまで、南アフリカの海岸地域を走っている。

道路橋の記録保持者たち

① ミヨー橋（フランス）
フランスにあるこの橋は、世界でもっとも背の高い橋だ。主塔の高さは343mで、エッフェル塔よりも高い。

② 四渡河特大橋（中国）
四渡河渓谷の底から496mの位置に道路がある、世界でもっとも高所に架かる橋。

③ バンナー道路高架橋（タイ）
全長55kmの6車線の高架橋で、世界でもっとも長い道路橋。

④ 青島膠州湾大橋（中国）
世界最長の水上道路橋で、5238本の巨大なコンクリートの柱に支えられている。

⑤ ポンチャートレイン湖コーズウェイ（アメリカ）
ニューオーリンズ郊外にあり、全長38kmの2本の橋が並行している。

⑥ 明石海峡大橋（日本）
世界最長のつり橋で、使われているスチールケーブルの長さは合計30万kmになる。本州と淡路島を結んでいる。

グレートオーシャンロード
美しい海沿いのルートを走る道路。第一次世界大戦で死亡したオーストラリア人を追悼してつくられた。

ミヨー橋（フランス）

ポイント
道路には、舗装（石、れんが、コンクリート、アスファルトなどの硬い表面で覆うこと）されているものとされていないものがある。舗装すると耐久性が高くなり、長もちする。

― 有名な道路
― 眺めのよい道路
― 氷の道

ほぼ同じ面積の南スーダンには、100kmしかない。

123

高層建築物

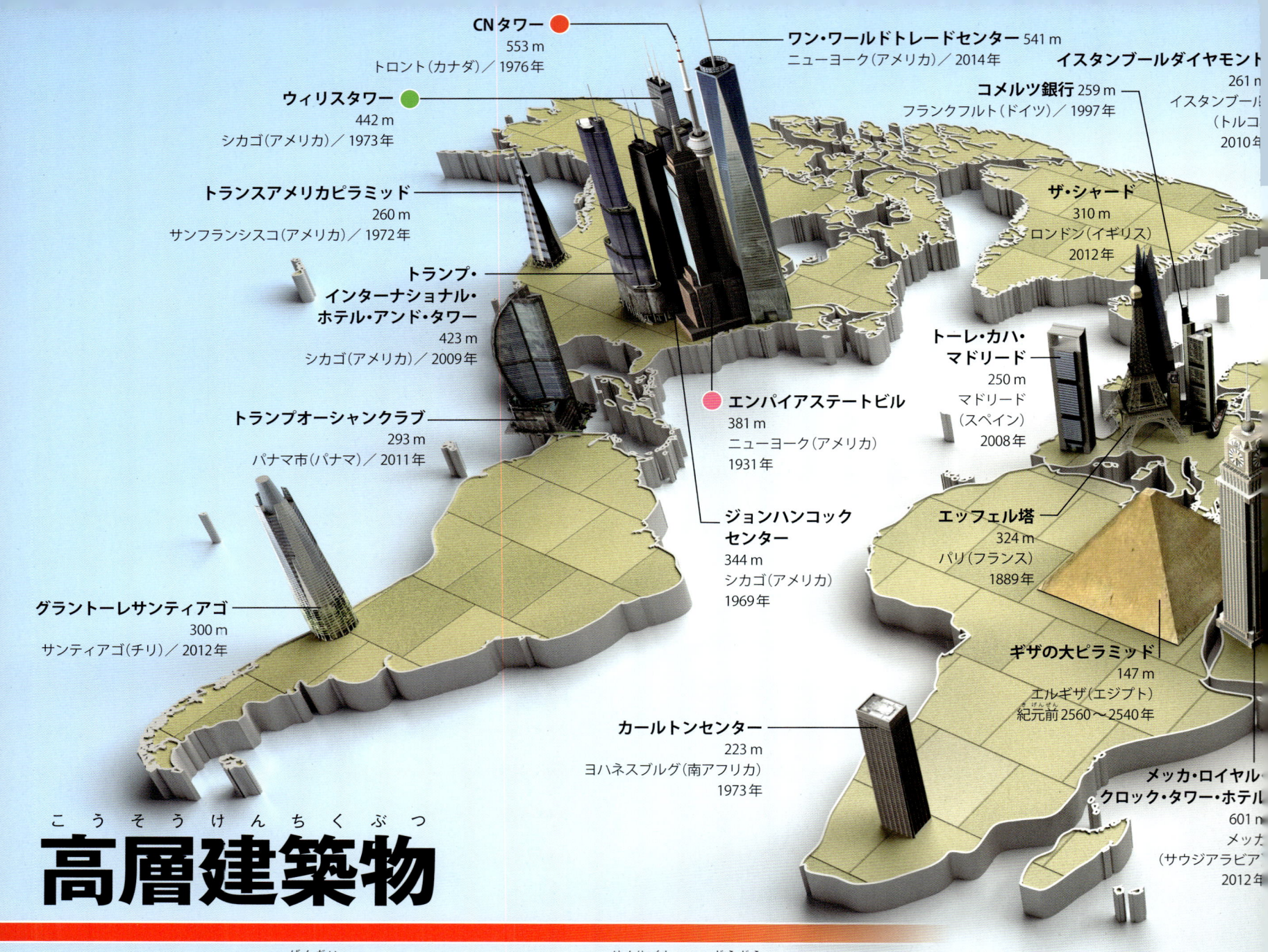

CNタワー 553 m
トロント(カナダ)／1976年

ウィリスタワー 442 m
シカゴ(アメリカ)／1973年

トランスアメリカピラミッド 260 m
サンフランシスコ(アメリカ)／1972年

トランプ・インターナショナル・ホテル・アンド・タワー 423 m
シカゴ(アメリカ)／2009年

トランプオーシャンクラブ 293 m
パナマ市(パナマ)／2011年

グラントーレサンティアゴ 300 m
サンティアゴ(チリ)／2012年

ワン・ワールドトレードセンター 541 m
ニューヨーク(アメリカ)／2014年

イスタンブールダイヤモンド 261 m
イスタンブール(トルコ) 2010年

コメルツ銀行 259 m
フランクフルト(ドイツ)／1997年

ザ・シャード 310 m
ロンドン(イギリス) 2012年

エンパイアステートビル 381 m
ニューヨーク(アメリカ) 1931年

ジョンハンコックセンター 344 m
シカゴ(アメリカ) 1969年

トーレ・カハ・マドリード 250 m
マドリード(スペイン) 2008年

エッフェル塔 324 m
パリ(フランス) 1889年

ギザの大ピラミッド 147 m
エルギザ(エジプト) 紀元前2560〜2540年

カールトンセンター 223 m
ヨハネスブルグ(南アフリカ) 1973年

メッカ・ロイヤル・クロック・タワー・ホテル 601 m
メッカ(サウジアラビア) 2012年

古代のピラミッドから現代のハイテクホテルまで、権力者は堂々たる建造物をつくることで、その地位を誇示してきた。技術の進歩に伴い、人類の建造物はどんどん高くなっている。

高層ビル・ランキング(2012年)

「ビル」とよばれるためには、人が住める建物でなければならない(オフィスや住居など)。支線つき電柱などの「支持構造物」は、ビルとはいわない。ビルの高さは、屋上までの高さとするケースもあれば、支柱やアンテナの先端まで含めることもある。上の地図では、屋上までの高さを示している。

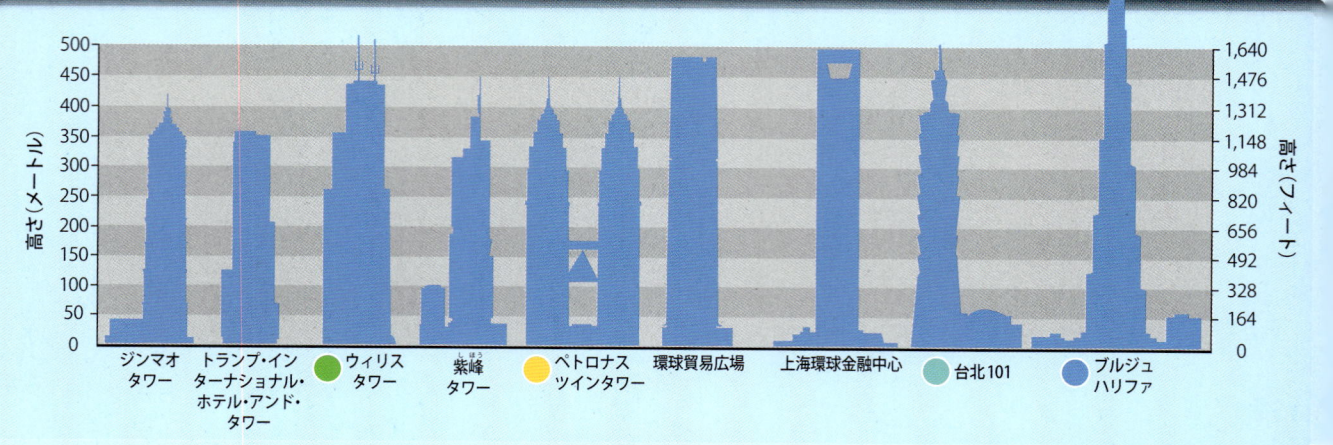

828 m (2,717 ft)

ジンマオタワー / トランプ・インターナショナル・ホテル・アンド・タワー / ウィリスタワー / 紫峰タワー / ペトロナスツインタワー / 環球貿易広場 / 上海環球金融中心 / 台北101 / ブルジュハリファ

ニューヨークのクライスラービルは、1931年にエンパイアステート

工学と科学技術

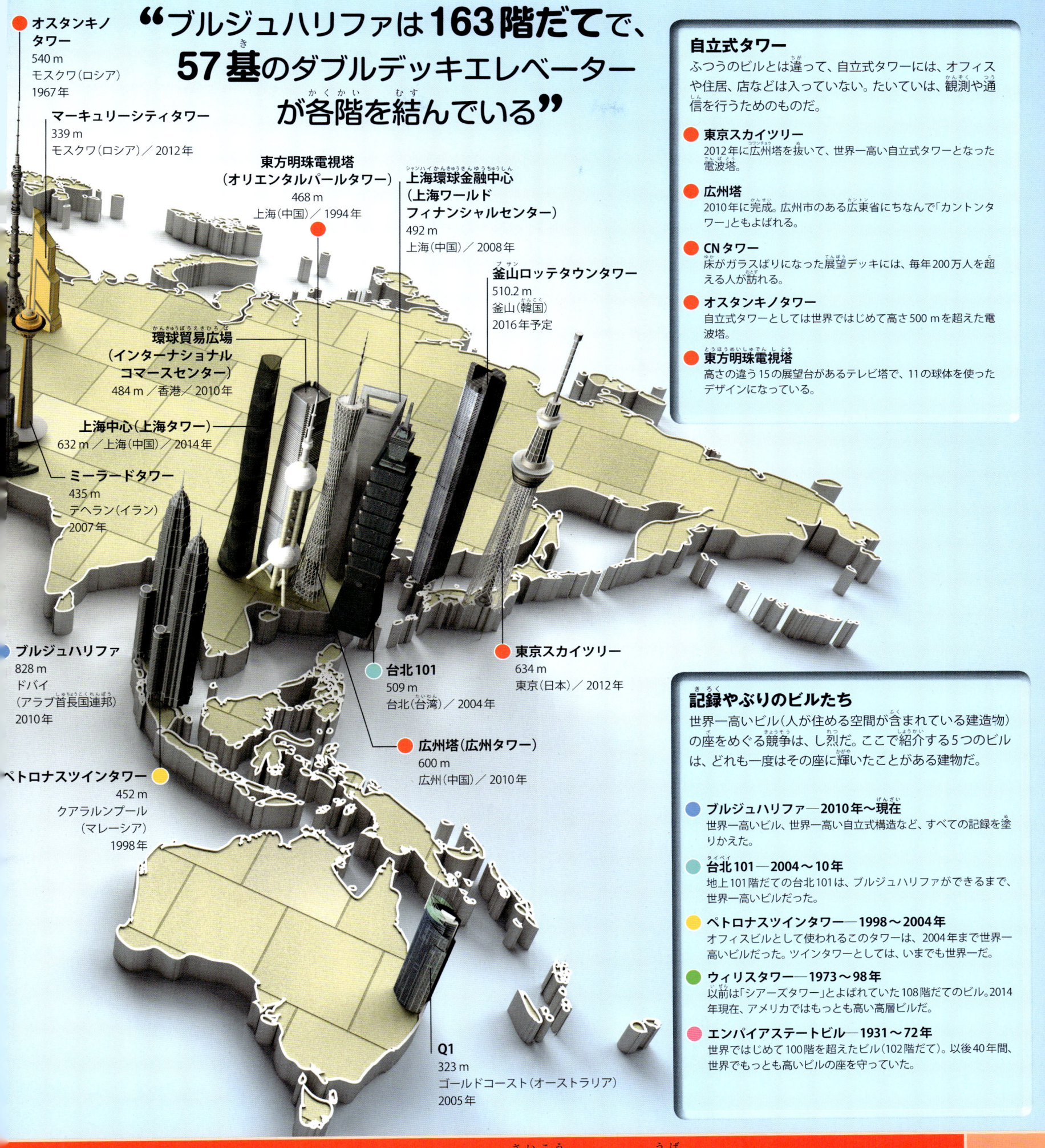

"ブルジュハリファは163階だてで、57基のダブルデッキエレベーターが各階を結んでいる"

- オスタンキノタワー
540 m
モスクワ(ロシア)
1967年

- マーキュリーシティタワー
339 m
モスクワ(ロシア)／2012年

- 東方明珠電視塔(オリエンタルパールタワー)
468 m
上海(中国)／1994年

- 上海環球金融中心(上海ワールドフィナンシャルセンター)
492 m
上海(中国)／2008年

- 環球貿易広場(インターナショナルコマースセンター)
484 m／香港／2010年

- 釜山ロッテタウンタワー
510.2 m
釜山(韓国)
2016年予定

- 上海中心(上海タワー)
632 m／上海(中国)／2014年

- ミーラードタワー
435 m
デヘラン(イラン)
2007年

- ブルジュハリファ
828 m
ドバイ
(アラブ首長国連邦)
2010年

- ペトロナスツインタワー
452 m
クアラルンプール
(マレーシア)
1998年

- 台北101
509 m
台北(台湾)／2004年

- 広州塔(広州タワー)
600 m
広州(中国)／2010年

- 東京スカイツリー
634 m
東京(日本)／2012年

- Q1
323 m
ゴールドコースト(オーストラリア)
2005年

自立式タワー
ふつうのビルとは違って、自立式タワーには、オフィスや住居、店などは入っていない。たいていは、観測や通信を行うためのものだ。

- **東京スカイツリー**
2012年に広州塔を抜いて、世界一高い自立式タワーとなった電波塔。

- **広州塔**
2010年に完成。広州市のある広東省にちなんで「カントンタワー」ともよばれる。

- **CNタワー**
床がガラスばりになった展望デッキには、毎年200万人を超える人が訪れる。

- **オスタンキノタワー**
自立式タワーとしては世界ではじめて高さ500 mを超えた電波塔。

- **東方明珠電視塔**
高さの違う15の展望台があるテレビ塔で、11の球体を使ったデザインになっている。

記録やぶりのビルたち
世界一高いビル(人が住める空間が含まれている建造物)の座をめぐる競争は、し烈だ。ここで紹介する5つのビルは、どれも一度はその座に輝いたことがある建物だ。

- **ブルジュハリファ—2010年〜現在**
世界一高いビル、世界一高い自立式構造など、すべての記録を塗りかえた。

- **台北101—2004〜10年**
地上101階だての台北101は、ブルジュハリファができるまで、世界一高いビルだった。

- **ペトロナスツインタワー—1998〜2004年**
オフィスビルとして使われるこのタワーは、2004年まで世界一高いビルだった。ツインタワーとしては、いまでも世界一だ。

- **ウィリスタワー—1973〜98年**
以前は「シアーズタワー」とよばれていた108階だてのビル。2014年現在、アメリカではもっとも高い高層ビルだ。

- **エンパイアステートビル—1931〜72年**
世界ではじめて100階を超えたビル(102階だて)。以後40年間、世界でもっとも高いビルの座を守っていた。

ビルが完成したとき、わずか1年で世界最高の座を奪われてしまった。

125

インターネット接続

インターネットは人類の生活に革命をもたらした。マウスを1回クリックすれば、地球の裏側にいる人とも、すぐにニュースやアイデア、画像を交換できるようになった。家にいながらにして、商品を売ったり買ったりすることもできる。

インターネットの1分

現代では、世界の人口とほぼ同じ数のコンピューターや電話機が、インターネットに接続している。そのため、わずか1分間に信じられない量のインターネット活動が行われている。

- 6万1141時間の音楽再生
- 200万回のグーグル検索
- 600万回のフェイスブック閲覧
- 2000万回の写真閲覧
- 6件のウィキペディアの記事更新
- 8万3000ドルのショッピング

2015年までに、全世界のインターネット接続機器

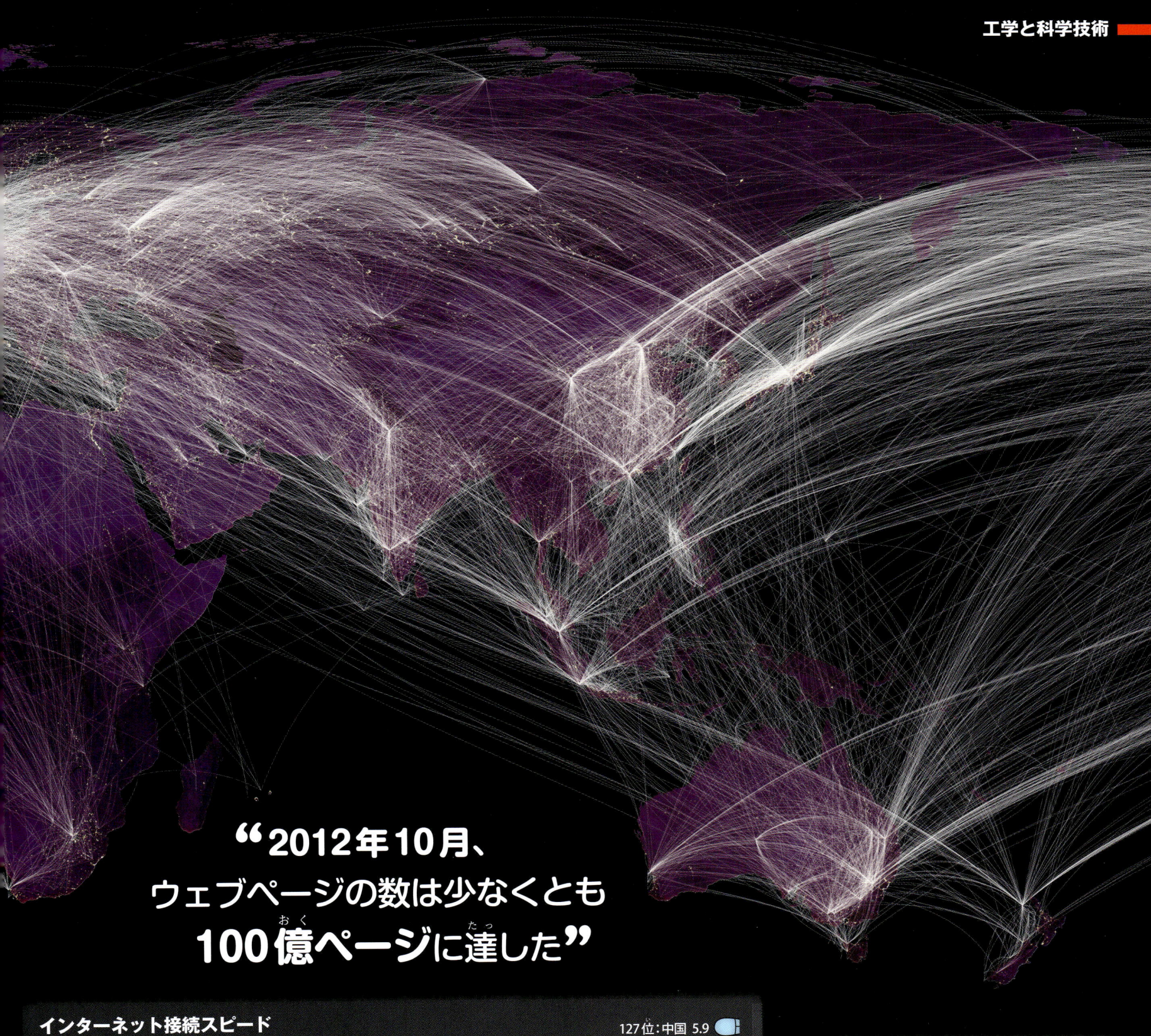

工学と科学技術

> "2012年10月、
> ウェブページの数は少なくとも
> 100億ページに達した"

インターネット接続スピード

一般的な電話回線とモデム（コンピューターのデータを音に変換して伝送する装置）を使ったインターネット接続では、1秒間に最大5万6000ビットのデータを伝送することができる。デジタル電話回線や衛星、光ファイバーケーブルを使ったブロードバンド接続なら、伝送速度ははるかに高くなる。ここでは、2012年1月時点の各国のブロードバンド速度を紹介している。世界最速のブロードバンド接続を利用しているのは香港のインターネットユーザーで、平均ピーク接続速度は毎秒4900万ビットを上回る。

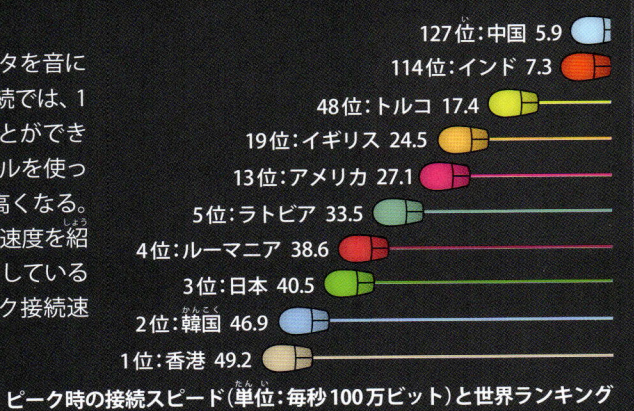

127位：中国　5.9
114位：インド　7.3
48位：トルコ　17.4
19位：イギリス　24.5
13位：アメリカ　27.1
5位：ラトビア　33.5
4位：ルーマニア　38.6
3位：日本　40.5
2位：韓国　46.9
1位：香港　49.2

ピーク時の接続スピード（単位：毎秒100万ビット）と世界ランキング

クモの巣のような インターネット接続

この地図では、世界の各都市がインターネットでどのように結ばれているかを示している。白が多い地域ほど、接続数が多い。接続数はユーザー数と同じではない。たとえば、インターネットカフェなどで、ひとつの接続を大勢で利用しているケースもある。

―― 白い線は都市間のインターネット接続を示す

の数は、世界人口の2倍に達すると予想されている。

人工衛星と宇宙ごみ

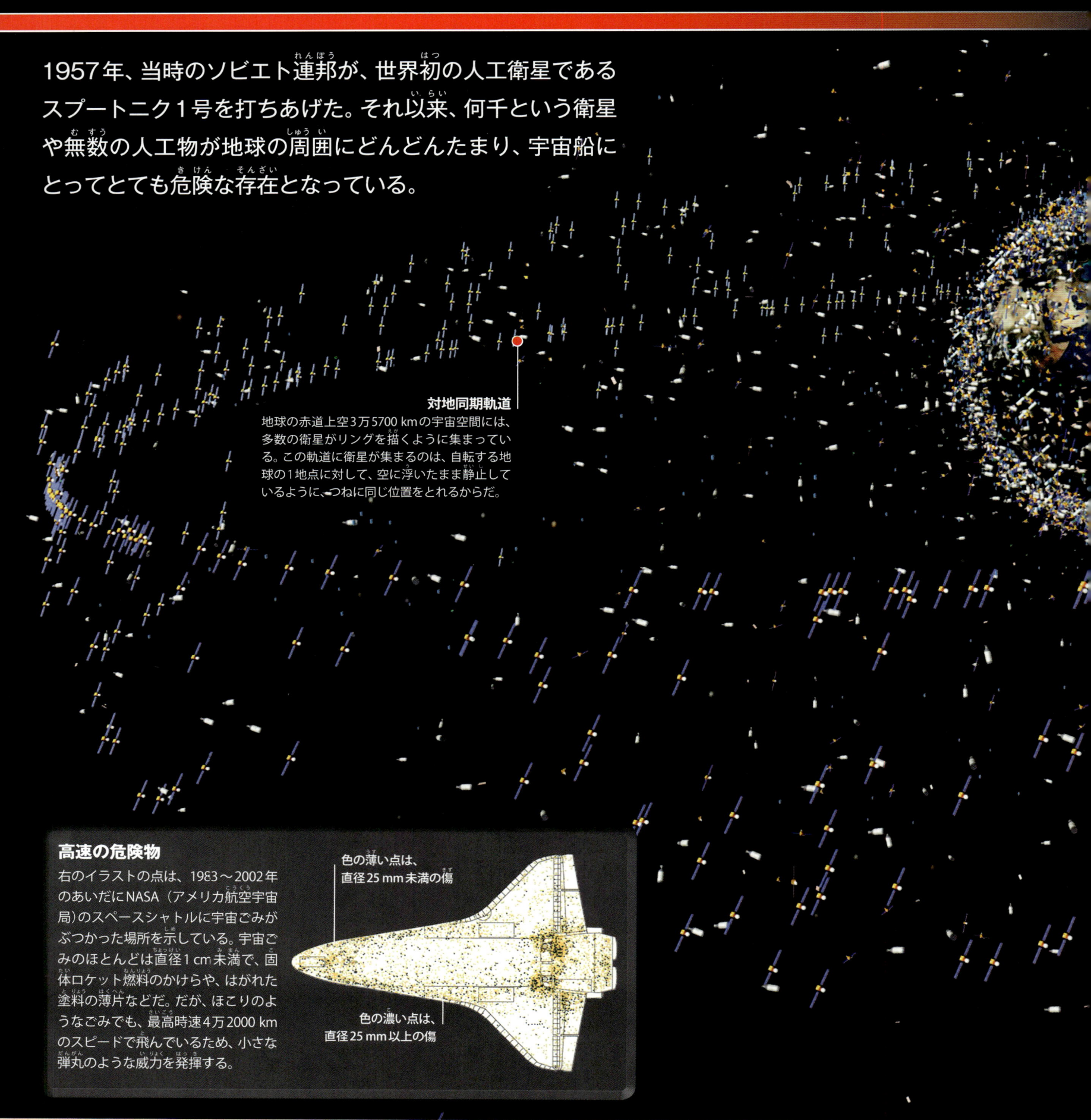

1957年、当時のソビエト連邦が、世界初の人工衛星であるスプートニク1号を打ちあげた。それ以来、何千という衛星や無数の人工物が地球の周囲にどんどんたまり、宇宙船にとってとても危険な存在となっている。

対地同期軌道
地球の赤道上空3万5700 kmの宇宙空間には、多数の衛星がリングを描くように集まっている。この軌道に衛星が集まるのは、自転する地球の1地点に対して、空に浮いたまま静止しているように、つねに同じ位置をとれるからだ。

高速の危険物

右のイラストの点は、1983〜2002年のあいだにNASA（アメリカ航空宇宙局）のスペースシャトルに宇宙ごみがぶつかった場所を示している。宇宙ごみのほとんどは直径1 cm未満で、固体ロケット燃料のかけらや、はがれた塗料の薄片などだ。だが、ほこりのようなごみでも、最高時速4万2000 kmのスピードで飛んでいるため、小さな弾丸のような威力を発揮する。

色の薄い点は、直径25 mm未満の傷
色の濃い点は、直径25 mm以上の傷

1965年、アメリカ人初の宇宙遊泳を行ったエドワード・ホワイトが

工学と科学技術

"現在、地球の軌道上には少なくとも**1000万個**の人工物がある"

ポイント
この図は、欧州宇宙機関（ESA）の宇宙ごみ担当チームがレーダーや望遠鏡で監視している、1万2000個の人工物を示している。

- 衛星
  大部分は稼動していない。稼動しているのは約950基。
- 使用済みロケット
- ミッションで生じたごみ
  （ナット、グローブ、紛失物など）
- 爆発や衝突でできた破片

地球低軌道
多くの宇宙船が周回する領域だが、ミッション中に宇宙船が放出した物体や、衝突によってできた無数の宇宙ごみも漂っている。

GPS（全地球測位システム）衛星
31基のGPS衛星が6つの軌道のうちのいずれかを周回し、ネットワークを形成している。地球の表面全体をカバーできるように、軌道はそれぞれ角度が異なっている。地球上にいる人は、いつでも6つ以上のGPS衛星と交信することができる。

衛星の高度はどれくらい？

宇宙に打ちあげられた物体のほとんどは、地球低軌道（LEO）上にある。LEOのもっとも低いところ（高度160 km）では、物体が時速2万8100 kmで87分かけて地球を周回している。軌道のなかには、とくに役立つものもある。たとえば、画像を撮影する衛星は、太陽同期極軌道を活用している。この軌道上を飛ぶと、つねに同じ現地時間に赤道を通過するため、影のできかたがいつも同じになる。

対地同期軌道
3万5786 km
この高度では、衛星は地球の自転と同じ速度で地球を周回するため、地表の1点に対して、つねに同じ位置をとることができる。

GPS衛星
2万2200 km
12時間で地球を1周する。

ハッブル宇宙望遠鏡
555 km

太陽同期極軌道衛星
600〜800 km

2000 km

高軌道域　　中軌道域　　低軌道域

国際宇宙ステーション
410 km

なくしたグローブは、時速2万8000 kmで1か月間地球を周回していた。

129

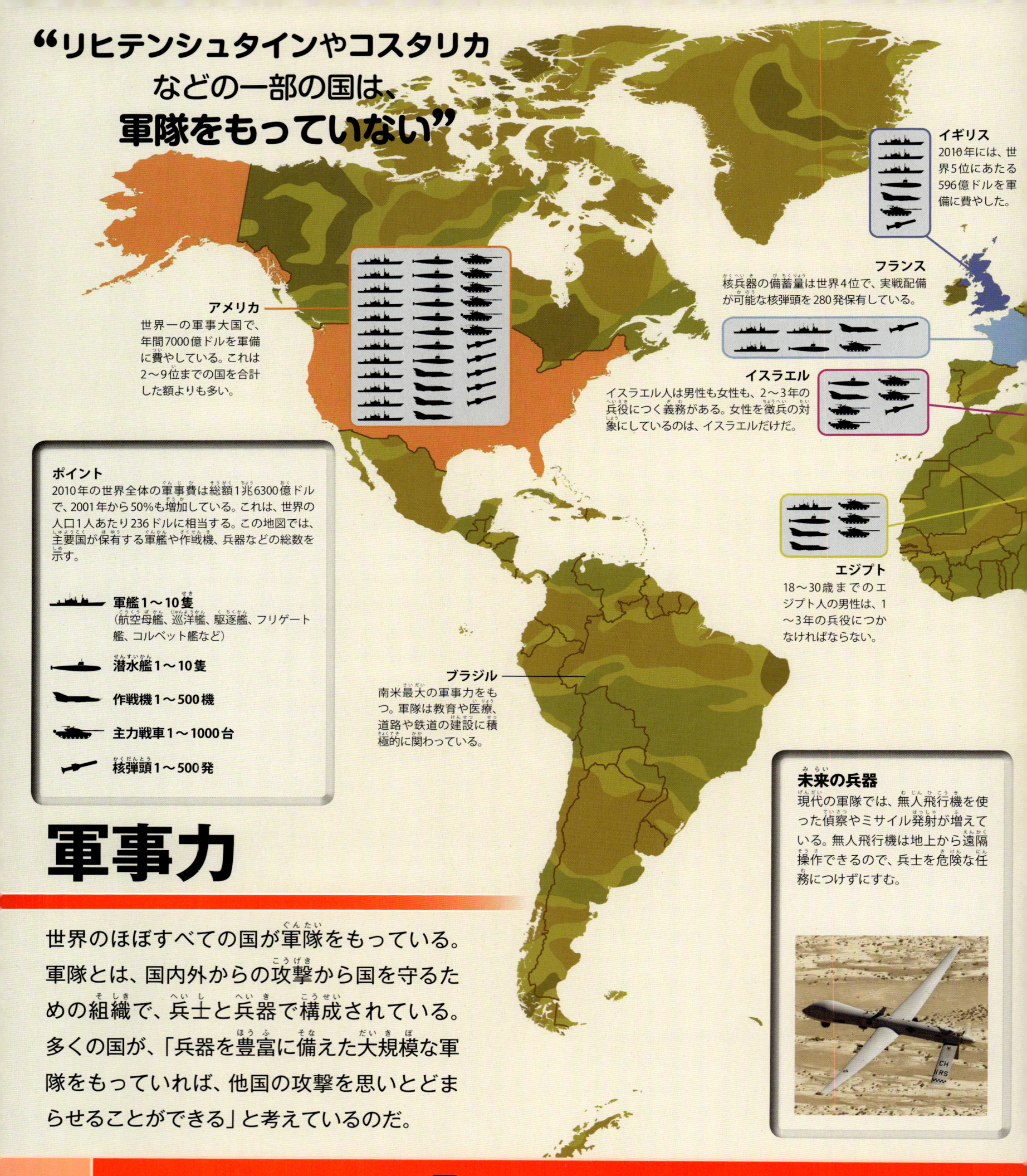

"リヒテンシュタインやコスタリカなどの一部の国は、**軍隊をもっていない**"

イギリス
2010年には、世界5位にあたる596億ドルを軍備に費やした。

アメリカ
世界一の軍事大国で、年間7000億ドルを軍備に費やしている。これは2〜9位までの国を合計した額よりも多い。

フランス
核兵器の備蓄量は世界4位で、実戦配備が可能な核弾頭を280発保有している。

イスラエル
イスラエル人は男性も女性も、2〜3年の兵役につく義務がある。女性を徴兵の対象にしているのは、イスラエルだけだ。

エジプト
18〜30歳までのエジプト人の男性は、1〜3年の兵役につかなければならない。

ブラジル
南米最大の軍事力をもつ。軍隊は教育や医療、道路や鉄道の建設に積極的に関わっている。

ポイント
2010年の世界全体の軍事費は総額1兆6300億ドルで、2001年から50%も増加している。これは、世界の人口1人あたり236ドルに相当する。この地図では、主要国が保有する軍艦や作戦機、兵器などの総数を示す。

- 軍艦1〜10隻（航空母艦、巡洋艦、駆逐艦、フリゲート艦、コルベット艦など）
- 潜水艦1〜10隻
- 作戦機1〜500機
- 主力戦車1〜1000台
- 核弾頭1〜500発

未来の兵器
現代の軍隊では、無人飛行機を使った偵察やミサイル発射が増えている。無人飛行機は地上から遠隔操作できるので、兵士を危険な任務につけずにすむ。

軍事力

世界のほぼすべての国が軍隊をもっている。軍隊とは、国内外からの攻撃から国を守るための組織で、兵士と兵器で構成されている。多くの国が、「兵器を豊富に備えた大規模な軍隊をもっていれば、他国の攻撃を思いとどまらせることができる」と考えているのだ。

アメリカの人口は全世界の5％にすぎないが

工学と科学技術

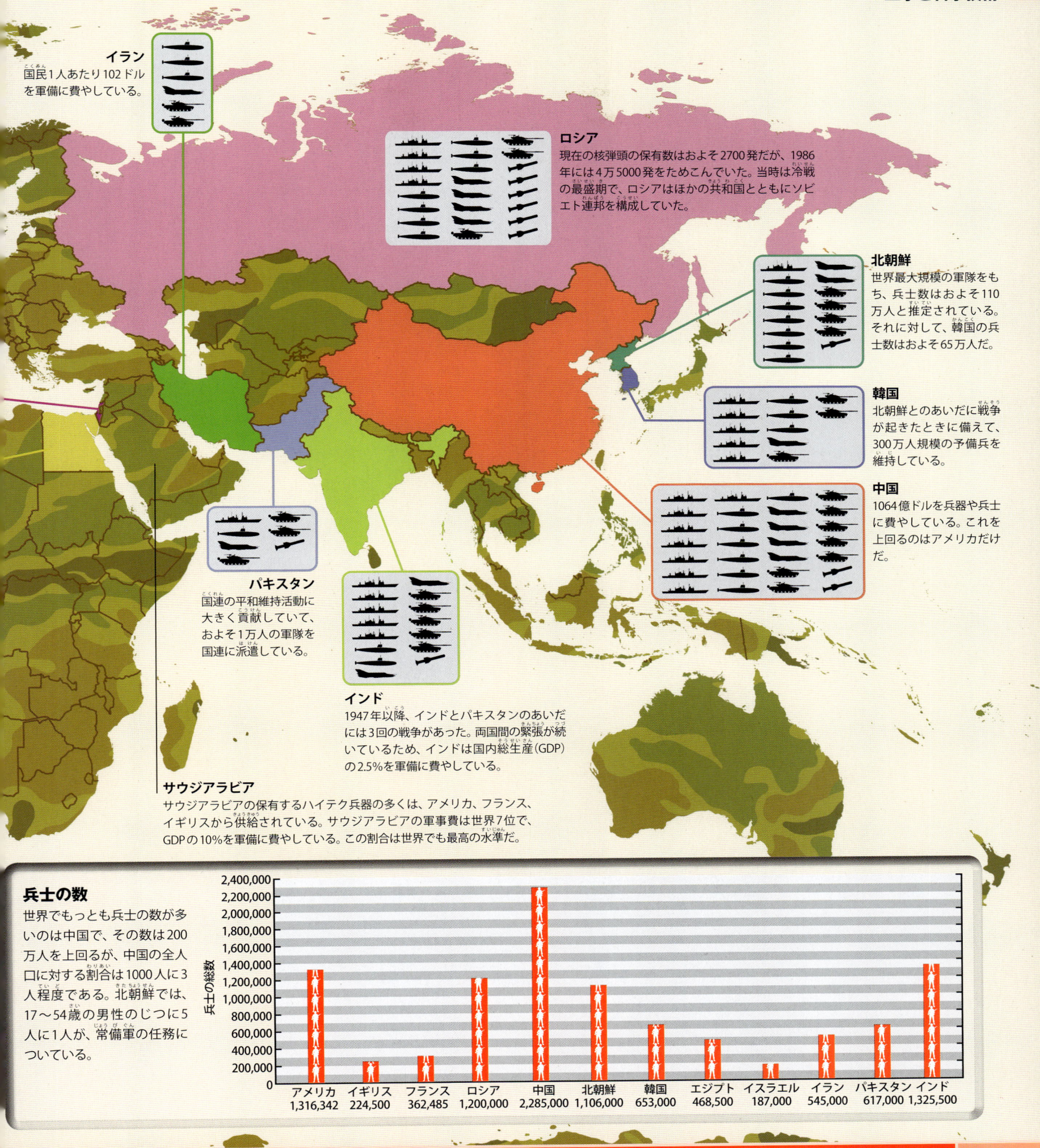

イラン
国民1人あたり102ドルを軍備に費やしている。

ロシア
現在の核弾頭の保有数はおよそ2700発だが、1986年には4万5000発をためこんでいた。当時は冷戦の最盛期で、ロシアはほかの共和国とともにソビエト連邦を構成していた。

北朝鮮
世界最大規模の軍隊をもち、兵士数はおよそ110万人と推定されている。それに対して、韓国の兵士数はおよそ65万人だ。

韓国
北朝鮮とのあいだに戦争が起きたときに備えて、300万人規模の予備兵を維持している。

中国
1064億ドルを兵器や兵士に費やしている。これを上回るのはアメリカだけだ。

パキスタン
国連の平和維持活動に大きく貢献していて、およそ1万人の軍隊を国連に派遣している。

インド
1947年以降、インドとパキスタンのあいだには3回の戦争があった。両国間の緊張が続いているため、インドは国内総生産(GDP)の2.5%を軍備に費やしている。

サウジアラビア
サウジアラビアの保有するハイテク兵器の多くは、アメリカ、フランス、イギリスから供給されている。サウジアラビアの軍事費は世界7位で、GDPの10%を軍備に費やしている。この割合は世界でも最高の水準だ。

兵士の数
世界でもっとも兵士の数が多いのは中国で、その数は200万人を上回るが、中国の全人口に対する割合は1000人に3人程度である。北朝鮮では、17〜54歳の男性のじつに5人に1人が、常備軍の任務についている。

国	兵士の総数
アメリカ	1,316,342
イギリス	224,500
フランス	362,485
ロシア	1,200,000
中国	2,285,000
北朝鮮	1,106,000
韓国	653,000
エジプト	468,500
イスラエル	187,000
イラン	545,000
パキスタン	617,000
インド	1,325,500

軍事費は全世界の44%を占めている。

131

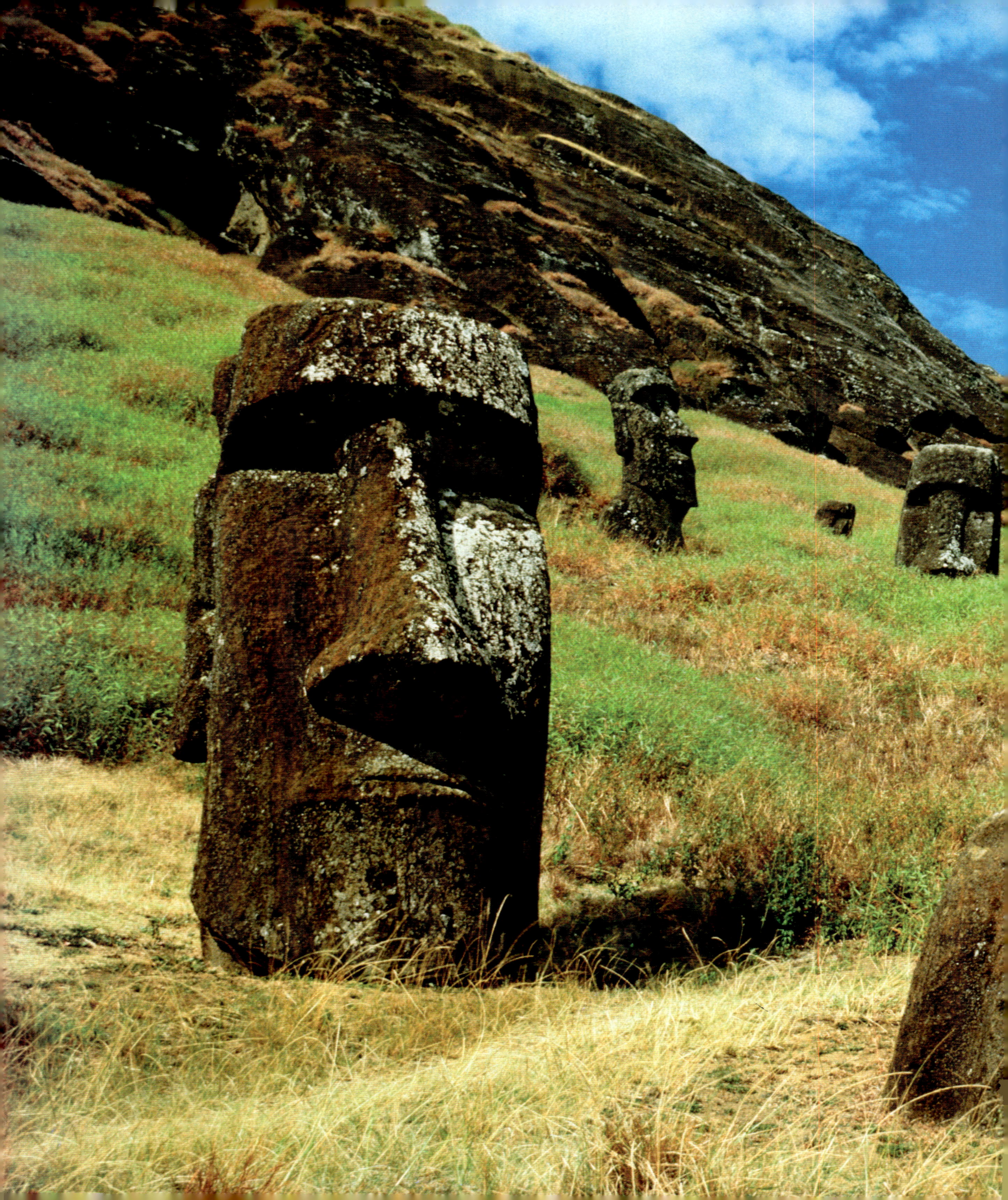

世界の歴史

イースター島の石像
太平洋に浮かぶこの小さな島には、「モアイ」とよばれる最大10メートルの巨大な石像が立っている。ほとんどは1250年から1500年までのあいだに、この島に住んでいたポリネシアの人々が石器で彫ってつくったものだ。

はじめに

人類の歴史には、さまざまな出来事がつまっている。文明が生まれては数々の戦争で滅び、革命に過去を一掃されながら、そのたび新たな歴史が生まれてきた。偉大な建造物がつくられ、狩りを可能にした人類初の石器から、はるか宇宙を「見る」ことのできる電波望遠鏡まで、重要な発明がいくつも生みだされてきた。

大スフィンクス
エジプトのギザにある像で、人間の頭とライオンの体をもつ。4500年ほど前につくられたと考えられている。

20万年前ごろ 現生人類
東アフリカでホモ・サピエンス（現生人類）が進化する。

240万年前ごろ 人類初の道具
初期の人類種、ホモ・ハビリスが初の石器をつくる。

10万年前ごろ 装身具
初期の人類が貝のビーズでできた装身具を身につける。

1227年 チンギス・ハーン
この年に皇帝チンギス・ハーンが死ぬまで、モンゴル帝国が領土を北アジア全域に拡大する。

1095〜1272年 十字軍
キリスト教とイスラム教の軍隊が、エルサレムの支配権をめぐり9度戦争をする。

1200年 神聖ローマ帝国
中世の「超大国」が中央ヨーロッパの大半を支配する。

900年 クメールの支配（アジア）
アンコールを都とするクメール王朝が、東南アジアの大部分を支配下に収める。

1235年 キリナの戦い（アフリカ）
マリンケ族がスース一族を破り、マリ帝国を打ち立てる。

1325年 テンプロマヨール（メキシコ）
アステカ王国の首都テノチティトランにあるこの大神殿で、人間をいけにえにする儀式が行われる。

1300年 カネム帝国（アフリカ）
チャド湖の北に位置するカネム帝国が、交易を支配して勢力と富を拡大する。

1350年 ジンバブエ王国
アフリカ南部の王国。首都グレートジンバブエは石の壁で守られている。

1949年 中華人民共和国の成立
毛沢東率いる中国共産党が、長い内戦のすえ政権をとる。

1947年 インドの独立
非暴力の抵抗運動を経て、インドがイギリスからの独立を勝ちとる。

1945〜54年 第一次インドシナ戦争
インドシナ（ベトナム、カンボジア、ラオス）がフランスからの独立を勝ちとる。

1939〜45年 第二次世界大戦
連合国軍（イギリス、アメリカ、ソビエト連邦など）と枢軸国軍（ドイツ、日本、イタリア）が戦う。

1950〜53年 朝鮮戦争
朝鮮半島で内戦が起きる。中国とソ連が北朝鮮を、国連が韓国を支援する。

1965年 第二次インド・パキスタン戦争
紛争中のカシミール地方をめぐり、インドとパキスタンのあいだで戦争が起きる。

1955〜75年 ベトナム戦争
共産主義の北ベトナムが、アメリカの支援する南ベトナムに勝利する。

1969年 コンコルド
世界初の超音速機コンコルドがはじめて飛行する。

2011年 世界最長の橋（中国）
全長164.8 kmの丹陽-昆山特大橋が完成する。

2011年 アラブの春
エジプト、リビアをはじめとするアラブ諸国で、革命や反政府運動が次々に起きる。

2008年 大型ハドロン衝突型加速器
この巨大な科学実験機器は、素粒子を発見するためのものだ。

第一次世界大戦のソンムの戦いでは、1日目の1916年

世界の歴史

9万年前ごろ　埋葬の儀式
ビーズなど大切な品々を死者とともに埋めるようになる。

紀元前3200年ごろ　カラルの大ピラミッド（ペルー）
南北アメリカ最古の都市、カラルで栄えたノルテチコ文明の人々により建造される。

紀元前1450年　エジプト新王国
エジプト王国が、北はシリアから南はヌビア（現在のスーダン）まで広がる。

紀元前490年　最初のペルシャ帝国
ペルシャ帝国が東洋と西洋をまたぎ、インドの端からエジプトやギリシャまでの領土を支配する。

紀元前265年　マウリヤ朝（アジア）
アショーカ王率いるマウリヤ朝がインド亜大陸のほぼ全域を支配下に収める。

4万年前ごろ　人類初の音楽と美術
単純なフルートのような楽器で音楽が演奏される。石の小立像が彫られる。

紀元前2589～2500年ごろ　ギザのピラミッド（エジプト）
エジプトのファラオであるクフ王、カフラー王、メンカウラー王のために、巨大な墓所が建造される。

紀元前700年ごろ　オルメカ文明
メキシコのオルメカ文明が最盛期を迎える。のちのマヤやアステカに影響を与えた文明だ。

紀元前323年　マケドニア王国
マケドニアのアレクサンドロス大王がギリシャからインドの端までの地域を支配する。

紀元前264～146年　ポエニ戦争
ローマと北アフリカのカルタゴのあいだで3度にわたって戦いが起き、ローマが勝利を収める。

750年　ウマイヤ朝
4つの強大なイスラム王朝のうち、2番目にあたる王朝。首都はシリアのダマスカス。

650年　ワリ帝国（ペルー）
高度な文明をもつペルーのワリ帝国が、アンデス地域の大部分を征服し、支配する。

300年ごろ　マヤ文明（中央アメリカ）
紀元前1000年に生まれたマヤ文明が最盛期を迎える。マヤ文明は1697年まで続く。

100年　太陽のピラミッド（メキシコ）
テオティワカンで、ふたつの巨大な階段状ピラミッドのひとつが建造される。

紀元前87年　漢王朝（中国）
中国が繁栄のときを迎え、領土を拡大する。

700年　ティアワナコ（ペルー／ボリビア）
力な国家を築いたティアワナコ文明が、アンデス山脈のチチカカ湖畔のにぎやかな都市を中心に栄える。

555年　ビザンティン帝国の勢力拡大
ビザンティン帝国（東ローマ帝国）が北アフリカと旧ローマ帝国の東部を支配下に収める。

117年　ローマの最盛期
ローマがヨーロッパの大部分、北アフリカ、中東を支配下に収める。

80年　コロセウム（ローマ）
ローマに円形競技場ができ、剣闘士が命がけの戦いをくり広げる。

紀元前214年　万里の長城（中国）
中国の北の国境沿いに、巨大な城壁がつくられはじめる。

コロセウム（ローマ）

1453年　コンスタンティノープルの陥落
ビザンティン帝国の首都コンスタンティノープルが、イスラム王朝のオスマン帝国に侵略され、陥落する。

1500年　ソンガイ帝国（アフリカ）
西はセネガルから東はアガデス（現在のニジェール）まで、ニジェール川流域を支配した帝国。

1532年　カハマルカの戦い（ペルー）
スペインの侵略者たちがアタワルパ率いるインカ帝国軍を破る。以後300年、スペインによる支配が続く。

1683年　ウィーンの戦い
オスマン帝国が神聖ローマ帝国に敗れ、ついにオスマン帝国の拡大が止まる。

1450年　マチュピチュ（ペルー）
山奥の秘境にあるインカ帝国の都市。インカ帝国は、やがて南米北部を支配する。

1500年　明王朝（中国）
モンゴル帝国を駆逐した中国が王朝を復活させ、領土を広げる。

1519年　アステカの支配（メキシコ）
この年のアステカ帝国の人口は2500万人。アステカ帝国は1521年にスペインに征服される。

1642～51年　イングランド内戦
議会派が王党派を破り、1649年に国王チャールズ1世を処刑する。

1690年　ムガル帝国（インド）
インドのイスラム王朝であるムガル帝国が、皇帝アウラングゼーブの時代に最盛期を迎える。

1922年　大英帝国の絶頂
大英帝国が世界の陸地の20%を支配下に収める。

1914～18年　第一次世界大戦
イギリス、フランス、アメリカなどの連合国軍がドイツ、オーストリア・ハンガリー帝国、トルコと戦う。

1880～1902年　ブール戦争（アフリカ）
南アフリカに定住していたオランダ系ブール人とイギリスのあいだで、2度にわたる戦争が起きる。

1819～30年　南米諸国の独立
コロンビア、ペルー、ボリビア、エクアドル、ベネズエラがスペインから独立する。

1789～99年　フランス革命
血みどろの革命で王政を打倒し、フランスが共和国になる。

1917年　ロシア革命
皇帝ニコライ2世による支配に対して反乱が起き、ロシアが共産主義国になる。

1912年　タイタニック号の沈没
イギリスの豪華客船タイタニック号が氷山に衝突して沈没し、1500人以上が死亡する。

1861～65年　アメリカ南北戦争
南部の州からなる連合国軍と北部の州からなる合衆国軍のあいだで戦いが起きる。

1799～1815年　ナポレオンの時代
ナポレオン・ボナパルト率いるフランスがヨーロッパの強大な軍事国家になる。

1775～83年　アメリカ独立戦争
フランスなどの支援を受け、アメリカがイギリスからの独立を勝ちとる。

1980年　超大型干渉電波望遠鏡群
アメリカのニューメキシコ州で、巨大な電波望遠鏡が完成する。

シドニーオペラハウス
1973年にオーストラリアのシドニーにオープンした芸術施設。デンマーク人建築家のヨーン・ウツソンが設計した。

1994年　アパルトヘイトの終結
南アフリカの人種隔離政策（アパルトヘイト）が終結し、南アフリカの黒人に平等がもたらされる。

1989～91年　共産圏の崩壊
東ヨーロッパの多くの国で、共産主義政権が倒される。

7月1日だけで、イギリス軍の兵士5万7000人が死亡した。

アウストラロピテクス

アウストラロピテクス属は、およそ420万年前に東アフリカで進化した人類だ。全部で6つの種が知られている。アウストラロピテクス・アファレンシスとよばれる種は、現生人類の祖先ともいわれている。これまでの化石から、身長は高くても1.5mで、脳は比較的小さかったことがわかっている。重要な特徴は、直立歩行ができたことだ。

パラントロプス

パラントロプス属の3つの種は、頭蓋骨のてっぺんにある骨のでっぱりで強力なあごの筋肉を支えていた。巨大なあごと臼歯をもつパラントロプス・ボイセイのあだ名は「ナットクラッカーマン（クルミをかみ砕く人）」だ。

ネアンデル谷（ドイツ）
1856年、ホモ・ネアンデルターレンシス（ネアンデルタール人）の骨格の一部がこの地の洞窟でみつかった。人類のものと特定された最初の化石だ。

ラエトリ（タンザニア）
少なくとも2人のアウストラロピテクス・アファレンシスの足跡がみつかった。足跡は火山灰でできた地層に保存されていた。

オルドバイ渓谷（タンザニア）
アウストラロピテクス・ボイセイとホモ・ハビリスの化石と石器がみつかった。

南アフリカ
アウストラロピテクス、パラントロプス、ホモ・ハビリス、ホモ・サピエンスなどの化石がみつかっている。

人類の化石

これまでに発見された数々の化石は、人類進化の物語を解明するのに役立っている。現生人類のホモ・サピエンスやその祖先にあたる種は、すべて「人類」とよばれる。最古の人類とされるサヘラントロプス・チャデンシスは、サルに似た動物で、およそ700万年前アフリカに現れた。やがて、人類はアフリカを離れ、世界中へ広がっていった。

サルに似た
アウストラロピテクス
6種

400（万年前）

136　ホモ・サピエンスは20万年前ごろに進化した。発見されている

世界の歴史

ホモ属のなかまたち

現生人類や絶滅したその類縁種は、ホモ属に分類される。「ホモ」のうしろに「サピエンス」などのラテン語の名称をつけたものが、それぞれの種の名まえだ。

ホモ・ハビリス
（240万〜140万年前）
ホモ・ハビリス（「ハンディマン（器用な人）」）は、石器をつくった最初の人類と考えられている。

ホモ・ゲオルギクス
（180万年前）
これまでにグルジアの1か所でしか化石が発見されていない。アフリカを出た最初の人類の可能性がある。

ホモ・エルガステル
（190万〜150万年前）
現生人類と同じくらいの身長で、体つきも似ていた。サルに似た祖先の種とは大きく異なる外見だった。

ホモ・エレクトゥス
（180万〜20万年前）
ホモ・エルガステルと同じく、ホモ・エレクトゥス（「直立する人」の意）も石の斧を使っていたことがわかっている。

ホモ・アンテセッサー
（120万〜50万年前）
およそ78万年前に、人類種としてはじめて西ヨーロッパに到達した。

ホモ・ハイデルベルゲンシス
（60万〜25万年前）
大きな脳と筋肉質の体をもち、大型の動物を狩り、複雑な道具をつくることができた。

ホモ・フローレシエンシス
（9万5000〜1万7000年前）
「ホビット」というあだ名をもつホモ・フローレシエンシスは、身長わずか1mあまりの小型の人類だ。最近まで生息していた。

ホモ・ネアンデルターレンシス（ネアンデルタール人）
（20万〜3万年前）
繁栄した人類種で、優れた狩りの技術をもっていた。石器をつくって使用し、死者を埋葬した。

周口店の洞窟（中国）
北京から50km離れたこの地の鍾乳洞で、ホモ・エレクトゥスの重要な化石が発見された。

フローレス島（インドネシア）
ホモ・フローレシエンシスの化石は、この島の洞窟でしかみつかっていない。

ジャワ島（インドネシア）
これまでに東アジアで発見された最〔古〕の人類化石（ホモ・エレクトゥスの〔化〕石）は、この島でみつかった。

サルに似たパラントロプス—3種

ホモ属（ヒト属）—9種
- ホモ・ハビリス
- ホモ・フローレシエンシス
- ホモ・エルガステル
- ホモ・アンテセッサー
- ホモ・エレクトゥス
- ホモ・ゲオルギクス
- ホモ・ハイデルベルゲンシス
- ネアンデルタール人
- 現生人類

200　　100　　0

人類の系譜
左の図は、アウストラロピテクスにはじまる人類の「系譜」を示している。それぞれの人類種の関係については、いまも研究が続けられている。

最古の化石は、エチオピアでみつかった19万5000年前のものだ。

137

先史時代の文化

最古の音楽
美術と同じく、音楽の歴史も文字よりずっと古い。骨でできた笛などの楽器が、4万年以上前からつくられ、演奏されていた。

- ◆ 初期の楽器の発見地

枝角でできたフルート　ホーレフェルス(ドイツ)、4万3000年前

最古の装身具
人類は10万年以上前から、イスラエルや南アフリカなどの広い地域で装身具を身につけていた。

- ◆ 初期の装身具の発見地

貝製ビーズ　バルジロッシ(イタリア)

音楽や美術、宗教などははるか昔に生まれたもので、どの年代に登場したか、正確にはわからない。とはいえ、人類初期のことを知る手がかりはある。たとえば、埋葬の儀式が行われた場所は、考古学研究により年代を特定できる。

- イーストワナッチー(アメリカ・ワシントン州)
- ホースシューキャニオンの岩絵(アメリカ・ユタ州)
- クローヴィス(アメリカ・ニューメキシコ州)
- サラド(アメリカ・テキサス州)
- ウォーカー(アメリカ・ミネソタ州)
- カクタスヒル(アメリカ・バージニア州)
- ウィックローパイプ(アイルランド)
- 貝製ビーズのネックレス(フランス・クロマニョン)
- ラスコー洞窟(フランス)
- アルタミラ洞窟とエルカスティーヨ洞窟　スペインのエルカスティーヨにある4万800年前の最古の壁画は、ネアンデルタール人が描いたともいわれている。
- ブラッサンプイの貴婦人の彫刻(フランス)
- 象牙製のウマの小立像(フランス・ルルド)
- 貝製ビーズ(モロッコ・ピジョン洞窟)
- アルジェリアのサハラ地帯
- セラ・ダ・カピバラの壁画(ブラジル)
- ラスマノス洞窟の壁画(アルゼンチン)
- ミロドン洞窟(チリ)

石器の移り変わり

240万年前
「オルドバイ石器」とよばれるこの最古の道具は、「ハンディマン(器用な人)」の異名をもつ初期の人類、ホモ・ハビリスがアフリカでつくったものだ。ヨーロッパやアジアのオルドバイ石器はそれよりずっと新しく、その後に現れたネアンデルタール人などの人類種がつくったと思われる。

- ● オルドバイ石器の発見地

180万年前
アシュール石器は、ホモ・エレクトゥスなどのもっとも新しい人類種がつくったものだ。この時代には、新たな発明品——先端が鋭く整えられた手斧が生まれた。

- ● アシュール石器の発見地

20万年前
ムスティエ石器は、中石器時代(紀元前4万年まで)に広くつくられていた。さまざまな用途に応じた形の石器が数多くみつかっている。

- ● ムスティエ石器の発見地

1万3000年前
アメリカで発見された最古の石器は、クローヴィス文化期の人類がつくった1万3000年前のものだ。

- ● クローヴィス石器の発見地

138　これまでに知られている最古の縫い針は、およそ2万5000年

世界の歴史

"これまでに知られている最古の陶器は、およそ2万年前に中国でつくられたものだ"

- ホーレフェルス洞窟とギーセンクレステルレのフルート（ドイツ）
- 象牙彫刻「ライオンマン」（ドイツ）
- ビソババ（ロシア）
- スンギールの墓（ロシア）
- 走るライオンの象牙彫刻（チェコ）
- タタのプレート（ハンガリー）ネアンデルタール人が10万年前につくった謎めいた遺物
- クラピナ（クロアチア）
- バルジロッシ洞窟群（イタリア）
- トビリシ（グルジア）
- ベチカ洞窟（アルメニア）
- シャニダール洞窟（イラク）
- カシャフルド（イラン）
- リワット（パキスタン）
- 骨製の円盤状彫刻（中国・小孤山）
- 馬園溝（中国）
- 骨笛（中国・賈湖）
- カフゼー（イスラエル）
- 貝製ビーズ（イスラエル・スフール）
- ショーベ洞窟（フランス）
- ゲベレイン（エジプト）
- ビムベトカの壁画（インド）
- 百色（中国）
- ゴナ（エチオピア）世界最古の道具
- ソコトラ島（イエメン）
- イサンプール（インド）
- コンソ＝ガルデュラ（エチオピア）
- オモ（エチオピア）
- トゥルカナ（ケニア）
- ロカラレイ（ケニア）
- オルドバイ渓谷（タンザニア）
- ツインリバーズ（ザンビア）
- イナンケ洞窟（ジンバブエ）
- スタークフォンテン（南アフリカ）
- スワートクランス（南アフリカ）
- アポロ11洞窟（ナミビア）
- 貝製ビーズ（南アフリカ・ブロンボス洞窟）
- カカドゥ国立公園（オーストラリア）

最古の墓
人類の祖先がビーズや装身具などの大切な品とともに死者を葬るようになったのは、少なくとも10万年ほど前からだ。

◆ 初期の墓の発見地

貝殻で飾られた頭蓋骨
2万5000年前
バルジロッシ（イタリア）

最古の絵画
人類は少なくとも4万年前から、岩の表面に絵を描いたり彫ったりしていた。なかには、踊ったり歌ったりしている人を描いた絵もある。

◆ 初期の絵画の発見地

イナンケ洞窟（ジンバブエ）
1万～5000年前

最古の彫刻
これまでに知られている最古の彫刻は、石や骨を彫って人や動物の形にした小立像だ。4万年前にさかのぼるものもみつかっている。

◆ 手工芸品の発見地

「ライオンマン」（ドイツ）
4万年前

のものだ。骨でつくられ、動物の皮を縫いあわせるのに使われていた。

139

古代の帝国

文明社会が発展した古代には、「もっと豊かに、もっと強くなりたい」という野望を抱き、近隣の文明社会を征服し支配しようとする者が現れた。征服に成功した者たちは、巨大な帝国を築いた。

文明の盛衰

この地図は、それぞれの古代帝国の最盛期の領土を示している。急激に拡大し、あっというまに滅んだ帝国もあれば、ローマ帝国のように、何世紀もかけて衰退していった帝国もある。

エジプト新王国

紀元前1550〜1069年
エジプト新王国は、古代を代表する偉大な戦術家、トトメス3世の時代に拡大した。最盛期には、地中海南東部までを支配していた。

エジプト第18王朝のメリトアテン女王の胸像

地図のラベル
- ブリテン
- ゲルマン
- ローマ帝国(117年当時)
- ガリア
- イベリア
- ローマ
- マウレタニア
- ギリシャ
- 小アジア
- メソポタミア
- バビロン
- ペルシャ
- 第一次ペルシャ帝国(アケメネス朝ペルシャ)(紀元前490年当時)
- パサルガダエ
- エジプト
- テーベ
- エジプト新王国(紀元前1450年当時)

後退する帝国

帝国が大きくなればなるほど、統治は難しくなり、費用もかかるようになる。ローマ皇帝トラヤヌスは117年にメソポタミアを征服したが、後継者のハドリアヌスは、統治するほどの価値がないと判断して、すぐに手放してしまった。

南北アメリカ大陸の文明

ユーラシアやアフリカの帝国と同じように、オルメカ文明とマヤ文明も、いくつものコミュニティを吸収しながら大きくなっていった。ただし、力による征服よりも、むしろ貿易や文化交流によって帝国を拡大していったと考えられている。

- オルメカ文明(紀元前700年ごろ)
- マヤ文明(紀元前300年ごろ)
- メイン地図のエリア

140　中国の漢帝国は、最盛期には6000万人以上を支配

世界の歴史

オルメカ文明
紀元前1500～400年
中央アメリカ最古の大文明で、現在のメキシコにあたる地域で栄えていた。オルメカ人は優れた農業技術をもち、中央アメリカ全域で貿易を展開した。アメリカ大陸で最古級の文字体系も発達させた。

オルメカの石の仮面

第一次ペルシャ帝国（アケメネス朝ペルシャ）
紀元前550～336年
キュロス大王率いる軍が中央アジアの広大な地域を支配下に収め、征服した数々の王国から膨大な富を奪った。キュロスのあとをついだダレイオス1世は、都市や道路だけでなく、ナイル川と紅海を結ぶ運河まで建設した。

装飾が施されたペルシャの銀のボウル

アレクサンドロス大王の帝国
紀元前330～323年
アレクサンドロスはギリシャの北にあるマケドニア王国出身の将軍だ。アレクサンドロスの帝国は、最盛期には当時のギリシャ人に知られていた地域のほとんどを支配していた。地中海東部とアジア西部では、アレクサンドロスの死後数世紀にわたって、彼のもちこんだギリシャ文化が栄えていた。

アレクサンドロス大王の頭部が描かれたコイン

- バクトリア
- アレクサンドロス大王の帝国（紀元前323年当時）
- シルクロード（絹の道）
  中国とローマを結ぶこの貿易ルートは、どちらの帝国にとっても重要なものだった。このルートを通って、商人たちが中国の絹とひきかえに西洋のガラスやリネン、金を手に入れていた。
- 漢中華帝国（紀元前87年当時）
- 長安
- 中国
- インド
- パタリプトラ
- マウリヤ帝国（紀元前265年当時）

> **"アレクサンドロス大王は生涯で一度も戦争に負けなかった"**

マウリヤ帝国
紀元前321～185年
チャンドラグプタ・マウリヤは、はじめてインド亜大陸全域を征服した指導者だ。息子のアショーカは仏教徒になり、42年にわたって帝国を平和に統治した。

マウリヤの立像

漢帝国
紀元前206～紀元220年
4世紀にわたる漢の統治時代は、「古代中国の黄金時代」といわれる。中国が平和と繁栄を手に入れ、世界の大国となった時代だ。

漢の壺

ローマ帝国
紀元前27～紀元476年
歴史上もっとも大きな影響力をもった文明のひとつで、ヨーロッパの大半、西アジア、北アフリカを支配していた。ローマ人がつくった多くの道路や導水管、運河は、いまも使われている。

皇帝クラウディウスの胸像

マヤ文明
500～900年
古代世界でも指おりの高度な文明をもち、優れた天文学の知識をもとに、精密な暦をつくった。

マヤの小像

ていた。これは、当時の世界人口の4分の1を超える。

驚異の古代建造物

古代ギリシャの旅人や、ヘロドトス、アンティパトロス、ビザンティンのフィロンなどの記した書物には、当時の建造物に対する称賛が書き残されている。それらの建造物や彫像は、のちに「世界の七不思議」として知られるようになる。ほかにも数々の驚くべき古代建造物がみつかっている。どれも昔の建築家や石工、彫刻家が、いまより単純な道具でつくったものだ。

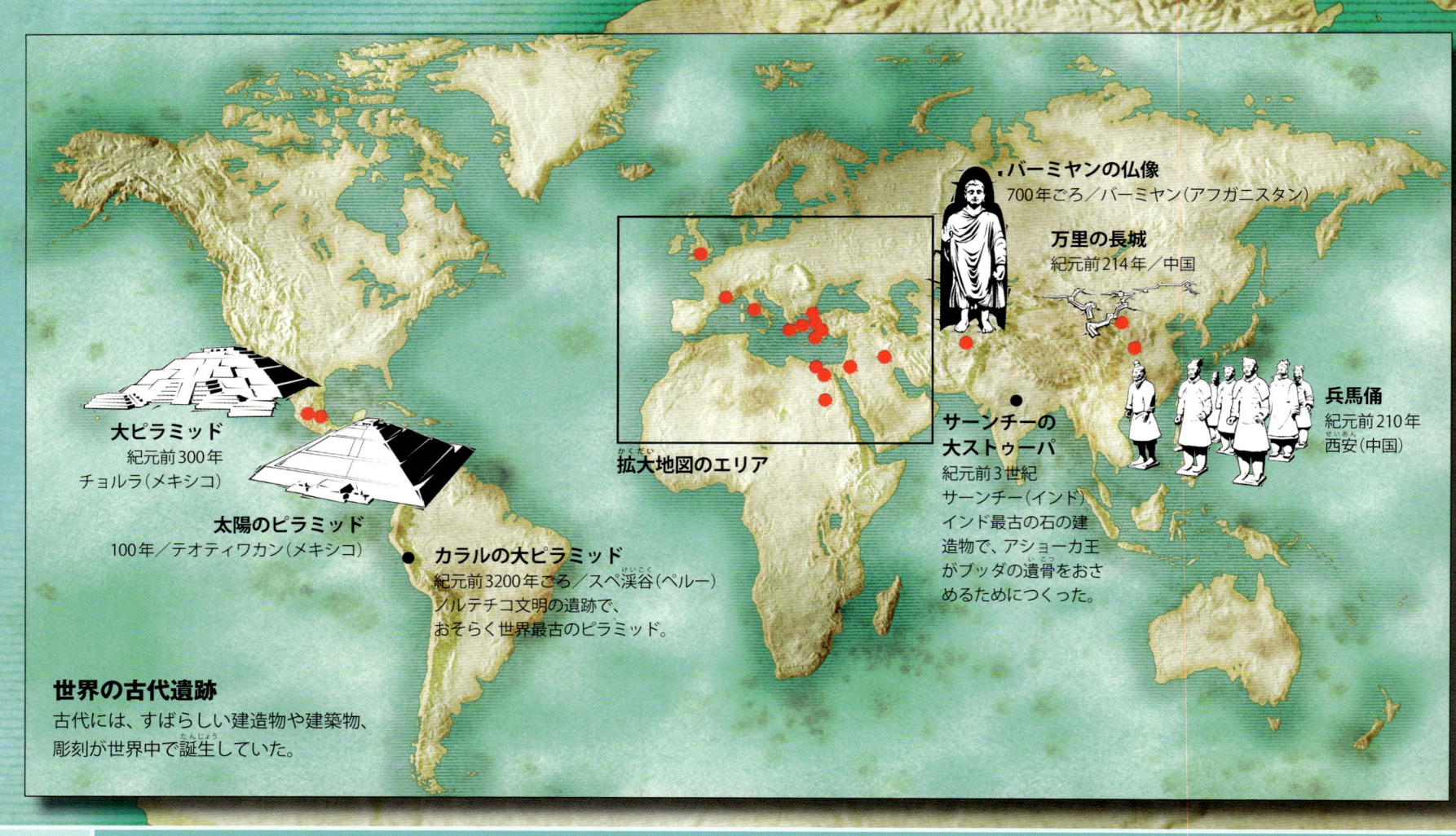

ストーンヘンジ
紀元前2500年ごろ
ウィルシャー（イギリス）

カルナック
紀元前3200年ごろ
ブルターニュ（フランス）
3000以上の石が立ち並ぶ石器時代の遺跡。

ポンデュガール
紀元前19年
ニーム（フランス）

コロセウム
紀元前80年
ローマ（イタリア）

バーミヤンの仏像
700年ごろ／バーミヤン（アフガニスタン）

万里の長城
紀元前214年／中国

サーンチーの大ストゥーパ
紀元前3世紀
サーンチー（インド）
インド最古の石の建造物で、アショーカ王がブッダの遺骨をおさめるためにつくった。

兵馬俑
紀元前210年
西安（中国）

大ピラミッド
紀元前300年
チョルラ（メキシコ）

太陽のピラミッド
100年／テオティワカン（メキシコ）

カラルの大ピラミッド
紀元前3200年ごろ／スペ渓谷（ペルー）
ノルテチコ文明の遺跡で、おそらく世界最古のピラミッド。

拡大地図のエリア

世界の古代遺跡
古代には、すばらしい建造物や建築物、彫刻が世界中で誕生していた。

142　ローマのコロセウムはおよそ5万人を収容できた。

世界の歴史

世界の七不思議

七不思議のうち、いまも残っているのは、ギザのピラミッドだけだ。空中庭園、巨像、大灯台は地震で崩壊し、マウソロス霊廟とゼウス像は洪水と火事で失われた。アルテミス神殿はゴート族に破壊された。

ギザのピラミッド
エジプトのファラオであるクフ王、カフラー王、メンカウラー王の墓としてつくられた。

バビロンの空中庭園
ネブカドネザル2世が妻のアミティスのために、階段状の豪華な庭園をつくった。

ハリカルナッソスのマウソロス霊廟
ペルシャの支配者マウソロスの墓で、その大きさと豪華な彫刻で知られていた。

アルテミス神殿
ギリシャ神話で狩猟、純潔、出産の女神アルテミスに捧げられた神殿。

ロードス島の巨像
ギリシャ神話の太陽神ヘーリオスをかたどった彫像。青銅と鉄でつくられ、高さは33mあった。

アレクサンドリアの大灯台
この巨大な灯台のてっぺんに灯された火は、50km離れたところからもみえた。

オリンピアのゼウス像
ギリシャ神話の神々の王をかたどった13mの巨大な彫像。作者は彫刻家フェイディアス。

アヤソフィア
537年
イスタンブール(トルコ)

アクロポリス
紀元前5世紀
アテネ(ギリシャ)

アルテミス神殿
紀元前550年ごろ／エフェソス(トルコ)

ハリカルナッソスのマウソロス霊廟
紀元前351年
ボドルム(トルコ)

ゼウス像
紀元前456年
オリンピア(ギリシャ)

アレクサンドリアの大灯台
紀元前280年ごろ
アレクサンドリア(エジプト)

ロードス島の巨像
紀元前290年
ロードス島(ギリシャ)

バビロンの空中庭園
紀元前600年ごろ
ヒッラ(イラク中部)

ペトラ
紀元前4世紀
ヨルダン

ギザのピラミッド
紀元前2589〜2500年ごろ
カイロ(エジプト)

アブシンベル神殿
紀元前1257年ごろ
アブシンベル(エジプト)

> "ギザの大ピラミッドの総重量は650万トンある"

その他の偉大な建造物

これらが「世界の七不思議」に入っていないのは、単に当時のギリシャ人に知られていなかったからだ。もっとあとの時代につくられたものもある。

コロセウム
剣闘士が死を賭して戦った円形競技場。

アヤソフィア
装飾が美しい巨大な教会。のちにモスクとなった。

ペトラ
岩壁を削ってつくられた都市。ナバテア王国の首都。

アブシンベル神殿
ラムセス2世をたたえるため、ふたつの神殿が建てられた。

ポンデュガール
ニームに水を運んでいたローマ時代の水道橋。

アクロポリス
ギリシャの城塞で、パルテノン神殿もここに建てられた。

大ピラミッド
世界最大のピラミッドで、現在は頂上に教会がある。

太陽のピラミッド
急な階段をのぼると、頂上の神殿にたどりつく。

ストーンヘンジ
巨大な石が円形に並ぶ先史時代の遺跡。

バーミヤンの仏像
岩壁に彫られた巨大な仏像。2001年に破壊された。

万里の長城
中国の北側の国境に沿って、長さ6259kmの城壁がつくられた。

兵馬俑
8000体もの等身大の兵士像が、秦の始皇帝の墓におさめられた。

舞台に水をあふれさせたり、海戦を再現することもできた。

有名なミイラ

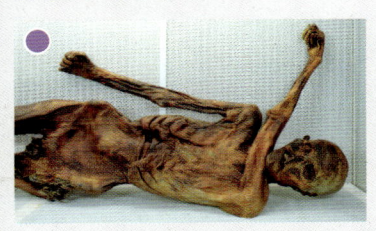

アイスマン「エッツィ」
5300年ほど前、旅人がアルプス山脈の吹雪に巻かれ、命を落とした。遺体は雪に埋もれ、凍りついた。1991年、氷河の上でその遺体が発見された。

ツタンカーメン王
ツタンカーメンのミイラは、1922年に王家の谷の墓でみつかった。黄金の仮面をかぶり、3重の金の棺に入っていた。3200年のあいだ封印されていた墓には、彫像や家具、宝石がおさめられていた。

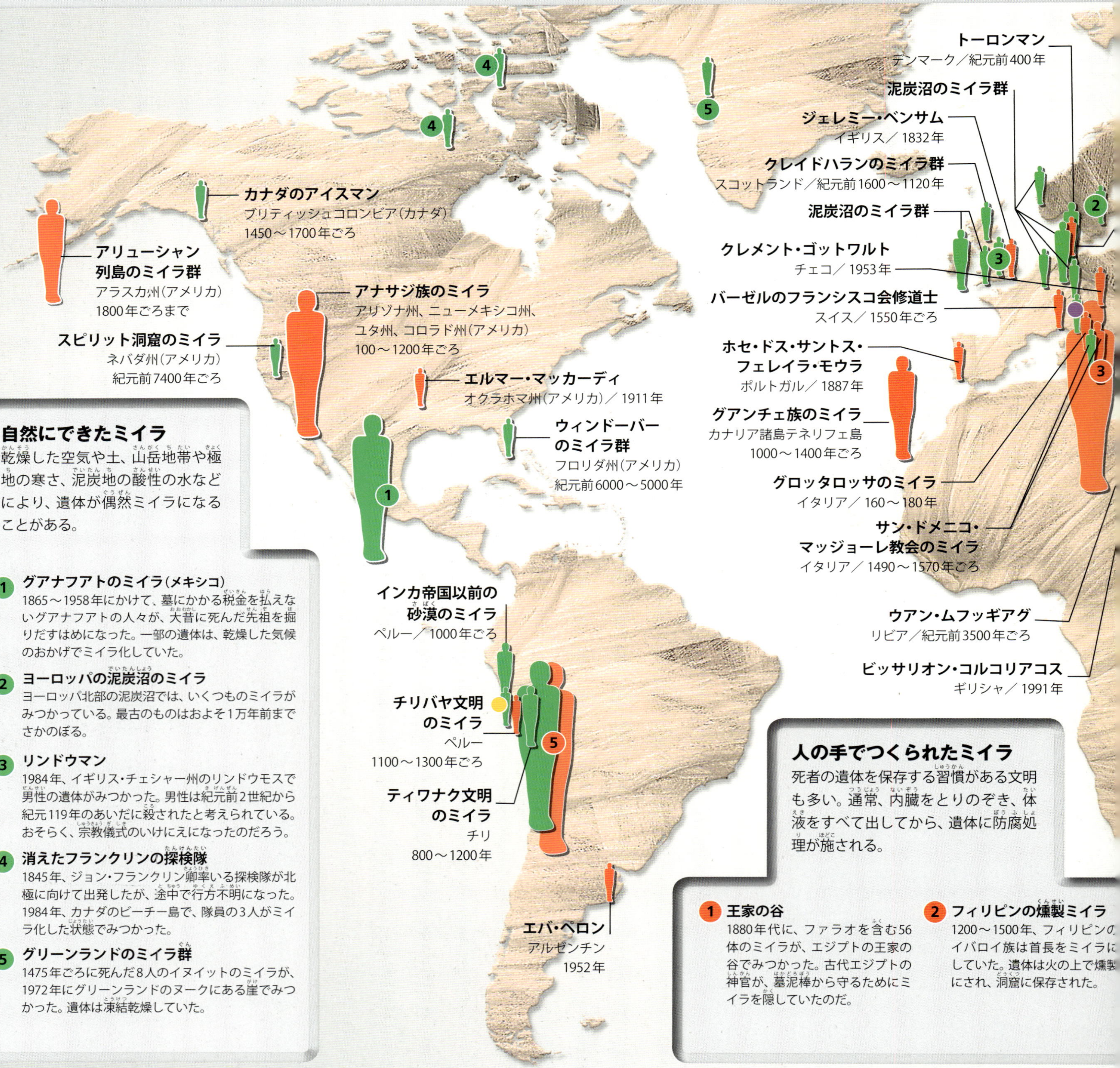

自然にできたミイラ
乾燥した空気や土、山岳地帯や極地の寒さ、泥炭地の酸性の水などにより、遺体が偶然ミイラになることがある。

1. **グアナファトのミイラ（メキシコ）**
1865〜1958年にかけて、墓にかかる税金を払えないグアナファトの人々が、大昔に死んだ先祖を掘りだすはめになった。一部の遺体は、乾燥した気候のおかげでミイラ化していた。

2. **ヨーロッパの泥炭沼のミイラ**
ヨーロッパ北部の泥炭沼では、いくつものミイラがみつかっている。最古のものはおよそ1万年前までさかのぼる。

3. **リンドウマン**
1984年、イギリス・チェシャー州のリンドウモスで男性の遺体がみつかった。男性は紀元前2世紀から紀元後119年のあいだに殺されたと考えられている。おそらく、宗教儀式のいけにえになったのだろう。

4. **消えたフランクリンの探検隊**
1845年、ジョン・フランクリン卿率いる探検隊が北極に向けて出発したが、途中で行方不明になった。1984年、カナダのビーチー島で、隊員の3人がミイラ化した状態でみつかった。

5. **グリーンランドのミイラ群**
1475年ごろに死んだ8人のイヌイットのミイラが、1972年にグリーンランドのヌークにある崖でみつかった。遺体は凍結乾燥していた。

人の手でつくられたミイラ
死者の遺体を保存する習慣がある文明も多い。通常、内臓をとりのぞき、体液をすべて出してから、遺体に防腐処理が施される。

1. **王家の谷**
1880年代に、ファラオを含む56体のミイラが、エジプトの王家の谷でみつかった。古代エジプトの神官が、墓泥棒から守るためにミイラを隠していたのだ。

2. **フィリピンの燻製ミイラ**
1200〜1500年、フィリピンのイバロイ族は首長をミイラにしていた。遺体は火の上で燻製にされ、洞窟に保存された。

トーロンマン — テンマーク／紀元前400年

泥炭沼のミイラ群

ジェレミー・ベンサム — イギリス／1832年

クレイドハランのミイラ群 — スコットランド／紀元前1600〜1120年

泥炭沼のミイラ群

クレメント・ゴットワルト — チェコ／1953年

バーゼルのフランシスコ会修道士 — スイス／1550年ごろ

ホセ・ドス・サントス・フェレイラ・モウラ — ポルトガル／1887年

グアンチェ族のミイラ — カナリア諸島テネリフェ島 1000〜1400年ごろ

グロッタロッサのミイラ — イタリア／160〜180年

サン・ドメニコ・マッジョーレ教会のミイラ — イタリア／1490〜1570年ごろ

ウアン・ムフッギアグ — リビア／紀元前3500年ごろ

ビッサリオン・コルコリアコス — ギリシャ／1991年

カナダのアイスマン — ブリティッシュコロンビア（カナダ）1450〜1700年ごろ

アリューシャン列島のミイラ群 — アラスカ州（アメリカ）1800年ごろまで

アナサジ族のミイラ — アリゾナ州、ニューメキシコ州、ユタ州、コロラド州（アメリカ）100〜1200年ごろ

スピリット洞窟のミイラ — ネバダ州（アメリカ）紀元前7400年ごろ

エルマー・マッカーディ — オクラホマ州（アメリカ）／1911年

ウィンドーバーのミイラ群 — フロリダ州（アメリカ）紀元前6000〜5000年

インカ帝国以前の砂漠のミイラ — ペルー／1000年ごろ

チリバヤ文明のミイラ — ペルー 1100〜1300年ごろ

ティワナク文明のミイラ — チリ 800〜1200年

エバ・ペロン — アルゼンチン 1952年

144　古代エジプトでは、ファラオの遺体をミイラにする。

世界の歴史

「氷の少女」フアニータ
1995年、インカ帝国時代の12～14歳くらいの少女のミイラが、ペルーのアンパト山でみつかった。ミイラは「氷の少女」フアニータと名づけられた。フアニータは500年前にいけにえとして神に捧げられたが、寒い気候のおかげで、皮膚や臓器、血液、胃の内容物までが保存されていた。

世界で発見されたミイラ
泥炭沼や高山などの人里離れた場所では、ミイラが1体だけみつかることがある。いっぽう、共同墓地や墳墓、洞窟、カタコンベなどでは多数のミイラが発見されることもある。

- 自然にできたミイラ
- 人の手でつくられたミイラ

発見されたミイラの数: 0-19、20-39、40-59、60-79、80-99、100-119、120-139、140以上

ミイラ

ミイラ（死者の遺体を保存したもの）は世界中で発見されている。多くは人の手でつくられたものだが、自然にできたものもある。最近では、指導者の遺体を永久保存している国もある。

ジェームズ・ヘプバーン（4代目ボスウェル伯爵）
デンマーク／1578年

シャルル・ウジェーヌ・ド・クロイ
エストニア／1702年

ウラジーミル・レーニン
ロシア／1924年

ゲオルギ・ディミトロフ
ブルガリア／1949年

ブレニッツの少女
ポーランド／前650年

黄金のミイラの谷
エジプト／紀元前332～紀元395年

マロン派教徒のミイラ
レバノン／1283年

チェルアーバード塩鉱山のミイラ
イラン／紀元前4世紀～紀元4世紀

イウファーとその一族
エジプト／紀元前500年ごろ

サッカラのミイラ群
エジプト／紀元前640年

ヌビア人のミイラ群
スーダン／250～1400年

タリムのミイラ群
中国／紀元前1800～200年

シベリアのアイスメイデン（氷づけの女性）
ロシア／紀元前400年ごろ

パジリクの氷づけのミイラ群
モンゴル／紀元前500～200年ごろ

毛沢東
中国／1976年

辛追
中国／紀元前150年ごろ

ホー・チ・ミン
ベトナム／1969年

ミイラ僧ルアン・ポー・デーン
タイ／1985年ごろ

ブ・カック・ミンとブ・カック・チュオン
ベトナム／1600～1700年ごろ

蒋介石と蒋経国
台湾／1975年と1988年

僧侶や尼僧の即身仏
台湾／1959～2000年

朝鮮半島のミイラ群
韓国／1350～1500年ごろ

奥州藤原氏のミイラ
日本／1128～1189年

金日成と金正日
北朝鮮／1994年と2011年

ニューギニアの失われたミイラ
パプアニューギニア／1950年代まで

③ **パレルモのミイラ**
1599年、シチリア島パレルモに住むキリスト教の修道僧たちが、遺体をミイラ化してカタコンベ（地下墓地）に安置するようになった。のちには、裕福な人たちが修道僧に金を払い、自分の遺体をミイラにさせていた。

④ **即身仏**
1680～1830年、日本の仏教僧たちがみずからミイラになっていた。食事をたち、虫に食われない体にするための特別な茶を飲んでから、生きたまま土中の棺に埋められた。

⑤ **チンチョロ族のミイラ**
現在のチリとペルーにあたる地域で暮らしていたチンチョロ族は、史上はじめてミイラをつくった。最古のミイラは、紀元前5000年までさかのぼる。

"パレルモのカタコンベには、およそ**8000体**のミイラが眠っている"

とき、ミイラ職人が鼻の穴から脳を引っぱりだしていた。

145

北アメリカ

マヤ文明とアステカ文明は、壮大なピラミッド型寺院を残した。アステカの首都テノチティトラン（現メキシコ市）のテンプロマヨールでは、人間がいけにえとして神に捧げられていた。

テンプロマヨール
（メキシコ）

パーキン土塁
パーキン（アメリカ・アーカンソー州）
1350年

エンジェル土塁跡
エバンスビル
（アメリカ・インディアナ州）
1000年

カホキア土塁跡とモンクス土塁
コリンズビル（アメリカ・イリノイ州）／600〜1400年

タオスプエブロ
ニューメキシコ州（アメリカ）
13世紀後半〜16世紀なかば

キンケイド土塁跡
ブルックポート（アメリカ・イリノイ州）／1050〜1400年

チャコ族の豪邸跡
チャコキャニオン
（アメリカ・ニューメキシコ州）
900〜1150年

マウンドビル入植地
アラバマ州（アメリカ）／1000〜1450年

テンプロマヨール
メキシコ市（メキシコ）
1325年に建造後、6回再建

オクマルギ大神殿土塁
メーコン（アメリカ・ジョージア州）／950〜1150年

エルカスティージョ
チチェンイツァ（メキシコ）
9〜12世紀

カリストゥラウアカ遺跡
トルーカ（メキシコ）／1100〜1520年

碑文の神殿
チアパス（メキシコ）
683年

クスコとコリカンチャ（太陽神殿）
ビルカバンバ、クスコ（ペルー）
1430年

ノートルダム大聖堂
パリ（フランス）
1163〜1345年

セントポール大聖堂
（最初の建造時）
ロンドン（イギリス）／604年

クリュニー修道院
ブルゴーニュ（フランス）／910年

アルハンブラ宮殿
グラナダ（スペイン）
14世紀

ベニンの銅像
ベニン王国（現在のナイジェリア）
13〜16世紀

ティンブクトゥ
マリ／12世紀

アボメー王宮
ダホメー王国
（現在のベナン）
1695年

中世の偉大な建造物

マチュピチュ
ビルカバンバ、クスコ（ペルー）
1450年

太陽の島
チチカカ湖（ボリビア）
15世紀

サマイパタの砦
ボリビア／14世紀

サクサイワマン
クスコ（ペルー）
15世紀前半〜16世紀なかば

モアイ像
イースター島（チリ）
1100〜1650年

オリャンタイタンボ
クスコ（ペルー）
15世紀なかば

南アメリカ

1400年代後半までに、インカ帝国が南アメリカ西部に広大な帝国を築きあげた。空中都市マチュピチュは、帝国のはずれの人里離れた山腹にあった。

マチュピチュ

「中世」とは、5世紀から15世紀末までの時代をさす。15世紀末にコロンブスなどの探検家によって世界がひとつにつながると、中世は終わり、近代が幕を開けた。中世には、世界中にすばらしい建造物がつくられた。

146　🏛 ジェンネの大モスクは、泥れんがづくりの建造物としては世

世界の歴史

ヨーロッパ

ルネサンス期のはじめに建てられたサンピエトロ大聖堂は、世界でもひときわ大きく、装飾の美しい教会だ。巨大なドームの高さは138mもある。

サンピエトロ大聖堂
（イタリア）

ポイント
中世の驚異的な建造物の場所と建造年を示す。
● イラストで示した建造物
● そのほかの建造物

ピサの斜塔
イタリア／1173〜1300年

聖ワシリー大聖堂
モスクワ（ロシア）
1555〜61年

モスクワ・クレムリン
モスクワ（ロシア）／1485〜95年

サンピエトロ大聖堂
バチカン市国、ローマ（イタリア）
1506〜1626年

イマーム・レザー廟
マシュハド（イラン）
818年

タージマハル
アグラ（インド）
1632〜48年

万里の長城（明朝時代）
中国／14世紀

清水寺
京都（日本）
798年

アニ（アルメニア王国の首都）
カルス（トルコ）
5世紀

京杭大運河
中国／5〜15世紀

南京の陶塔
揚子江（中国・南京）
15世紀はじめ（2010年に再建）

"ピサの斜塔の傾きは、3.99度だ"

預言者のモスク
（マスジド・アル・ナバウィ）
メディナ（サウジアラビア）／622年

ジェンネの大モスク
ジェンネ（マリ）
200〜1330年

聖モスク
（マスジド・アル・ハラム）
メッカ（サウジアラビア）
7世紀

コナーラクの太陽神寺院
インド／13世紀

アンコールワット
アンコール（カンボジア）
1113〜50年

シギリヤの宮殿
スリランカ
5世紀

ラリベラの岩窟教会群
エチオピア／13世紀

アジア

ジャワ島にあるボロブドゥールの広大な仏教寺院は、6層の長方形の壇と3層の円形の壇が階段状に積み重なった構造になっていて、2672枚のレリーフと504体の仏像で飾られている。

ボロブドゥール
ジャワ島中部
（インドネシア）
9世紀

ボロブドゥール

グレートジンバブエの都市遺跡
マスビンゴ周辺
（ジンバブエ）
11世紀

アフリカ

ラリベラの岩窟教会群は、岩山を掘ってつくった11の教会からなる。窓や扉、屋根もついている。それぞれの教会はひとつの岩のかたまりから切りだされたもので、地下壕でつながっている。

ラリベラの岩窟教会群

最大だ。川が氾濫しても壊れないよう、基壇の上に建てられている。

147

中世の帝国

紀元500年から1500年までの時代には、強大な帝国が次々と現れては、ヨーロッパやアジアの広大な地域を支配し、知りうる限りの世界にイスラム教やキリスト教を広めていった。彼らにとって未知のアフリカ大陸では、いくつかの大国が広大な地域を統治するようになっていた。いっぽう、南北アメリカ大陸でも、いくつもの帝国が独自の発展をとげていた。

オスマン帝国の戦闘用かぶと

神聖ローマ帝国（1200年当時）
フランクフルト
ビザンティン帝国（555年当時）
オスマン帝国（1683年当時）
イスタンブール
コンスタンティノープル
ダマスカス
ソンガイ帝国（1500年当時）
ウマイヤ・カリフ帝国（750年当時）
マリ帝国（1350年当時）
ガオ
カーバ（カンガバ）
ンジミ
アシャンティ王国（1750年当時）
カネム帝国（1300年当時）
クマシ

マリ帝国
1230〜1600年
西アフリカにあった帝国で、金の貿易とニジェール川流域の農業開発により富を築いた。

アシャンティ王国
1670〜1902年
高度で統制のとれた社会を築いた。巧みな戦術と西洋の武器による軍事力で王国を拡大した。

アシャンティの金の頭像

サンサルバドール（ンバンザ・コンゴ）
コンゴ王国（1625年当時）

コンゴ王国
1390〜1914年
「マニコンゴ（王）」が支配する王国で、6つの地域にわかれていた。大西洋をまたいだ奴隷貿易で勢力を失い、最終的にはポルトガルに征服された。

ジンバブエ王国（1350年当時）
グレートジンバブエ

ジンバブエ王国
1220〜1450年
名高い首都グレートジンバブエでは、石の壁をめぐらせた街に身分の高い人々が暮らしていた。王は金鉱や象牙を所有し、中東や中国と貿易を行っていた。

南北アメリカ

アステカ帝国（1519年当時）
ワリ帝国（650年当時）
チムー帝国（1470年当時）
インカ帝国（1525年当時）
ティアワナコ帝国（700年当時）

ユーラシアとアフリカ

148　アステカ帝国では、毎年1万人もの民や

世界の歴史

モンゴル帝国
1206～1368年
1206年にチンギス・ハーンが建国した。武力にものをいわせた数々の遠征により、史上最大の領土を誇る帝国を築きあげた。

モンゴル帝国（1227年当時）

カラコルム

モンゴル帝国の遊牧民のかぶと

明朝（1500年当時）

北京

明朝
1368～1644年
モンゴル帝国を倒した反乱軍の指導者、朱元璋（洪武帝）が建国した。安定した社会を築き、京杭大運河や万里の長城を再建した。

"最盛期のモンゴル帝国は1億人もの民を支配していた"

ムガル帝国（1690年当時）
シャージャハナバード（オールドデリー）

ムガル帝国の剣

アンコール

クメール帝国（900年当時）

神聖ローマ帝国 962～1806年
世界史上もっとも長く続いた帝国のひとつ。キリスト教国家で、首都はなかった。1356年に、フランクフルトが皇帝の選挙を行う都市に定められた。

ビザンティン帝国 330～1453年
東ローマ帝国から発展した帝国。ギリシャ語圏のキリスト教国家で、ローマ文化とギリシャ文化の両方が受けつがれていた。

ビザンティンのペンダント

ムガル帝国 1526～1857年
中央集権国家を打ち立て、教育や宗教的な寛容心を南アジアにもたらした。

クメール帝国 802～1400年代
ヒンドゥー教と仏教を信仰する帝国で、インドの文化の影響を受けていた。クメールの建築技術の金字塔が、首都アンコールに建造された寺院だ。

アステカ帝国
1428～1521年
湖に浮かぶ人工の島に首都を築いたアステカ人たちは、みずからを「メシーカ」とよび、現在のメキシコにあたる地域のほとんどを征服した。

アステカの死神の像

チムー帝国
およそ850～1470年
陶芸、織物、金属加工の優れた技術をもっていた。アンデス山脈沿いの沿岸部を支配していたが、1470年に仇敵のインカ帝国に征服された。

ワリ帝国
540～1100年
新大陸の帝国としてはじめて、宗教儀式のためではなく、国を統治して民を住まわせるために大規模な都市を築いた。

ワリの木彫り像

インカ帝国
1438～1536年
スペインによる侵略以前の南北アメリカ大陸で最大の帝国。太陽神インティをあがめ、優れた技術でアンデス山脈の高地に都市を築いた。

ウマイヤ・カリフ帝国
661～1031年
アラビアの4大イスラム王朝の、2番目の王朝。「カリフ」とよばれる元首が支配していた。

ティアワナコ帝国
400～950年
もともとはペルーとボリビアの国境沿いのチチカカ湖岸にある小さな都市だったが、急速に勢力を広げ、周辺地域を支配下に収めていった。

ソンガイ帝国
1375～1591年
マリ帝国の衰退をきっかけに台頭した。ソンガイ帝国の都市ティンブクトゥは、イスラム教学者が集まる学術都市になった。

ソンガイのコイン

カネム帝国
700～1387年
アフリカ最強の帝国のひとつ。セフワ朝が支配していた第2王朝時代に、イスラム教を信仰するようになった。

オスマン帝国
1299～1922年
「トルコ帝国」ともよばれる。長く続いたイスラム帝国で、コンスタンティノープル（現在のイスタンブール）が首都として栄えた。

敵の捕虜がいけにえとして神に捧げられていた。

149

城
しろ

歴史上の支配者や帝国は、城や砦、壁に囲まれた城郭都市など、さまざまな難攻不落の建造物をつくってきた。敵の侵入を防ぎ、権力をたしかなものにするためだ。

ポイント
地図中の旗は、世界でもとくにすばらしい城砦を示している。

🚩 必見の城、砦、要塞、城郭都市

ヨーロッパの城

ヨーロッパの城の多くは、貴族や君主の住居を要塞化したものだ。純粋に防御のためだけにつくられた城もある。

ブルクハウゼン城（ドイツ）
すべての建物をあわせた幅がヨーロッパ最長を誇る城。主城と奥庭が、外側にある5つの中庭で守られている。

クラック・デ・シュバリエ（シリア）
12世紀の十字軍時代の城。外壁に13の塔がそびえ、その内側にある堀が、内壁や主城を隔てている。

地図のラベル

- コロンビア砦（アメリカ・ワシントン州）
- ユニオン砦（アメリカ・ニューメキシコ州）
- サンフェリペ・デ・バラハス城（コロンビア）
- チャンチャンの古代城郭都市（ペルー）
- バルディビアの要塞（チリ）
- サンタマリア・ダ・フェイラ城（ポルトガル）
- サンジョルジェ城（ポルトガル）
- モナスティルのリバート（チュニジア）
- ロロペニ（ブルキナファソ）
- ケープコースト城（ガーナ）
- エルミナ城（ガーナ）

城から要塞へ

要塞は軍の中核として欠かせない存在になった。低くて厚く、角度をつけた壁は、砲弾をそらすことができた。

🏛 オスマントルコ軍は、クレタ島の城郭都市カンディアを

世界の歴史

アジアの城
アジアの城はその国の建築様式で建てられているので、見た目はヨーロッパの城と異なるが、つくられた目的は同じだ。

姫路城（日本）
1333年に砦が築かれ、1346年に本格的な城が建造された。現在残っているのは17世紀に再建されたもの。日本最大級の城で、つながりあった83の建物が、高さ26mの壁と3層の堀で守られている。

メヘラーンガル砦（インド）
ジョードプルの街を見下ろす122mの高台につくられた砦。砦の内側には、複数の宮殿が隠されている。1459年に支配者のラオ・ジョーダが建造した。なかに入るには、7つの門を通りぬけなければならない。

城郭都市
防護壁に囲まれた都市を「城郭都市」という。城や王宮が組みこまれていることも多い。

紫禁城（中国）
北京にある紫禁城は、もともとは皇帝の宮殿だった。980もの建物が、壁と幅52mの堀で囲まれている。

グレートジンバブエ
かつてのジンバブエ王国の首都。この王都を囲む石の壁は、モルタルを使わずにつくられた。

- モスクワ・クレムリン（ロシア）
- キルクーク要塞（イラク）
- ウカイル砦（サウジアラビア）
- ロータス城砦（パキスタン）
- バム要塞（イラン）
- ギャンツェ砦（チベット、中国）
- 宛平県城（中国）
- 団城演武庁（中国）
- グランビル砦
- クイーンズクリフ砦
- デニソン砦

> "イギリスのウィンザー城は、900年にわたり王室の住居となっている"

インディペンデンス要塞（アメリカ）
この星形の要塞は、ボストン湾を守るために1851年につくられた。星の先端にある5か所の稜堡に銃がすえられていた。

キャッスル・オブ・グッドホープ（喜望城）（南アフリカ）
1666年〜79年にオランダ東インド会社がつくった星形の要塞。喜望峰のオランダ人入植地を守るためにつくられた。

21年にわたって包囲し、1669年にようやく降伏させた。

151

戦争の時代区分

- 🔥 **第一次世界大戦以降** 1914年〜
- ✂ **近代革命** 1780〜1914年
- ⛏ **近代初期** 1500〜1780年
- 🪓 **中世** 500〜1500年
- 🛡 **古代** 500年より前

ヨークタウン(1781年)
フランスとアメリカの連合軍がイギリスに勝利し、アメリカの独立につながった。

ワーテルロー(1815年)
ナポレオンがヨーロッパ連合軍に敗れ、ナポレオンによるヨーロッパ支配の時代が終わった。

ウィーン(1683年)
神聖ローマ帝国がオスマン帝国を破り、イスラム帝国のヨーロッパ進撃をくいとめた。

アンティータム(1862年)
アメリカ史上、1日でもっとも多くの死者を出した戦いで、2万3000人が戦死した。

アルマダの海戦(1588年)
スペインの無敵艦隊がイギリスに敗れ、戦艦63隻を失った。

リトルビッグホーン(1876年)
ラコタ族、北方シャイアン族、アラパホ族の連合軍が、カスター将軍率いるアメリカ軍に勝利した。

フランスの戦い(1940年)
第二次世界大戦中に、ドイツがフランスに侵攻し、占領した。

アラモ(1836年)
テキサス独立軍が、アラモ砦に攻めこんだメキシコ軍と戦い、多くの犠牲者を出した。この戦いではメキシコが勝利したが、テキサスは翌年に独立を勝ちとった。

ゲティスバーグ(1863年)
アメリカ南北戦争の転換点となった戦いの場所。北軍が南軍に勝利する道を開いた。

アルジェ(1957年)
フランス・アルジェリア政府軍に対抗するゲリラ戦が展開された。

アルカセルキビール(1578年)
モロッコとオスマン帝国がポルトガル帝国を破った。ほぼすべてのポルトガル人が殺されるか捕虜になった。

ピッグス湾(1961年)
CIAの訓練を受けた亡命キューバ人部隊がキューバへ侵攻し、キューバ共産党の指導者フィデル・カストロを打倒しようと試みた。

カラボボ(1821年)
シモン・ボリバル率いる愛国派軍が、スペインの君主を支持していた王党派軍を破り、ベネズエラを独立に導いた。

カハマルカ(1532年)
インカ帝国がスペインのコンキスタドール(征服者)に敗れ、その後3世紀にわたってスペインの支配が続いた。

キリナ(1235年)
マリンケ族がスースー王国を破り、西アフリカにマリ帝国を築いた。

リアシュエロ、パラグアイ川(1865年)
海軍が川のはるか上流で戦った。大きな被害を出したパラグアイ戦争(1864〜70年)の一戦で、アルゼンチンやウルグアイと同盟を結んでいたブラジルにパラグアイが敗れた。

画期的な戦い

兵器の進歩は、戦争の形を変えてきた。兵器の威力が増すにつれて敵と味方の距離が遠くなり、いまでは相手の姿をまったく見ないこともあるほどだ。

①**クレシーの戦い(1346年)**
イングランドとフランスの百年戦争の転換点となった戦い。遠くまで届く新しい弓が使われたことで、至近距離での戦いが過去のものになり、そうした戦いに伴う騎士道も失われていった。

②**ソンムの戦い(1916年)**
イギリスとフランスがドイツ軍に攻勢をかけた第一次世界大戦の戦闘。世界史上はじめて戦車が投入された。史上もっとも大きな犠牲を出した戦いのひとつでもある。

③**バトル・オブ・ブリテン(1940年)**
第二次世界大戦中のイギリスとドイツの戦い。地上軍を使わず、航空戦だけで展開された史上初の大規模な戦い。

④**珊瑚海海戦(1942年)**
対戦する両艦隊がたがいに相手の艦を一度も視界に入れず、直接撃ちあわずに展開された史上初の海戦。

> "オスマントルコがコンスタンティノープルを攻略した1453年の戦いは、はじめて**大砲**が使われた大規模な戦闘だ"

152 血なまぐさいカリンガの戦いのあと、インドの

世界の歴史

包囲戦
包囲戦とは、軍事力で街や要塞を封鎖することで、厳密にいえば戦闘ではない。目的は、包囲した人たちに降伏させて、その街を征服することだ。降伏を早めるため、攻撃をしかけることもある。

① カルタゴの包囲戦（紀元前149〜146年）
史上最長の包囲戦のひとつ。ローマ軍がカルタゴ（現在のチュニジア）を3年にわたって包囲したすえ降伏させ、カルタゴの住民を奴隷にした。

② エルサレムの包囲戦（1099年）
キリスト教徒とイスラム教徒が戦った十字軍戦争で、キリスト教徒の十字軍がふたつの巨大な包囲攻撃兵器（車輪のついた塔）をつくって壁を乗り越え、イスラム教徒の守備隊からエルサレムを奪った。

アウステルリッツ（1805年）
数で劣るフランス軍が、ロシアとオーストリアの連合軍を破った。ナポレオンのもっとも名高い勝利のひとつ。

アクティウム（紀元前31年）
ローマがアントニウスとエジプトのクレオパトラに宣戦布告した。この戦いでローマが勝利し、ローマ帝国の誕生につながった。

野狐嶺（1211年）
モンゴルの支配者チンギス・ハーンが中国の金王朝に勝利した。歴史上、ひときわ血なまぐさい戦いのひとつ。

淮海（1948年）
国共内戦（中国の内戦）最終盤の激戦地。この戦いが中国共産党による支配の道を開いた。

テルモピュライ（紀元前480年）
数では圧倒的に劣っていたギリシャ軍が、ペルシャの王クセルクセスの軍を3日にわたる死闘でくいとめた。

スターリングラード（1942〜43年）
ソビエト連邦のスターリングラードが長期間にわたってドイツ軍に包囲され、両軍で多くの犠牲者を出した。最終的には、ナチス・ドイツの致命的な敗北につながった。

仁川の戦い（1950年）
朝鮮戦争の一戦。国連軍が北朝鮮軍に大勝した。

コンスタンティノープルの陥落（1453年）
4か月にわたる包囲戦のすえ、ビザンティン帝国がオスマン帝国の侵略軍に屈した。

フィロラの戦い（1965年）
インド・パキスタン戦争の戦車部隊の激戦地。インド軍が圧勝した。

硫黄島（1945年）
日本本土への進軍に備え、アメリカが硫黄島を占領した。日本軍の死者は2万1000人にのぼった。

武漢（1938年）
ソビエト軍と中国の国民革命軍をあわせて、総兵士数110万人、航空機200機の戦力があったにもかかわらず、日本軍の武漢侵略を止められなかった。

オムドゥルマン（1898年）
小規模なイギリス・エジプト軍が、数では勝るが装備で劣っていたスーダン軍に圧勝した。

エルアラメイン（1942年）
第二次世界大戦の戦車隊の激戦地。イギリス率いる連合国軍が枢軸国軍（イタリアとドイツ）に勝利した。

ディエンビエンフー（1954年）
共産主義革命をめざすベトミン軍が、フランス軍を包囲して打ち破り、第一次インドシナ戦争を終結させた。翌年には、さらに20年続くベトナム戦争がはじまった。

カリンガ（紀元前262〜261年）
アショーカ王率いるマウリヤ帝国がカリンガ国と戦い、少なくとも10万人のカリンガ人が死亡した。

スラバヤ（1945年）
イギリスとオランダを相手に戦ったインドネシアの独立戦争で最大の戦闘。インドネシアでは、この戦闘の日が「英雄の日」という祝日になっている。

イサンドルワナ（1879年）
おもな武器は槍と牛革の盾だったズールー王国軍が、イギリス軍に大勝した。

珊瑚海（1942年）
日本がアメリカとオーストラリアを相手にした第二次世界大戦の海戦。史上はじめて双方が航空母艦を主力にして戦った戦闘でもある。

戦場

昔の戦争は、ひとつの戦場で敵味方の軍隊が陣形をとっていたため、1日か、長くて数日で終わった。20世紀になり、長距離を射程におさめる武器が戦争の形を変えた。局地的だった戦場は、国全体に広がる戦域に変わった。

アショーカ王は戦争を拒み、仏教徒になったといわれている。

153

最後の帝国

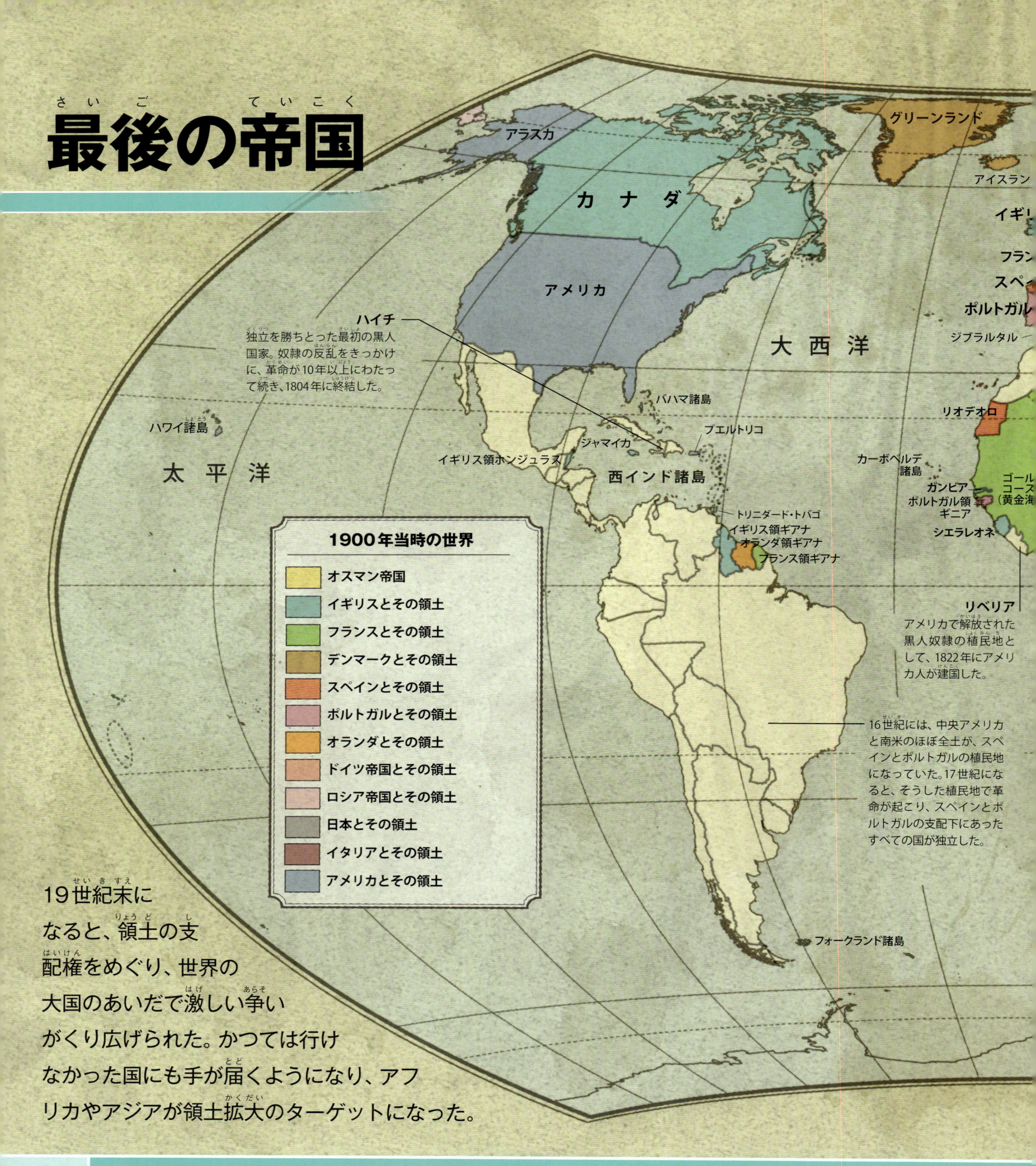

19世紀末になると、領土の支配権をめぐり、世界の大国のあいだで激しい争いがくり広げられた。かつては行けなかった国にも手が届くようになり、アフリカやアジアが領土拡大のターゲットになった。

1900年当時の世界
- オスマン帝国
- イギリスとその領土
- フランスとその領土
- デンマークとその領土
- スペインとその領土
- ポルトガルとその領土
- オランダとその領土
- ドイツ帝国とその領土
- ロシア帝国とその領土
- 日本とその領土
- イタリアとその領土
- アメリカとその領土

グリーンランド / アイスラン / イギ / フラン / スペ / ポルトガル / ジブラルタル / リオデオロ / カーボベルデ諸島 / ガンビア / ポルトガル領ギニア / ゴールドコースト（黄金海）/ シエラレオネ

アラスカ / カナダ / アメリカ / 大西洋 / ハワイ諸島 / 太平洋 / バハマ諸島 / プエルトリコ / イギリス領ホンジュラス / ジャマイカ / 西インド諸島 / トリニダード・トバゴ / イギリス領ギアナ / オランダ領ギアナ / フランス領ギアナ / フォークランド諸島

ハイチ：独立を勝ちとった最初の黒人国家。奴隷の反乱をきっかけに、革命が10年以上にわたって続き、1804年に終結した。

リベリア：アメリカで解放された黒人奴隷の植民地として、1822年にアメリカ人が建国した。

16世紀には、中央アメリカと南米のほぼ全土が、スペインとポルトガルの植民地になっていた。17世紀になると、そうした植民地で革命が起こり、スペインとポルトガルの支配下にあったすべての国が独立した。

154　大英帝国は、最盛期の1922年には、世界

世界の歴史

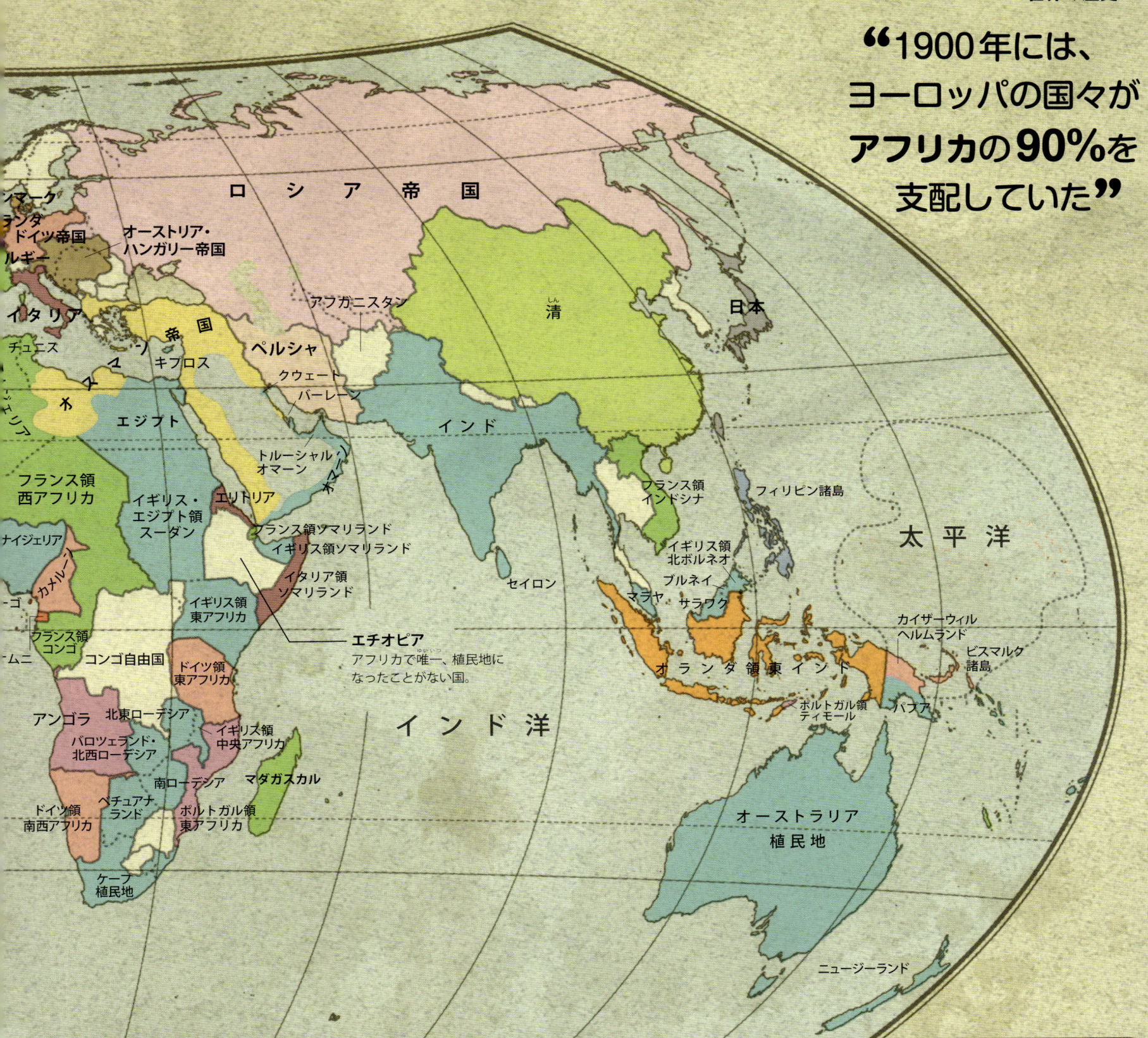

"1900年には、ヨーロッパの国々がアフリカの90％を支配していた"

（地図上の地名）

ロシア帝国／デンマーク／ドイツ帝国／オランダ／ベルギー／オーストリア・ハンガリー帝国／イタリア／チュニス／オスマン帝国／キプロス／ペルシャ／アフガニスタン／清／日本／エジプト／クウェート／バーレーン／インド／トルーシャル・オマーン／フランス領西アフリカ／ナイジェリア／カメルーン／トーゴ／フランス領コンゴ／コンゴ自由国／イギリス・エジプト領スーダン／エリトリア／フランス領ソマリランド／イギリス領ソマリランド／イタリア領ソマリランド／イギリス領東アフリカ／ドイツ領東アフリカ／エチオピア（アフリカで唯一、植民地になったことがない国。）／アンゴラ／北東ローデシア／バロツェランド・北西ローデシア／南ローデシア／マダガスカル／ドイツ領南西アフリカ／ベチュアナランド／ポルトガル領東アフリカ／ケープ植民地／セイロン／フランス領インドシナ／フィリピン諸島／イギリス領北ボルネオ／ブルネイ／サラワク／マラヤ／オランダ領東インド／ポルトガル領ティモール／カイザーウィルヘルムランド／ビスマルク諸島／パパ／オーストラリア植民地／ニュージーランド／インド洋／太平洋

アフリカ争奪戦

アフリカ人が力ずくでアメリカに売られていた大西洋の奴隷貿易は、1800年代に終わりを迎えた。ヨーロッパの大国は、アフリカに乗りだして奴隷貿易を一掃したが、同時にその領土を自国のものにしていった。たがいに競うように、アフリカ各地を支配下に収めた。

- 1871年 ドイツとイタリアがそれぞれ統一される。ヨーロッパでは、帝国拡大のための領土がなくなる。
- 1884～85年 ベルリン会議で、ヨーロッパの大国がアフリカを分割して支配することが決まる。
- 1900年 ヨーロッパに支配されていないアフリカの国は、リベリアとエチオピアのみ。イギリスがアフリカ人口の30％を支配。

グレートゲーム

1830年代、イギリスはロシアを警戒していた。ロシアがインドの隣国アフガニスタンを支配し、イギリスの支配するインドを侵略するつもりではないかと考えていたからだ。アジアの覇権をめぐる大英帝国とロシア帝国の争いは、「グレートゲーム」とよばれた。

- 1839～42年 第一次イギリス・アフガニスタン戦争。イギリスがカブールで大敗を喫す。
- 1878～80年 第二次イギリス・アフガニスタン戦争。ロシアが敗北する。イギリスも撤退するが、アフガニスタンの外交権を手に入れる。
- 1907年 ドイツの中東進出という脅威をまえに、ロシアとイギリスが和平協定を結ぶ。

の人口と陸地のほぼ4分の1を支配していた。

"**1910年の メキシコ革命では、 100万人以上が死亡した**"

共産主義圏の崩壊
1989年に崩壊。共産主義圏を構成していたのは次の国々：東ドイツ、ポーランド、スロバキア、ハンガリー、ルーマニア、チェコ共和国、スロベニア、クロアチア、ボスニア・ヘルツェゴビナ、モンテネグロ、コソボ、アルバニア、マケドニア旧ユーゴスラビア共和国、セルビア、ブルガリア

ノルウェー
1905年（スウェーデンから独立）

アイスランド
1944年（デンマークから独立）

イギリス
1642～51年

アイルランド
1922年（イギリスから独立）

ベルギー
1830～31年（オランダから独立）

フランス
1789～99年

スペイン
1936～39年

ポルトガル
1974年

チュニジア
2011年

アルジェリア
1954～62年（フランスから独立）

北アメリカの13植民地
1776年（イギリスから独立）

キューバ
1953～59年

メキシコ
1910～20年

ハイチ
1791～1804年（フランスから独立）

ニカラグア
1979～90年

ベネズエラ
1823年（スペインから独立）
1830年（グランコロンビアから独立）

パナマ
1903年（コロンビアから独立）

エクアドル
1822年（スペインから独立）
1830年（グランコロンビアから独立）

コロンビア
1819年（スペインから独立）

ガーナ
1957年（イギリスから独立）

ペルー
1824年（スペインから独立）

ボリビア
1825年（スペインから独立）

アンゴラ
1961～75年（ポルトガルから独立）

ナミビア
1968～88年（南アフリカから独立）

名高い革命家たち

革命の指導者たちは、熱い理想に突き動かされている。大衆を鼓舞し、政府に立ち向かわせようとする。権力者に対抗して効果的な集団行動を起こすためには、大衆を動かせるかどうかが鍵となる。

1. **チェ・ゲバラ（1928～67年）**
アルゼンチン生まれの革命家。フィデル・カストロがキューバの独裁者フルヘンシオ・バティスタを倒すとき手を貸した。いまでは、反体制のシンボルとして世界的に知られている。

2. **クワメ・エンクルマ（1909～72年）**
イギリスに対するガーナの独立運動を指揮した。ガーナの独立を皮切りに、サハラ以南のアフリカ諸国が次々と植民地支配を打ち破ることになる。

3. **シモン・ボリバル（1783～1830年）**
ベネズエラの政治家・軍人で、ベネズエラ、コロンビア、エクアドル、ペルー、ボリビアを独立に導いた。南米でもっとも影響力の大きい指導者のひとり。

4. **ウラジーミル・レーニン（1870～1924年）**
シベリア流刑後、1917年の革命を支援するためにロシアに戻り、のちに指導者となった。

5. **毛沢東（1893～1976年）**
中華人民共和国の建国者。「大躍進政策」で近代化を断固として進め、「文化大革命」で共産主義体制をかためた。

6. **マハトマ・ガンジー（1869～1948年）**
インドの平和の実現に人生を捧げた。ガンジーの影響を受け、非暴力の市民権運動が世界中に広まった。

革命と反乱

他国を力で抑えつけている大国は、しばしば支配下の民の抵抗を受ける。ときには、それが革命（独立運動）につながることもある。自国の政府に対する不満が高まり、革命が起きるケースもある。

- 🟨 **国内の反乱** — 国内で革命が起きた国
- 🟥 **他国の支配に対する反乱** — 革命により他国の支配からの独立を勝ちとった国
- 🟩 **このページで紹介する革命に関わっていない国**

156　アメリカ独立戦争（1776年）は、貧しさに苦しむヨーロッパの

世界の歴史
革命
(かくめい)

人民が立ちあがり、抑圧的な支配者に対抗する革命は、世界中のあらゆるところで起きている。革命はすぐに終わることもあれば、長びくこともある。平和な革命もあれば、多くの血が流れる革命もある。だが、「国のありかたを変える」ことを目的としている点では、どの革命も同じである。

リトアニア 1989年（ソ連から独立）
フィンランド 1917年（ロシアから独立）
エストニア 1989年（ソ連から独立）
ラトビア 1989年（ソ連から独立）
ベラルーシ 1989年（ソ連から独立）
ウクライナ 1989年（ソ連から独立）
モルドバ 1989年（ソ連から独立）
グルジア 1989年（ソ連から独立）
アルメニア 1989年（ソ連から独立）
トルクメニスタン 1989年（ソ連から独立）
ウズベキスタン 1989年（ソ連から独立）
カザフスタン 1989年（ソ連から独立）
キルギス 1989年（ソ連から独立）
タジキスタン 1989年（ソ連から独立）
アゼルバイジャン 1989年（ソ連から独立）
イラン 1979年
ロシア 1917年 ❹
中国 1949年 ❺
韓国 1945年（日本から独立）
ベトナム 1975年（北ベトナムと南ベトナムの戦争後、ベトナム社会主義共和国が成立）
ビルマ（ミャンマー） 1962年
フィリピン 1896〜98年（スペインから独立）
ラオス 1949年（フランスから独立）
カンボジア 1979年
イエメン 2011年
インド 1947年（イギリスから独立）❻
シンガポール 1965年（マレーシアから独立）
インドネシア 1945〜49年（オランダから独立）
パプアニューギニア 1975年（オーストラリアから独立）
東ティモール 1975年（ポルトガルから独立）2002年（インドネシアから独立）
リビア 2011年
エジプト 2011年
エリトリア 1961〜91年（エチオピアから独立）
ソマリア 1986〜92年
ケニア 1952〜60年（イギリスから独立）
ルワンダ 1961年（ベルギーから独立）
マダガスカル 1960年（フランスから独立）
南アフリカ 1994年

共産主義の崩壊

共産主義国だったかつてのソビエト連邦（ソ連）は、ロシアとそれ以外の14の共和国（地図中では赤に分類）で構成されていた。また、いくつかのヨーロッパの国々（地図中では黄色に分類）に対しても大きな影響力をもち、その地域全体が「共産主義圏」とよばれていた。1989年にそうした国々で次々に革命が起き、1991年にソ連は消滅した。

▼ **共産主義の崩壊**
1989〜91年に共産主義が崩壊した国を示している。

アラブの春

「アラブの春」とは、2011年にアラブ世界で巻き起こった革命・反政府運動のことだ。この地図からもわかるように、支配者が打倒された国もあれば、反乱が失敗に終わった国もある。デモや反政府運動の多くは、暴力を伴うものだった。アラブの春は、反政府運動の参加者たちがソーシャルメディアを使ったはじめての反乱でもある。フェイスブックやツイッターなどのオンラインアプリケーションを活用して、連携をとっていたのだ。

※ **アラブの春**
アラブの春に関わった国を示している。

人々に希望を与え、フランス革命（1789〜99年）のきっかけになった。

157

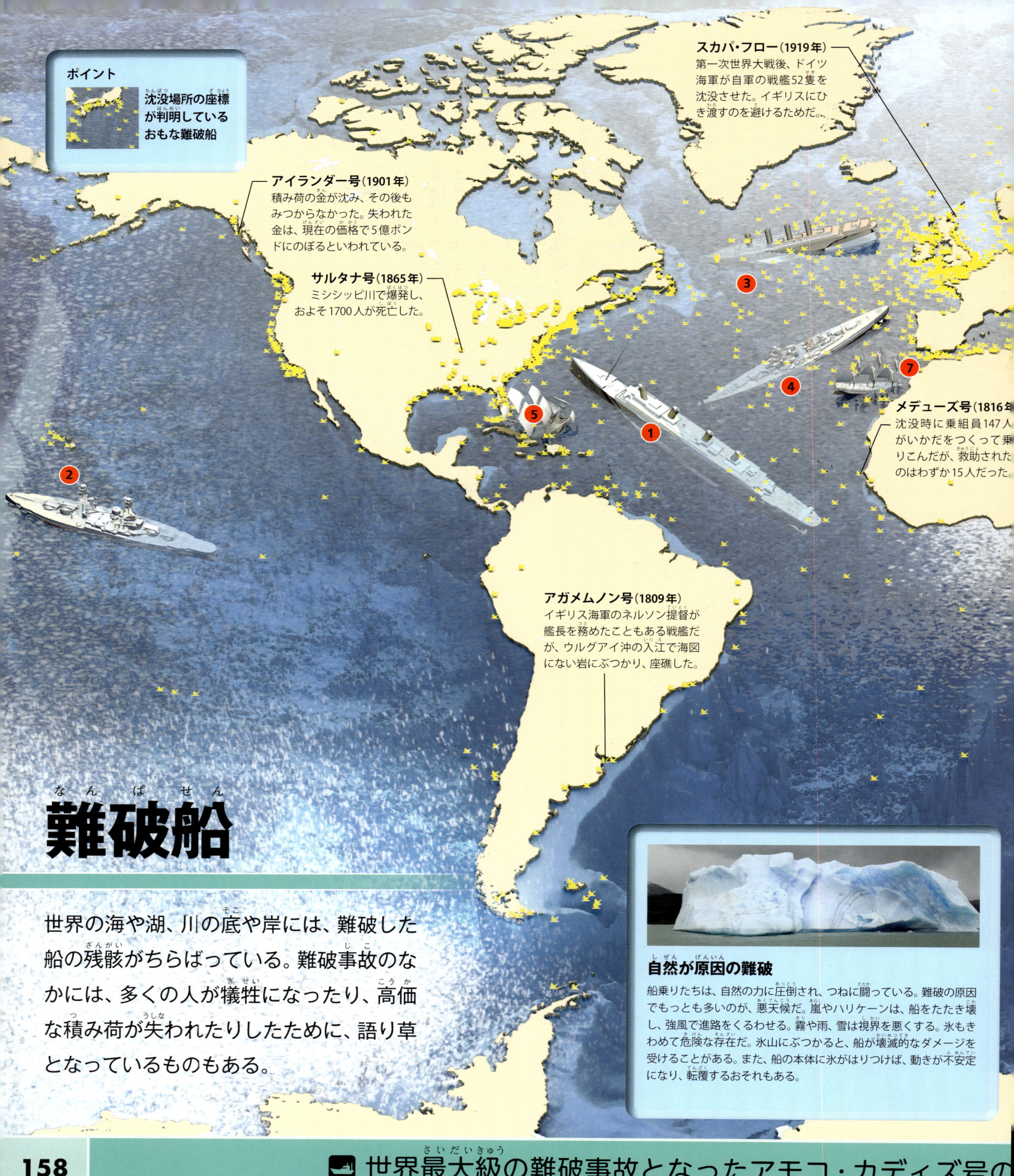

ポイント
沈没場所の座標が判明しているおもな難破船

スカパ・フロー（1919年）
第一次世界大戦後、ドイツ海軍が自軍の戦艦52隻を沈没させた。イギリスにひき渡すのを避けるためだ。

アイランダー号（1901年）
積み荷の金が沈み、その後もみつからなかった。失われた金は、現在の価格で5億ポンドにのぼるといわれている。

サルタナ号（1865年）
ミシシッピ川で爆発し、およそ1700人が死亡した。

メデューズ号（1816年）
沈没時に乗組員147人がいかだをつくって乗りこんだが、救助されたのはわずか15人だった。

アガメムノン号（1809年）
イギリス海軍のネルソン提督が艦長を務めたこともある戦艦だが、ウルグアイ沖の入江で海図にない岩にぶつかり、座礁した。

難破船

世界の海や湖、川の底や岸には、難破した船の残骸がちらばっている。難破事故のなかには、多くの人が犠牲になったり、高価な積み荷が失われたりしたために、語り草となっているものもある。

自然が原因の難破
船乗りたちは、自然の力に圧倒され、つねに闘っている。難破の原因でもっとも多いのが、悪天候だ。嵐やハリケーンは、船をたたき壊し、強風で進路をくるわせる。霧や雨、雪は視界を悪くする。氷もきわめて危険な存在だ。氷山にぶつかると、船が壊滅的なダメージを受けることがある。また、船の本体に氷がはりつけば、動きが不安定になり、転覆するおそれもある。

158　世界最大級の難破事故となったアモコ・カディズ号の

世界の歴史

有名な難破船

1 タイタニック号
1912年4月14日、氷山に衝突し、2時間40分後に沈没。
死者数：1517人

2 アリゾナ号
1941年、日本軍による真珠湾のアメリカ海軍攻撃の開始直後に沈没。
死者数：1177人

3 ルシタニア号
第一次大戦中の1915年、イギリスの定期船ルシタニア号がドイツ潜水艦に攻撃されて沈没。
死者数：1200人

4 ビスマルク号
ドイツの戦艦。1941年5月にイギリス軍の攻撃を受けて沈没。
死者数：2085人

5 ヌエストラ・セニョーラ・デ・アトーチャ号
1622年、財宝を積んだスペインのガリオン船がハリケーンに襲われて沈没。
死者数：260人

6 ビルヘルム・グストロフ号
1945年、ドイツの客船がソ連潜水艦の魚雷攻撃を受け沈没。
死者数：およそ9100人

7 サセックス号
1694年、金貨10トン以上を運ぶイギリス海軍のサセックス号が、ジブラルタル海峡付近で嵐にあい沈没。死者数：500人

8 ドニャ・パス号
1987年、客船ドニャ・パス号がフィリピン沖で石油タンカーと衝突し沈没。
死者数：4375人

9 バーケンヘッド号
1852年、イギリスのバーケンヘッド号がデンジャーポイントで座礁し沈没。死者数：460人

10 バタビア号
1629年、オランダのバタビア号が処女航海中にオーストラリア沖で沈没。
死者数：沈没時に40人、その後の反乱で233人

ミッドウェー海戦（1942年）
第二次世界大戦でもひときわ激しかったこの海戦で、アメリカの戦艦ヨークタウンとハンマン、日本の空母4隻と巡洋艦1隻が沈没した。

エドゥアルト・ボーレン号（1909年）
濃霧により座礁した。いまも岸から400mほどのところに残されたまま、巨大な砂丘になかば埋もれている。

パンドラ号（1791年）
反乱を起こしたバウンティ号とその乗組員を捜索しているさなかに沈没した。

人間が原因の難破

人間はさまざまな形で難破の原因になる。なかでも多いケースが、戦争だ。ミサイル、機雷、航空機からの攻撃、破壊活動など、さまざまな方法で船が沈められてきた。そのほかの原因としては、設計ミス、雑な造船、保守や修理の不足などがある。また、航行を誤ると、船が座礁したり、ほかの船と衝突したりすることがある。荷物の積みすぎのせいで、船が転覆するケースもある。

沈没（1978年）では、原油20万t以上が流出した。

159

近代技術の賜物

18〜19世紀の産業革命以来、技術や材料は目覚ましい進歩をとげてきた。この進歩により、それまで見たこともないような優れたデザインや工学的偉業が生まれた。

地図上の建造物

グレートベルト・リンク
デンマーク／1997年
シェラン島とフュン島を結ぶ。2本の橋と鉄道トンネルからなる。

ゴールデンゲートブリッジ
サンフランシスコ（アメリカ・カリフォルニア州）／1937年
世界的に有名な鋼鉄製の橋。建造当時は世界最長のつり橋だった。

ボーイング・エベレット工場
エベレット（アメリカ・ワシントン州）／1968年
世界最大の建築物でもある飛行機組立工場。

ベルロック灯台
インチケープ（イギリス）／1810年
現存する最古の海上灯台。

ラングレッドパイプライン
2006年
ノルウェーの天然ガスをイギリスに送る海底パイプライン。

ロンドンの下水道
19世紀後半。未処理の下水がテムズ川に流れこむのを防いだ、技術の勝利を象徴する建造物。

ヒビング・タコナイト鉱山
ヒビング（アメリカ・ミネソタ州）／1895年
世界最大の露天掘り鉱山。

ロッキードSR-71ブラックバード
ビール（アメリカ・カリフォルニア州）／1964年
世界最速の有人ジェット機。

英仏海峡トンネル
フォークストン（イギリス）〜カレー（フランス）／1994年
国をまたぐ鉄道用の海底トンネル。

グラーフ・ツェッペリン

グッゲンハイム美術館
ニューヨーク（アメリカ）／1959年
建築と設計がすばらしい。

グッゲンハイム美術館
ビルバオ（スペイン）／1997年
現代建築を代表する建築物。

フーバーダム
ネバダ州＋アリゾナ州（アメリカ）／1936年
建設当時は、史上最大のコンクリート建造物だった。

サグラダファミリア
バルセロナ（スペイン）／1882年〜現在
アントニ・ガウディが設計した巨大な教会。傑作とされているが、現在もまだ建設中だ。

W・M・ケック天文台
マウナケア山（アメリカ・ハワイ州）
1993年と1996年
地球上で2番目に大きい望遠鏡。

超大型干渉電波望遠鏡群
ソコロ（アメリカ・ニューメキシコ州）／1973〜80年
Y字型に並ぶ27機のパラボラアンテナからなる天文観測所。

コンコルド

パナマ運河／1914年
全長77km
この運河の建設は、歴史上でもとくに難しい土木工事だった。

大型ハドロン衝突型加速器
ジュネーブ（スイス）／1998〜2008年
粒子の実験をするための巨大な科学機器。

イタイプダム
ブラジル＋パラグアイ／1984年
世界最大の水力発電用ダム。

サン・アルフォンソ・デル・マルのスイミングプール
アルガロボ（チリ）／2006年
全長1km、水深35m
世界最大のスイミングプール。

技術のパイオニア

1 初の大西洋横断ケーブル
カナダ〜アイルランド／1858年
電信メッセージを届けるためのケーブルが、はじめて大西洋を横断した。これにより、メッセージを数分で届けられるようになった。

2 大陸横断鉄道
カリフォルニア州〜ネブラスカ州（アメリカ）／1869年
アメリカの東海岸と太平洋側がはじめて鉄道で結ばれた。19世紀でもっとも目覚ましい技術的偉業のひとつ。

3 ホームインシュアランスビル
シカゴ（アメリカ・イリノイ州）／1885年
史上初の鉄骨ビルで、耐火性の金属骨組みがはじめて使われた高層ビルでもある。それほど高い建物ではないが、そうした技術が使われたために、世界初の「摩天楼」とよばれている。

160　1802年、フランスの技師アルベール・マチューは海峡トンネル

世界の歴史

"フーバーダムの建設には、2万1000人以上が携わった"

ソビエト連邦の潜水艦K-222
セベロドビンスク(ロシア)
1968年
世界最速の潜水艦。
時速82.8 kmを記録した。

上海の避難用地下壕
上海(中国)／2006年
上海モーニングポスト紙の報道によれば、20万人以上を収容できる地下シェルターが存在するという。

青島膠州湾大橋
膠州(中国)／2007年
長さ42.5 kmにおよぶ世界最長の水上橋。

ノイシュバンシュタイン城
シュバンガウ(ドイツ)／1892年
バイエルン王ルートヴィヒ2世が建てた「おとぎ話」のような城。

百龍天梯(エレベーター)
張家界(中国)／2002年
世界最高・最重量の屋外エレベーター。崖の壁面につくられている。

三峡ダム
揚子江(中国)／2008年
世界最大の水力発電ダム。ただし、雨の少ない季節には水が不足するため、発電量は南米のイタイプダムのほうが大きい。

シーワイズ・ジャイアント
横須賀(日本)／1979年
長さ458 mにおよぶ史上最長の船。

丹陽－昆山特大橋
江蘇(中国)／2011年
北京と上海を結ぶ高速鉄道が走る、長さ164.8 kmの世界最長の橋。

リビア大人工河川計画
リビア／1991年
サハラ砂漠にある古代の地下貯水池から、リビアの各都市に水を運ぶためのパイプラインのネットワーク。

ドバイ国際空港ターミナル3
ドバイ(アラブ首長国連邦)
2008年
世界最大の空港ターミナル。

イスタナ・ヌルル・イマン
バンダル・スリ・ブガワン(ブルネイ)／1984年
ブルネイ国王の王宮で、史上最大の宮殿。

タウトナ鉱山
カールトンビル(南アフリカ)／1962年
深さ3.9 kmの世界でもっとも深い金鉱山。地上から採掘場の岩肌まで行くのに、1時間かかることもある。

バハーイー寺院
ニューデリー(インド)／1986年
ハスの花をかたどった世界でも有名な寺院。

シドニーオペラハウス
シドニー(オーストラリア)
1973年
20世紀を代表する偉大な建築物。

❹ 飛行船グラーフ・ツェッペリン
フリードリヒスハーフェン(ドイツ)
1928年
無着陸で大西洋を横断する初の旅客定期便として、1932年から37年にかけて、ドイツ～ブラジル間を飛行していた。160万kmを超える距離を飛行した史上初の飛行船だが、乗客や乗員でけがをした人はひとりもいなかった。

❺ コンコルド
トゥールーズ(フランス)／1969年
音速を超えた史上初の旅客機。平均スピードは時速2140 kmで、ふつうの旅客機の2倍以上だった。製造されたのは20機だけで、最後のコンコルドは2003年に飛行を終えた。

● その他の工学的偉業

を提案した。それから192年後、トンネルはようやく開通した。

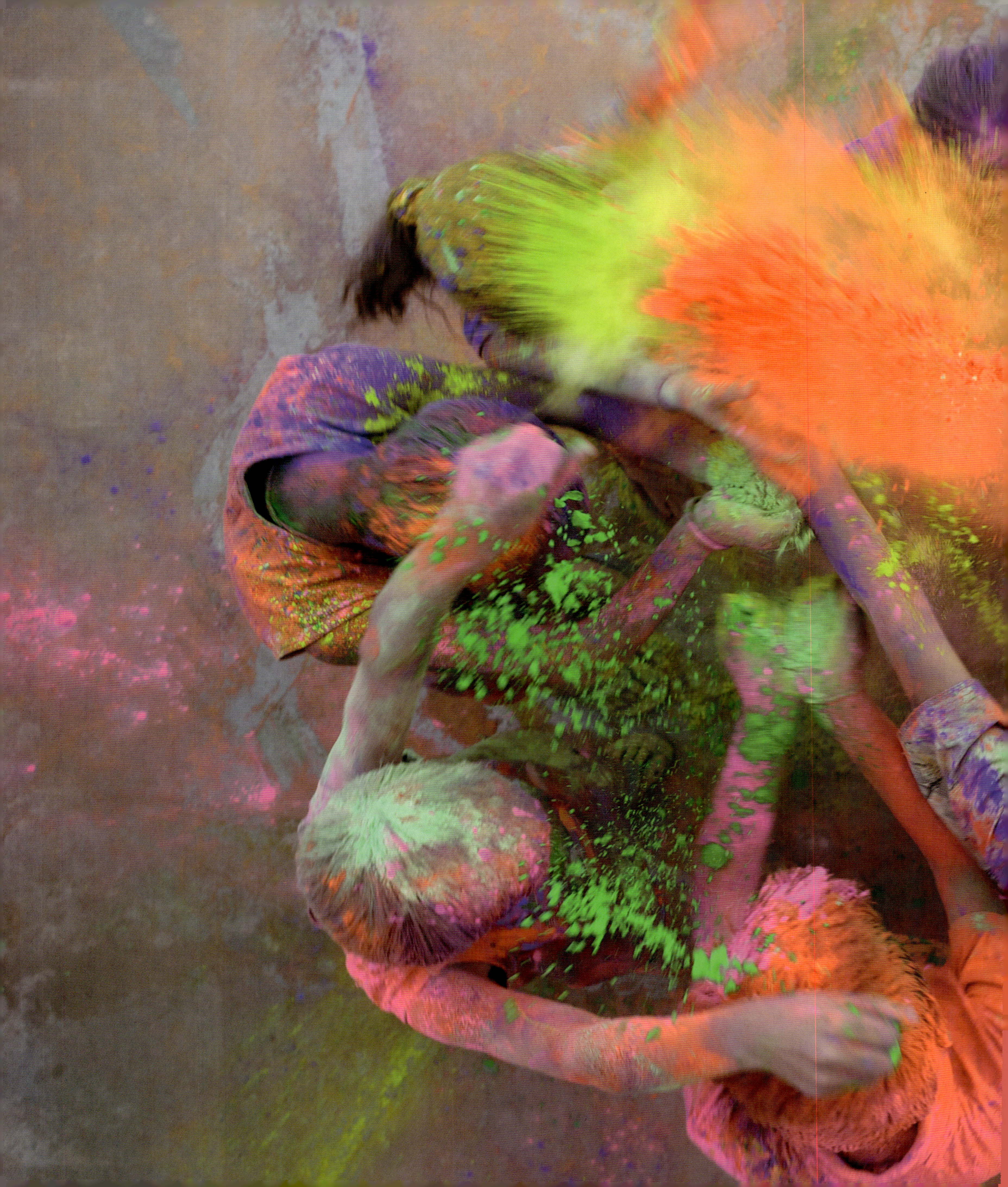

世界の文化

ホーリー祭
ジョードプル（インド）
ヒンドゥー教の春祭りにあたるホーリー祭は、「色の祭り」として知られている。祭りのあいだ、人々は色粉や色水をかけあう。

はじめに

「文化」とは価値観や信仰、社会的慣習、民族など、幅広い要素を含む言葉だ。習慣、言語、宗教、音楽、美術、食べもの、衣服も「文化」である。伝統として受けつがれ、何世紀にもわたって変わらない文化もあれば、ファッションやポップミュージックの流行のように、短期間で消えていく文化もある。

頭かざり
「キリタム」とよばれる。サイズやデザインは、演じる役によってさまざまだ。

手の動き
踊り手はおもに「ムドラー」とよばれる手の動きで物語を表現する。

気高い者
気高い者の顔は、かならず緑色だ。暗い赤は、裏切り者を意味する。

カタカリの踊り手
インド舞踊のカタカリでは、踊り手がふたつの叙事詩『ラーマーヤナ』と『マハーバーラタ』の物語を演じる。善と悪の終わりなき戦いを描く舞踊は、悪魔が倒されて幕を閉じる。

英雄
英雄はかならず赤い上着を着ている。

踊り手のスカート
何層もかさなった白い木綿でできている。

現代の文化
今日の文化はめまぐるしい速さで移り変わる。その原因のひとつは、インターネットによりコミュニケーションの速度があがったことだ。だが、インターネットが登場するずっと以前から、人々は世界中を移動し、違う文化圏の人に自分たちの文化を伝えていた。20世紀になると、テレビやラジオが世界中に広まったことで、そうした文化の混ざりあいが加速した。ときには、様式の異なる文化が融合(合体)することもある。とくに、音楽やファッション、料理といった分野では、融合が起きやすい。

ライブパフォーマンス
エバ・シモンズ(右の写真)などの歌手のライブパフォーマンスは、多くの観客のまえで行われる。それは昔から変わらないが、現代では、「ライブ」の観客は数百万人にもなることがある。多くの人がラジオやテレビ、インターネットをつうじて観賞できるからだ。

スタジアムの観客
スポーツファンの多くは、スタジアムの群衆の熱気や歓声に包まれ、旗を振ることで、「試合に参加している」という感覚を味わう。

サンスクリット語の叙事詩『ラーマーヤナ』は、2万4000もの

世界の文化

伝統文化
年長者が次の世代に文化を伝えれば、社会の伝統は長年にわたり守られていく。紀元前5〜4世紀ごろに書かれたヒンドゥー教の叙事詩『ラーマーヤナ』では、ラーマ王子とその妃シーターの物語と、魔王ラーバナとの戦いが描かれている。インドをはじめとする南アジアでは、書物や口頭での伝承、絵画、彫刻、祭り、音楽、舞踊などをとおして、『ラーマーヤナ』という価値ある文化が世代を越えて受けつがれている。

文学
『ラーマーヤナ』はもともとサンスクリット語で書かれていた。これはヒンドゥー教の言語で、古代インドで書物の文字として使われていた。

彫刻
弓を手にした偉大な戦士ラーマと妃のシーター。ふたりとも右手をかかげる祝福のポーズをとっている。

祭り
ヒンドゥー教の祭り「ディワリ」では、人々が火を灯して、ラーマ王子の帰還と魔王ラーバナに対する勝利を祝う。

絵画
『ラーマーヤナ』のタイ版『ラーマキエン』の一場面を描いた絵画。猿の神ハヌマーンがわが身を橋にして、ラーマ軍をわたらせている。

音楽
インドネシアのバリ島では、楽隊のかなでる音楽に乗って、伝統舞踊「ケチャ」の踊り手が『ラーマーヤナ』の物語を演じる。

詩節からなる。ヒンドゥーの詩人バールミーキが作者とされている

165

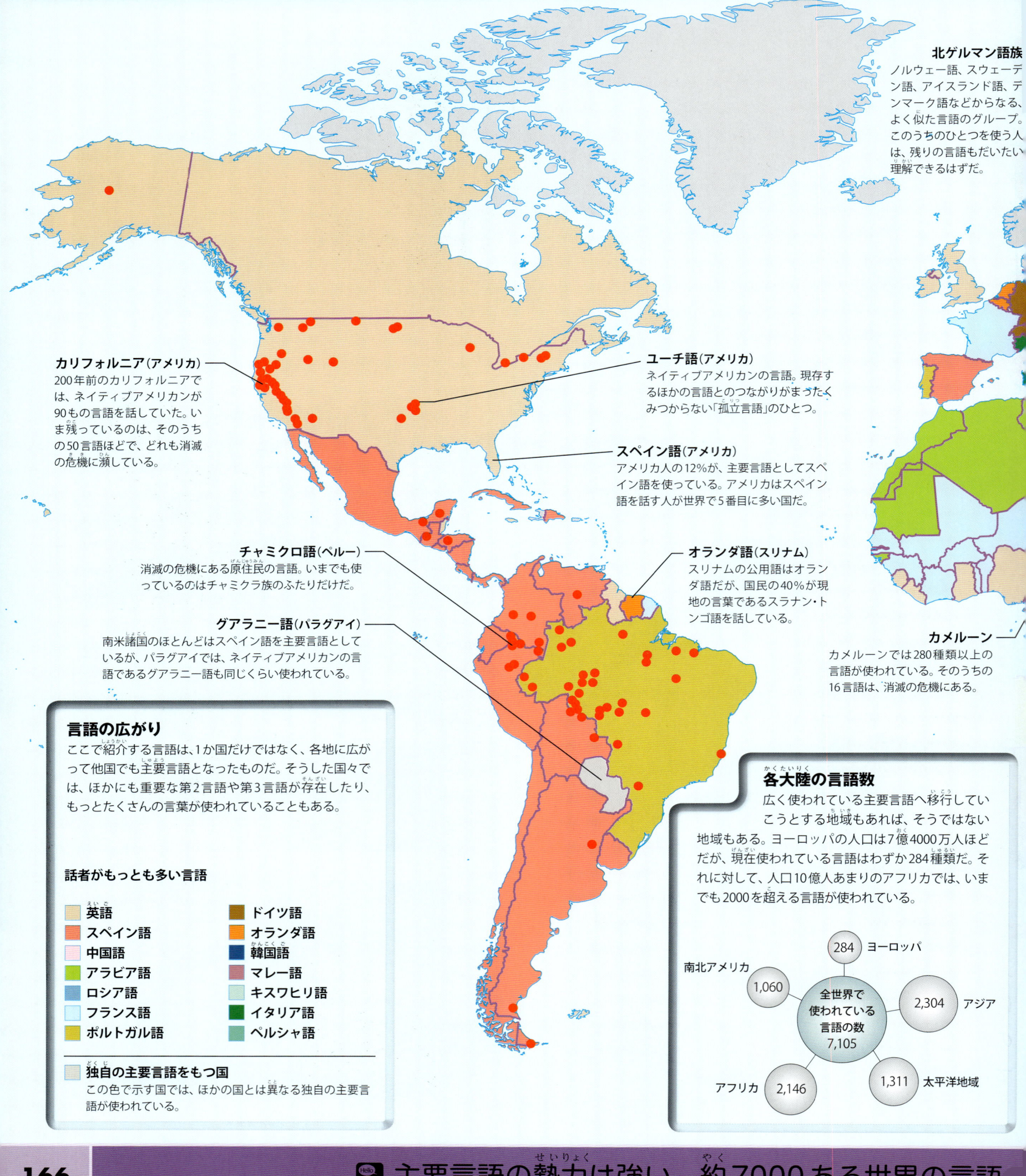

北ゲルマン語族
ノルウェー語、スウェーデン語、アイスランド語、デンマーク語などからなる、よく似た言語のグループ。このうちのひとつを使う人は、残りの言語もだいたい理解できるはずだ。

カリフォルニア（アメリカ）
200年前のカリフォルニアでは、ネイティブアメリカンが90もの言語を話していた。いま残っているのは、そのうちの50言語ほどで、どれも消滅の危機に瀕している。

ユーチ語（アメリカ）
ネイティブアメリカンの言語。現存するほかの言語とのつながりがまったくみつからない「孤立言語」のひとつ。

スペイン語（アメリカ）
アメリカ人の12％が、主要言語としてスペイン語を使っている。アメリカはスペイン語を話す人が世界で5番目に多い国だ。

チャミクロ語（ペルー）
消滅の危機にある原住民の言語。いまでも使っているのはチャミクラ族のふたりだけだ。

オランダ語（スリナム）
スリナムの公用語はオランダ語だが、国民の40％が現地の言葉であるスラナン・トンゴ語を話している。

グアラニー語（パラグアイ）
南米諸国のほとんどはスペイン語を主要言語としているが、パラグアイでは、ネイティブアメリカンの言語であるグアラニー語も同じくらい使われている。

カメルーン
カメルーンでは280種類以上の言語が使われている。そのうちの16言語は、消滅の危機にある。

言語の広がり
ここで紹介する言語は、1か国だけではなく、各地に広がって他国でも主要言語となったものだ。そうした国々では、ほかにも重要な第2言語や第3言語が存在したり、もっとたくさんの言葉が使われていることもある。

話者がもっとも多い言語
- 英語
- スペイン語
- 中国語
- アラビア語
- ロシア語
- フランス語
- ポルトガル語
- ドイツ語
- オランダ語
- 韓国語
- マレー語
- キスワヒリ語
- イタリア語
- ペルシャ語

独自の主要言語をもつ国
この色で示す国では、ほかの国とは異なる独自の主要言語が使われている。

各大陸の言語数
広く使われている主要言語へ移行していこうとする地域もあれば、そうではない地域もある。ヨーロッパの人口は7億4000万人ほどだが、現在使われている言語はわずか284種類だ。それに対して、人口10億人あまりのアフリカでは、いまでも2000を超える言語が使われている。

全世界で使われている言語の数 7,105
- ヨーロッパ 284
- 南北アメリカ 1,060
- アジア 2,304
- アフリカ 2,146
- 太平洋地域 1,311

主要言語の勢力は強い。約7000ある世界の言語

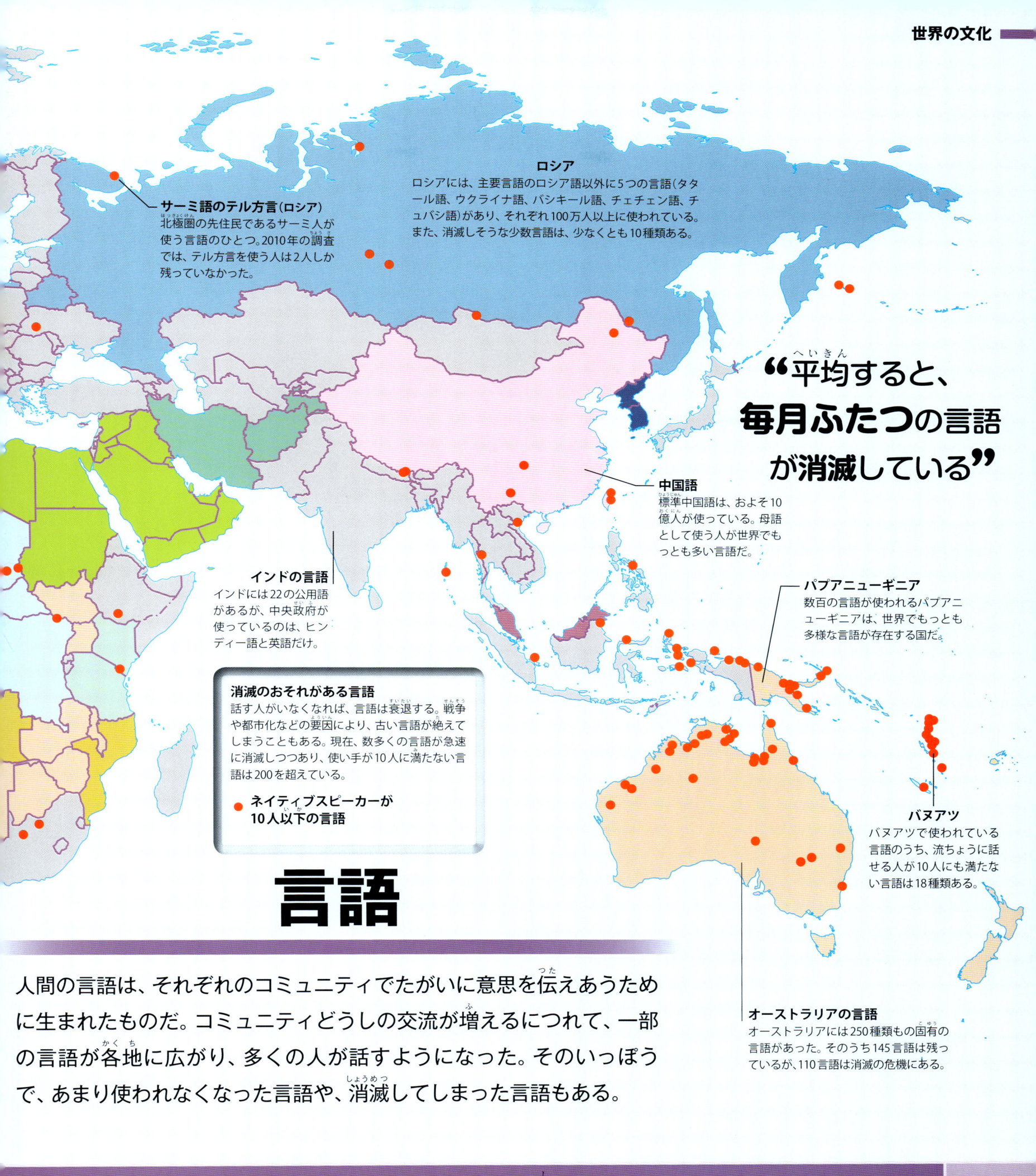

世界の文化

言語

サーミ語のテル方言（ロシア）
北極圏の先住民であるサーミ人が使う言語のひとつ。2010年の調査では、テル方言を使う人は2人しか残っていなかった。

ロシア
ロシアには、主要言語のロシア語以外に5つの言語（タタール語、ウクライナ語、バシキール語、チェチェン語、チュバシ語）があり、それぞれ100万人以上に使われている。また、消滅しそうな少数言語は、少なくとも10種類ある。

中国語
標準中国語は、およそ10億人が使っている。母語として使う人が世界でもっとも多い言語だ。

インドの言語
インドには22の公用語があるが、中央政府が使っているのは、ヒンディー語と英語だけ。

パプアニューギニア
数百の言語が使われるパプアニューギニアは、世界でもっとも多様な言語が存在する国だ。

バヌアツ
バヌアツで使われている言語のうち、流ちょうに話せる人が10人にも満たない言語は18種類ある。

オーストラリアの言語
オーストラリアには250種類もの固有の言語があった。そのうち145言語は残っているが、110言語は消滅の危機にある。

消滅のおそれがある言語
話す人がいなくなれば、言語は衰退する。戦争や都市化などの要因により、古い言語が絶えてしまうこともある。現在、数多くの言語が急速に消滅しつつあり、使い手が10人に満たない言語は200を超えている。

● ネイティブスピーカーが10人以下の言語

> "平均すると、毎月ふたつの言語が消滅している"

人間の言語は、それぞれのコミュニティでたがいに意思を伝えあうために生まれたものだ。コミュニティどうしの交流が増えるにつれて、一部の言語が各地に広がり、多くの人が話すようになった。そのいっぽうで、あまり使われなくなった言語や、消滅してしまった言語もある。

うち、わずか83言語が世界人口の80％を占めている。

167

聖地

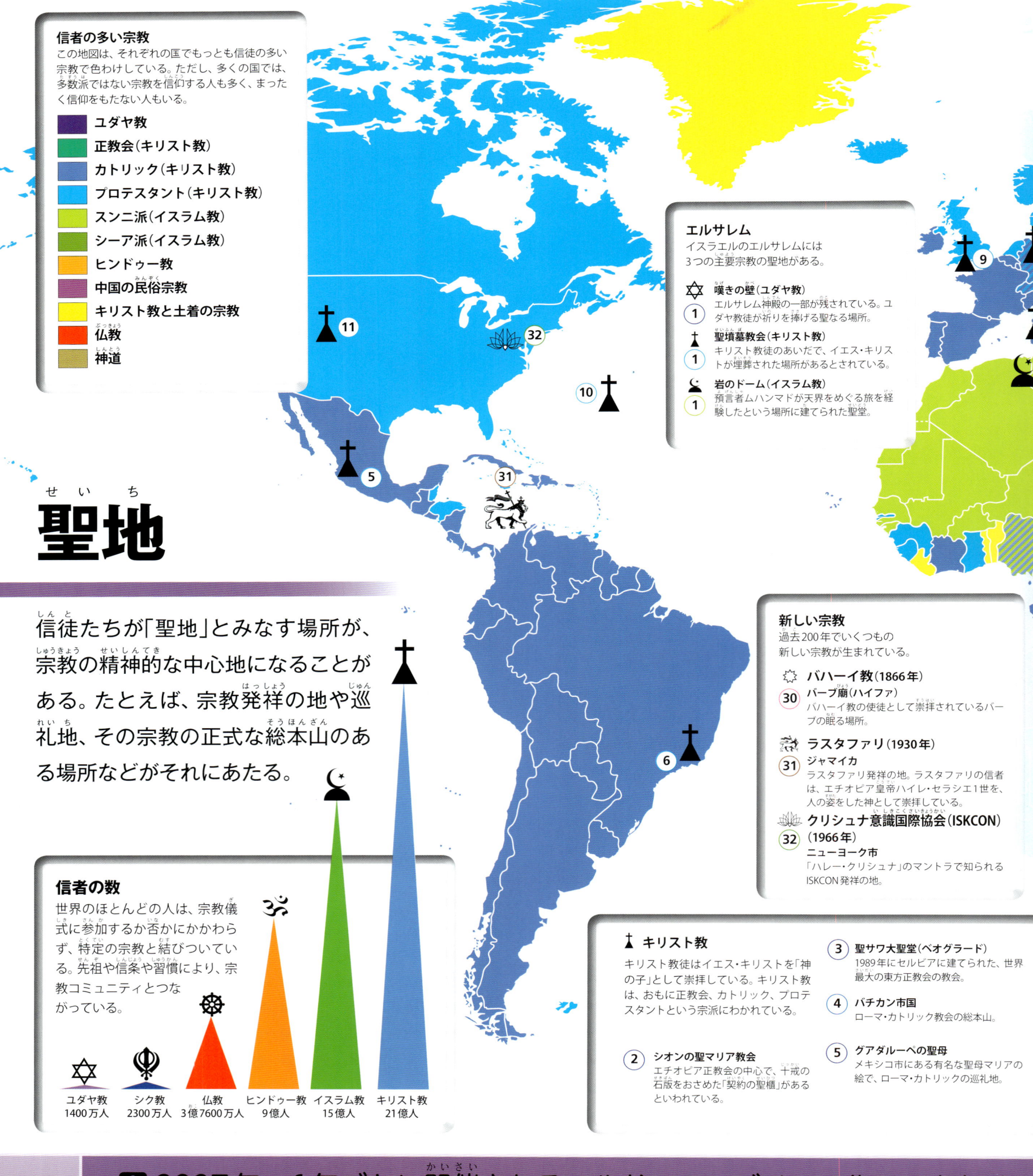

信徒たちが「聖地」とみなす場所が、宗教の精神的な中心地になることがある。たとえば、宗教発祥の地や巡礼地、その宗教の正式な総本山のある場所などがそれにあたる。

信者の多い宗教

この地図は、それぞれの国でもっとも信徒の多い宗教で色わけしている。ただし、多くの国では、多数派ではない宗教を信仰する人も多く、まったく信仰をもたない人もいる。

- ユダヤ教
- 正教会（キリスト教）
- カトリック（キリスト教）
- プロテスタント（キリスト教）
- スンニ派（イスラム教）
- シーア派（イスラム教）
- ヒンドゥー教
- 中国の民俗宗教
- キリスト教と土着の宗教
- 仏教
- 神道

エルサレム

イスラエルのエルサレムには3つの主要宗教の聖地がある。

- **嘆きの壁（ユダヤ教）** ① エルサレム神殿の一部が残されている。ユダヤ教徒が祈りを捧げる聖なる場所。
- **聖墳墓教会（キリスト教）** ① キリスト教徒のあいだで、イエス・キリストが埋葬された場所があるとされている。
- **岩のドーム（イスラム教）** ① 預言者ムハンマドが天界をめぐる旅を経験したという場所に建てられた聖堂。

新しい宗教

過去200年でいくつもの新しい宗教が生まれている。

- **バハーイ教（1866年）**
  ㉚ **バーブ廟（ハイファ）** バハーイ教の使徒として崇拝されているバーブの眠る場所。
- **ラスタファリ（1930年）**
  ㉛ **ジャマイカ** ラスタファリ発祥の地。ラスタファリの信者は、エチオピア皇帝ハイレ・セラシエ1世を、人の姿をした神として崇拝している。
- **クリシュナ意識国際協会（ISKCON）（1966年）**
  ㉜ **ニューヨーク市** 「ハレー・クリシュナ」のマントラで知られるISKCON発祥の地。

✝ キリスト教

キリスト教徒はイエス・キリストを「神の子」として崇拝している。キリスト教は、おもに正教会、カトリック、プロテスタントという宗派にわかれている。

- ② **シオンの聖マリア教会** エチオピア正教会の中心で、十戒の石版をおさめた「契約の聖櫃」があるといわれている。
- ③ **聖サワ大聖堂（ベオグラード）** 1989年にセルビアに建てられた、世界最大の東方正教会の教会。
- ④ **バチカン市国** ローマ・カトリック教会の総本山。
- ⑤ **グアダルーペの聖母** メキシコ市にある有名な聖母マリアの絵で、ローマ・カトリックの巡礼地。

信者の数

世界のほとんどの人は、宗教儀式に参加するか否かにかかわらず、特定の宗教と結びついている。先祖や信条や習慣により、宗教コミュニティとつながっている。

宗教	信者数
ユダヤ教	1400万人
シク教	2300万人
仏教	3億7600万人
ヒンドゥー教	9億人
イスラム教	15億人
キリスト教	21億人

2007年、6年ごとに開催されるアルド・クンブメーラ祭りに参加する

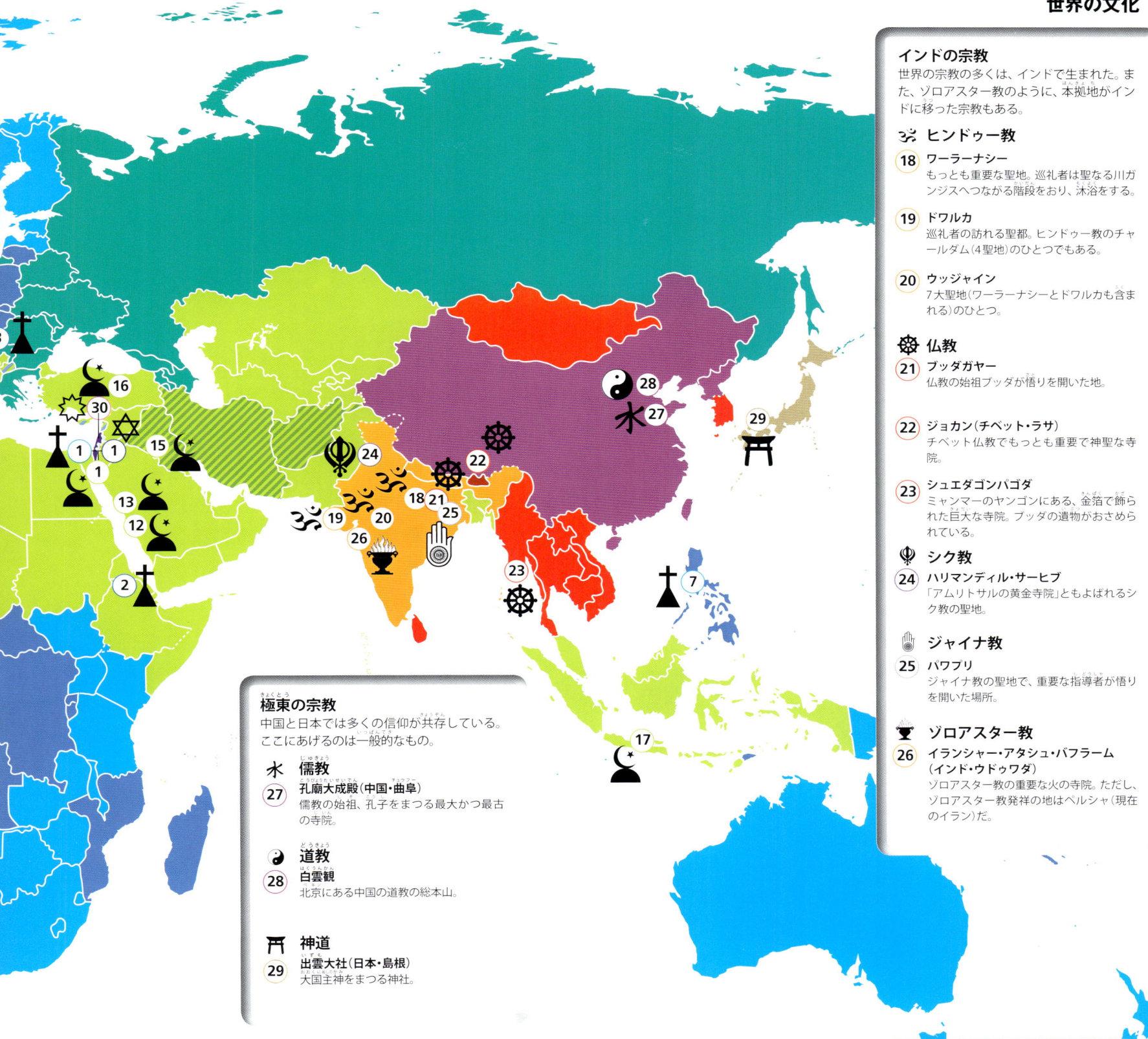

世界の文化

インドの宗教
世界の宗教の多くは、インドで生まれた。また、ゾロアスター教のように、本拠地がインドに移った宗教もある。

ヒンドゥー教

18 ワーラーナシー
もっとも重要な聖地。巡礼者は聖なる川ガンジスへつながる階段をおり、沐浴をする。

19 ドワルカ
巡礼者の訪れる聖都。ヒンドゥー教のチャールダム（4聖地）のひとつでもある。

20 ウッジャイン
7大聖地（ワーラーナシーとドワルカも含まれる）のひとつ。

仏教

21 ブッダガヤー
仏教の始祖ブッダが悟りを開いた地。

22 ジョカン（チベット・ラサ）
チベット仏教でもっとも重要で神聖な寺院。

23 シュエダゴンパゴダ
ミャンマーのヤンゴンにある、金箔で飾られた巨大な寺院。ブッダの遺物がおさめられている。

シク教

24 ハリマンディル・サーヒブ
「アムリトサルの黄金寺院」ともよばれるシク教の聖地。

ジャイナ教

25 パワプリ
ジャイナ教の聖地で、重要な指導者が悟りを開いた場所。

ゾロアスター教

26 イランシャー・アタシュ・バフラーム（インド・ウドゥワダ）
ゾロアスター教の重要な火の寺院。ただし、ゾロアスター教発祥の地はペルシャ（現在のイラン）だ。

極東の宗教
中国と日本では多くの信仰が共存している。ここにあげるのは一般的なもの。

儒教

27 孔廟大成殿（中国・曲阜）
儒教の始祖、孔子をまつる最大かつ最古の寺院。

道教

28 白雲観
北京にある中国の道教の総本山。

神道

29 出雲大社（日本・島根）
大国主神をまつる神社。

イスラム教
イスラム教の信者（ムスリム）は唯一神を崇拝し、ムハンマド（570〜632年）を神の預言者と信じている。イスラム教は早い時期にスンニ派とシーア派にわかれた。

6 アパレシーダの聖母（ブラジル・サンパウロ）
毎年800万人のカトリック教徒が巡礼に訪れる、有名な聖母マリア像。

7 サンアグスティン教会（マニラ）
1607年以来、数々の爆撃や地震に耐えぬいたフィリピン最古の教会。

8 諸聖人教会（ドイツ）
ビッテンベルクにある。ルターがプロテスタント発祥のきっかけとなる文書をこの教会の扉にはりつけたことで有名。

9 カンタベリー大聖堂
イギリス国教会の巡礼地かつ世界的な中心地。

10 セントピーターズ教会
バミューダにある、イギリス以外では最古のイギリス国教会の教会。

11 ソルトレイク神殿
「モルモン教」として知られる末日聖徒イエス・キリスト教会で最大の聖地。アメリカ・ユタ州にある。

12 メッカ（サウジアラビア）
預言者ムハンマド生誕の地で、すべてのムスリムの聖地。

13 メディナ（サウジアラビア）
預言者ムハンマドの埋葬地。

14 ケルアン（チュニジア）
スンニ派第4の聖地で、イスラム学の中心地。

15 ナジャフ（イラク）
シーア派の第3の聖地。シーア派の初代イマーム（指導者）アリーの墓がある。

16 コニヤ（トルコ）
イスラム神秘主義（スーフィズム）の指導者ルーミーの本拠地。

17 デマクの大モスク
15世紀に建造された、インドネシアで最古のモスクのひとつ。

ために、7000万人近いヒンドゥー教徒がインドのアラハバードを訪れた。

169

サーモン川のいかだ下り
（アメリカ・アイダホ州）
映画で有名な「帰らざる河」の壮大な渓谷をぬうように、いかだで急流を下ってみよう。

マーベリックスのサーフィン
（アメリカ・カリフォルニア州）
ときに15 mの高さにもなるマーベリックスのワイルドな大波に乗れるのは、ひとにぎりの選ばれた者だけだ。

カウナオアビーチ（ハワイ）
泳いだり日光浴をしたりするだけでなく、シュノーケリングで海の生物を観察することもできる。夜には、湾で餌をとるマンタもみられるかもしれない。

ボラボラ島
（フランス領ポリネシア）
長さわずか29 kmの小さな島で、かつての火山の名残りだ。パームツリーに縁どられた青緑色のラグーンには、美しい白い砂浜のビーチがある。

グランセノーテ（メキシコ）
海に潜ると、巨大な海底洞窟の壮大な鍾乳石と石筍を楽しめる。

パームビーチ
（アメリカ・フロリダ州）
温かな海水と気持ちのよい気候に恵まれ、億万長者に人気のビーチ。目のまえにきらびやかな街の灯が広がる。

ガラパゴス諸島（エクアドル）
大陸から遠く離れたガラパゴス諸島には、巨大なカメや海生イグアナ、さまざまな種類のフィンチなど、ここでしかみられない生物がたくさんいる。

インカトレイルのハイキング
（ペルー）
山脈やジャングルを歩きながら、見事に保存されたインカ帝国の都市マチュピチュの遺跡を楽しもう。この15世紀の都市は、数百年前に失われたが、1911年に復元された。

ボネール島（カリブ海）
小さな島の周囲に、80を超えるすばらしいダイビングスポットがある。3種類のウミガメも生息している。

パンタナール湿地
（ブラジル／ボリビア／パラグアイ）
ジャガーの生息密度で世界一の地域だが、それだけではない。コウノトリやコンゴウインコなど1000種を超える鳥類や、バク、アリクイなど300種の哺乳類もみられる。

ロンドンアイ（イギリス）
地上135 mの最高地点から、地平線まで40 kmにわたって広がる景色を一望できる。

ウィーンの大観覧車
（オーストリア・ウィーン）
1897年に完成した高さ65 mの観覧車。初期の大観覧車のひとつだ。

"パラシュートを開く前のスカイダイバーの落下速度は、時速200 kmに達する"

ケニアのマサイマラでは、150万頭のヌーの大群が、

世界の文化

ポイント

冒険の名所
スリルに満ちた休日を楽しみたいなら、急流下りやスカイダイビング、サーフィン、奥地のトレッキングといった冒険に挑んでみよう。

世界の大観覧車
世界有数の観覧車に乗ってみれば、都会でも冒険気分を楽しめる。ぐるりと回転する世界を眺め、頂点の見事な景色を楽しもう。

ダイビングとシュノーケリング
海にざぶんと飛びこんで、サンゴ礁や海底洞穴が織りなす驚異の世界に浸ってみよう。魚と一緒に泳ぐのも楽しい。ただし、毒のある魚にはご用心！

ビーチの名所トップ5
砂浜の広がるビーチで、手足を伸ばしてゆったりくつろぎ、日光を存分に浴びてみたい――そんなあなたのために、選りすぐりのビーチを紹介しよう。

サファリの名所トップ5
本来の生息地にいる野生動物を至近距離で眺めよう。動物たちの大移動や、ほかではみられない種の姿に圧倒されるだろう。

アンナプルナのトレッキング
アンナプルナの山々を頂くヒマラヤ山脈を歩きながら、壮大な眺めを楽しもう。

天保山大観覧車（日本・大阪）
1997年に開業した高さ112.5 mの観覧車。イルミネーションの色で、翌日の天気を予報している。オレンジなら晴れ、緑ならくもり、青なら雨だ。

アカバ（ヨルダン）
水深わずか1.5 mのところで、息をのむほど美しいサンゴ礁と色とりどりの魚たちを観察できる。

南昌之星（中国）
高さ160 mの観覧車。8人乗りのゴンドラで一周すると、30分かかる。

ブウィンディ原生国立公園（ウガンダ）
全世界のマウンテンゴリラの半分がここに生息している。キリンやライオンの姿もみられる。

モルディブ
サンゴ礁、海底洞穴、さまざまな海の生物たちを堪能できる。

シパダン島（マレーシア）
栄養分の豊富な海のおかげで、世界でも有数の海生動物観測地となっている。ウミガメ、シュモクザメ、サンゴ、トラフザメ、バラクーダ、ブダイなどをみることができる。

セーシェル諸島
マダガスカル島の北東に位置する美しい群島。155の島々からなる。

マサイマラ国立保護区（ケニア）
ライオン、ヒョウ、チーターなどの肉食獣や、シマウマ、ガゼル、ヌーなどの大群をみにいこう。

シンガポールフライヤー
世界最大の観覧車。高さ165 mの頂上からは、45 km先まで一望できる。

オカバンゴデルタ（ボツワナ）
ゆったりと歩きまわるバッファローやゾウの群れを眺めよう。リカオンなど、絶滅の危機にある動物もいる。

フレーザー島（オーストラリア）
世界遺産に登録されているこの島では、1660 km² に広がる手つかずの自然の美を楽しめる。

旅行

多くの現代人が休暇になると旅行に出かける。冒険や娯楽、忘れがたい自然の驚異を体験するためだ。世界有数のすばらしい観光地を紹介しよう。

クイーンズタウンのスカイダイビング（ニュージーランド）
クイーンズタウンの上空4500 mで飛行機から飛びおり、60秒にわたる自由落下を楽しんだら、リップコードを引っぱってパラシュートを開き、地上にふわりと舞いおりよう。

50万頭のシマウマやガゼル、エランドとともに移動している。

美術

エドワード・ホッパー
1882〜1967年（アメリカ）
対象を実際の姿のままに描くリアリズムを代表する画家。シンプルな色彩を用い、孤独でさみしそうな人物を多く描いた。

アンディ・ウォーホル
1928〜87年（アメリカ）
ポップアートの先駆者。「ポップ」とは、大衆文化（ポピュラーカルチャー）を意味する。おなじみの有名人の顔や、スープ缶など身のまわりの品々を作品にとりいれた。広告やテレビ、漫画などから発想を得ていたという。

エドバルド・ムンク
1863〜1944年（ノルウェー）
表現派を代表する画家。表現派は、人物や物体を精密に描くのではなく、作品をつうじて感情を表現することをめざしている。ムンクの代表作『叫び』（1893年）は、苦悩する人を描いたものだ。

トーマス・ゲーンズバラ
1727〜88年（イギリス）
イギリス風景画の先駆者となった18世紀の画家だが、風景画だけでなく肖像画も描いた。『アンドルーズ夫妻像』（1750年、右）は初期の傑作だ。

クロード・モネ
1840〜1926年（フランス）
モネをはじめとする印象派の画家は、時の流れの一瞬一瞬を、それぞれの視点から描いた。点描や淡い色彩、筆あとのはっきり残るタッチが多く用いられた。

フリーダ・カーロ
1907〜54年（メキシコ）
事故で大けがを負ったあとに描きはじめた。自画像がもっともよく知られる。大胆で鮮やかな色彩を使い、メキシコの伝統美術の影響を受けていた。

パブロ・ピカソ
1881〜1973年（スペイン）
有名な芸術家として多くの偉業をなしとげた。そのひとつがキュビズムを興したことだ。幾何学的な形で人や物を表現するキュビズムでは、対象を複数の視点から描くことが多い。

ビクトル・メイレーレス
1832〜1903年（ブラジル）
19世紀の画家。ブラジル史の出来事を題材にした宗教画や戦争画が評価され、有名になった。代表作の『ブラジル最初のミサ』（1861年、右）は、いまでもブラジルの小学校の教科書に載っている。

ウジェーヌ・ドラクロワ
1798〜1863年（フランス）
想像力や感情を重視するロマン派を代表する画家。『民衆を導く自由の女神』（1830年、上）は、シャルル10世を王座から追放した1830年の革命を描いたものだ。

ベニンの彫刻
15世紀〜現在（ナイジェリア）
ベニン王国（現在のナイジェリア南部にあたる）の人々は、青銅の頭像や人物像をつくっていた。そのほか、木や青銅、象牙の仮面もつくられていた。その伝統はいまも続いている。右の写真は、20世紀後半につくられた木製の仮面だ。

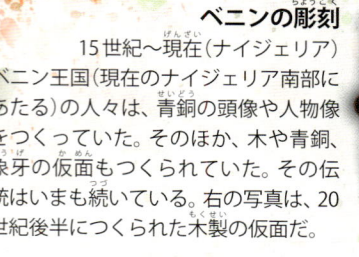

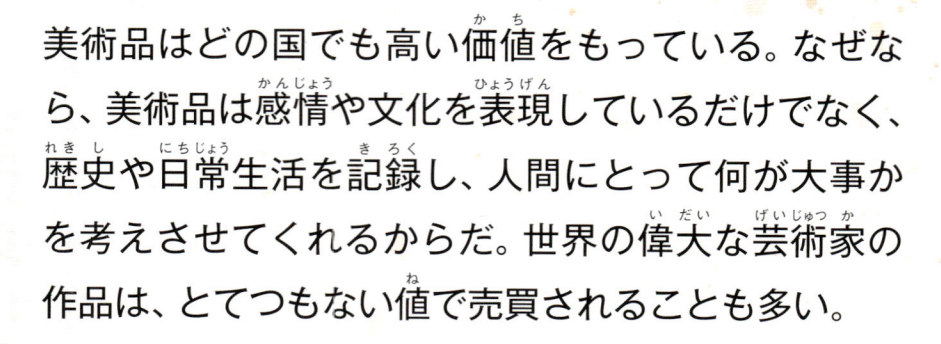

美術品はどの国でも高い価値をもっている。なぜなら、美術品は感情や文化を表現しているだけでなく、歴史や日常生活を記録し、人間にとって何が大事かを考えさせてくれるからだ。世界の偉大な芸術家の作品は、とてつもない値で売買されることも多い。

172　2013年、フランシス・ベーコンの『ルシアン・フロイドの3習作』が競売に

世界の文化

マルク・シャガール
1887〜1985年（ロシア）
表現主義やキュビズムの絵画のほか、数々のステンドグラスも残した。村の風景や宙に浮かぶ恋人たちの絵で知られている。

岳敏君
1962年生まれ（中国）
北京を中心に活動する岳敏君は、油彩の自画像で知られている。背景やポーズを変えながら、顔にはりついたような満面の笑みの自画像を描いた。彫刻や水彩画、版画でもみずからの姿を題材にしている。最初に作品が展示されたのは1987年。2007年までに13点の絵画を売り、どれも100万ドルを超える値がついた。

タマラ・ド・レンピッカ
1898〜1980年（ポーランド）
1920年代と30年代に活躍した、アールデコ様式を代表する画家。アールデコとは、幾何学的な形や明暗、鮮やかな色彩をとりいれた芸術様式のこと。レンピッカは富と名声を手に入れ、派手な人生を送った。

カラバッジョ
1571〜1610年（イタリア）
バロック期を代表する画家。理想化された人や風景ではなく、ありのままの姿を描くことで、美術界に革命を起こした。美術史上、もっとも大きな影響を残した画家のひとり。

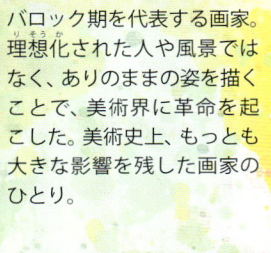

葛飾北斎
1760〜1849年（日本）
北斎はおそらく日本でもっとも有名な浮世絵師だろう。木版画の手法で『神奈川沖浪裏』（1831年、上）などの風景画や、日々の暮らしを描いた。

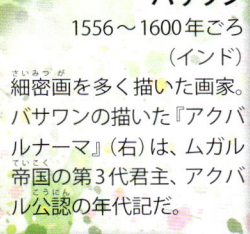

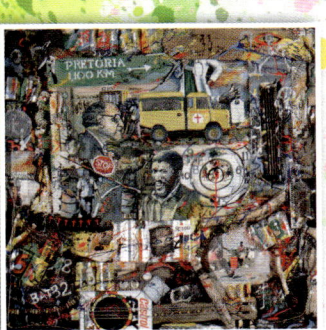

バサワン
1556〜1600年ごろ（インド）
細密画を多く描いた画家。バサワンの描いた『アクバルナーマ』（右）は、ムガル帝国の第3代君主、アクバル公認の年代記だ。

ウィリー・ベスター
1956年生まれ（南アフリカ）
ベスターのコラージュや彫刻には、リサイクルした材料や、ごみ捨て場やのみの市でみつけた物が使われている。1992年の『ビコをたたえて』（上）は、南アフリカのアパルトヘイトに抵抗したスティーブ・ビコをたたえたものだ。

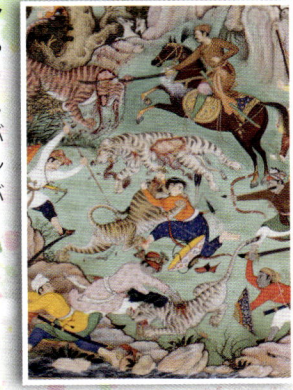

ヤンニマ・トミー・ワトソン
1935年ごろの生まれ（オーストラリア）
2001年に60代なかばで絵をはじめたにもかかわらず、またたくまにオーストラリアを代表するアボリジニ画家となった。アボリジニに伝わる天地創造の神話「ドリームタイム」を題材にした絵を描いている。

"**ピカソ**はその生涯をつうじて、**14万8000点**もの作品を制作したと思われる"

かけられ、1億4240万ドルで落札された。絵画の売値としては史上最高額だ。

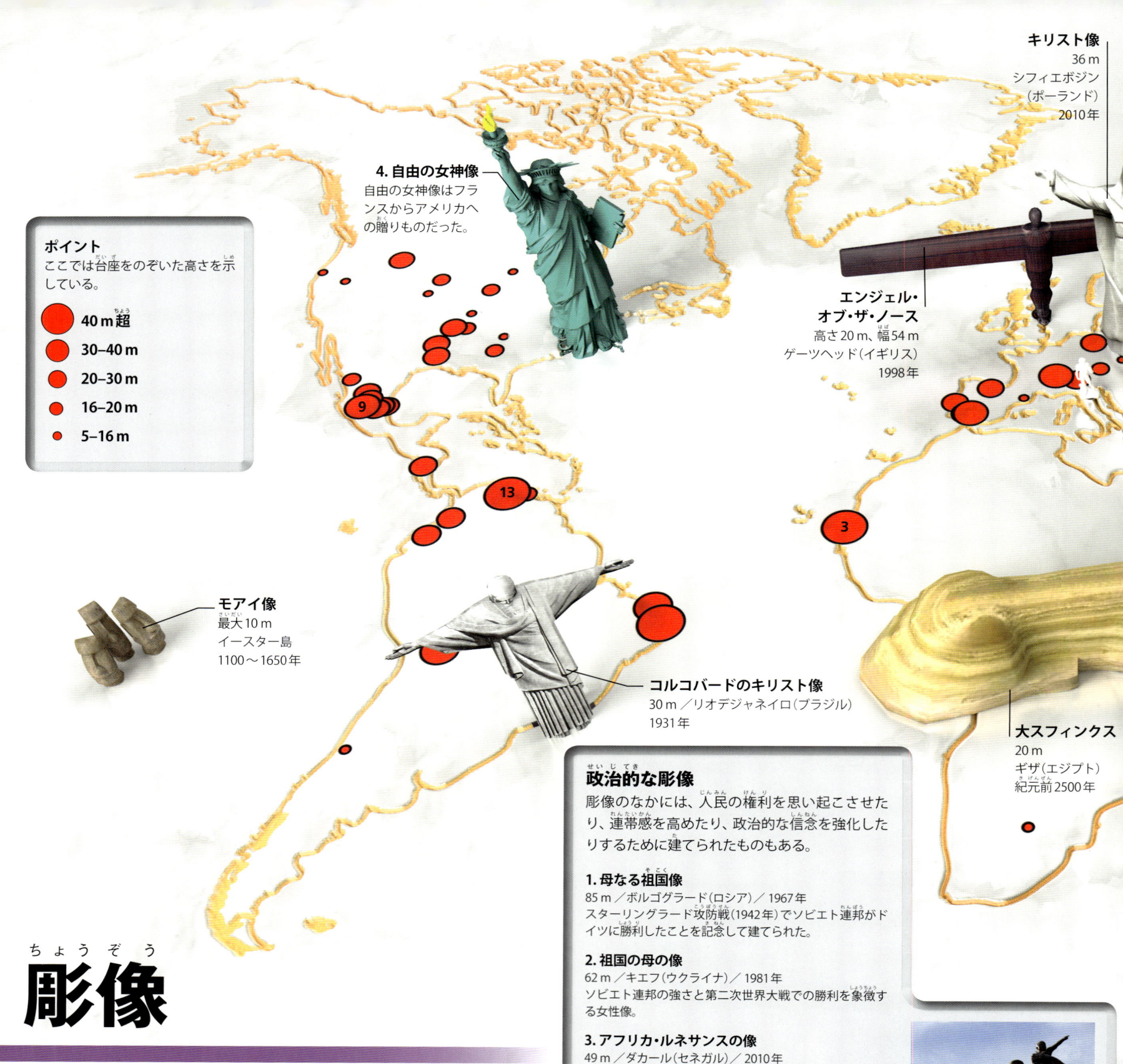

キリスト像
36 m
シフィエボジン（ポーランド）
2010年

4. 自由の女神像
自由の女神像はフランスからアメリカへの贈りものだった。

ポイント
ここでは台座をのぞいた高さを示している。
- 40 m超
- 30–40 m
- 20–30 m
- 16–20 m
- 5–16 m

エンジェル・オブ・ザ・ノース
高さ 20 m、幅 54 m
ゲーツヘッド（イギリス）
1998年

モアイ像
最大 10 m
イースター島
1100〜1650年

コルコバードのキリスト像
30 m／リオデジャネイロ（ブラジル）
1931年

大スフィンクス
20 m
ギザ（エジプト）
紀元前2500年

彫像

政治的な彫像
彫像のなかには、人民の権利を思い起こさせたり、連帯感を高めたり、政治的な信念を強化したりするために建てられたものもある。

1. 母なる祖国像
85 m／ボルゴグラード（ロシア）／1967年
スターリングラード攻防戦（1942年）でソビエト連邦がドイツに勝利したことを記念して建てられた。

2. 祖国の母の像
62 m／キエフ（ウクライナ）／1981年
ソビエト連邦の強さと第二次世界大戦での勝利を象徴する女性像。

3. アフリカ・ルネサンスの像
49 m／ダカール（セネガル）／2010年
アフリカでもっとも背の高い像。男性が女性と子どもを抱き、海のかなたを見つめている。

4. 自由の女神像
46 m／ニューヨーク（アメリカ）／1886年
「自由の女神」は片手で松明をかかげ、もう片方の手にアメリカの独立記念日が刻まれた銘板をもっている。

5. 主体思想塔の像
30 m／平壌（北朝鮮）／1982年
農民、工業労働者、知識人を象徴する3人の像。

人類は古代から、支配者や英雄、神や女神の巨大な像をつくってきた。その習慣は今日まで受けつがれているが、現代の彫像は巨大化の一途をたどっている。

アフリカ・ルネサンスの像

ニューヨークの自由の女神像には、

世界の文化

"エンジェル・オブ・ザ・ノースの翼は、ボーイング767型機の翼よりも長い"

1. 母なる祖国像
祖国を守るために集まった戦士たちを導く女性の像。

魯山大仏
128m／魯山（中国）／2002年
世界でもっとも背の高い像。英語名の「スプリング・テンプル・ブッダ」は、近くにある天瑞温泉（ホットスプリング）にちなんでいる。

宗教的な彫像
信仰心をよび起こし、礼拝をしやすくするために、さまざまな宗教が彫像を利用している。

中国・海南島の観音像

11. 釈迦像
116m／モンユワ（ミャンマー）／2008年
この釈迦の立像は、世界で2番目に背の高い像だ。

12. 観音像
108m／三亜（中国・海南島）／2005年
女性の姿をした観音像が世界に祝福を授けている。

13. 平和の聖母像
47m／トルヒーヨ（ベネズエラ）／1983年
聖母マリアが平和の象徴であるハトを手にしている。

14. シバ像
44m／チタポル（ネパール・カトマンズ）／2012年
ヒンドゥー教の神シバが左手に三つ又のほこをもち、右手で祝福を授けている。

15. ムルガン像
43m／バトゥ洞窟（マレーシア・ゴンバック）／2006年
洞窟内の聖堂にヒンドゥー教の神ムルガンの像が立っている。

歴史的な彫像
伝説上の人物も含め、過去の重要人物をたたえるために、国家が彫像を建てることも多い。

6. 炎帝と黄帝
106m／鄭州（中国）／2007年
中国を建国したといわれる伝説上の2人の帝王の頭部をかたどった像。

7. ピョートル大帝像
96m／モスクワ（ロシア）／1997年
ピョートル1世が創設したロシア海軍の300周年を記念して建てられた。

8. 関羽像
61m／運城（中国・山西省）／2010年
のちに戦いの神としてあがめられるようになる将軍・関羽（160～219年）の像。運城は関羽の生まれ故郷にあたる。

9. ホセ・マリア・モレーロス像
40m／ハニッツィオ島（メキシコ・ミチョアカン州）／1934年
メキシコ独立戦争（1810～21年）で独立派を導いたモレーロスが、こぶしを高くかかげている。

10. チンギス・ハーン像
40m／ツォンジンボルドグ（モンゴル）／2007年
有名なモンゴルの指導者、チンギス・ハーン（1162～1227年ごろ）の騎馬像。

ピョートル大帝像

28tの銅と113tの鋼鉄が使われている。

祭り

祭りは宗教や伝統文化を祝うための行事だ。そして、みんなで大騒ぎをする絶好のチャンスでもある！

チューリップタイム・フェスティバル
ミシガン州（アメリカ）
オランダ人がつくった街や、オランダ人入植者の数が多い街で開かれる。チューリップが道を縁どり、イベントにあわせて特別なチューリップの庭がつくられる。

感謝祭
アメリカ
11月（カナダでは10月）の祝日に、家族や友人と七面鳥料理を囲む習慣がある。1621年に収穫に感謝する宴会を開いたのがはじまり。

大根の夜
オアハカ（メキシコ）
はじめてラディッシュ（ハツカダイコン）がアメリカ大陸にもちこまれた16世紀に、貿易商がラディッシュに彫刻して、この目新しい野菜を宣伝した。1897年から、その伝統が「大根の夜」として祝われている。

タパティの祭り
イースター島
タパティの祭りでは、舞踊、詠唱、美術展示、彫刻コンテスト、競馬、競艇、ボディペインティング、あやとり（カイカイ）コンテスト、女王コンテスト、パレード、ハカペイ（バナナの木でつくったそりで丘の急斜面を猛スピードで下る競技）などが催される。

チーズ転がし祭り
グロスターシャー（イギリス）
丸いチーズを丘の頂上から転がし、競技者がそれを追いかける祭り。

トマト祭り
ブニョール（スペイン・バレンシア州）
1944年以来、8月の最終水曜日にトマトをぶつけあう祭りが開かれている。毎年、100tを超えるトマトが飛びかう

サハラフェスティバル
チュニジア
遊牧民の暮らしと伝統を祝う祭り。ラクダマラソン、ベドウィンの歌やダンス、詩の朗読など、さまざまなイベントがある。

砂漠の音楽祭
マリ
3日間にわたって、トゥアレグ族の伝統美術や音楽、舞踊がくり広げられる。参加者は砂漠にキャンプをはり、ラクダとともにすごす。

インティ・ライミの日
クスコ（ペルー）
インティ・ライミは、インカ帝国時代から続く太陽の祭典。冬至と新年の訪れを祝う。

地図上のマーカー:
- バンクーバー（カナダ）
- サンフランシスコ（アメリカ）
- トロント（カナダ）
- ニューヨーク（アメリカ）
- ニューオリンズ（アメリカ）
- キューバ
- ハイチ
- ジャマイカ
- マサテナンゴ（グアテマラ）
- パナマ
- バランキージャ（コロンビア）
- トリニダード・トバゴ
- フランス領ギアナ
- アンバート（エクアドル）
- カハマルカ（ペルー）
- オルロ（ボリビア）
- ブラジルの沿岸都市
- モンテビデオ（ウルグアイ）
- ケルン（ドイツ）
- バンシュ（ベルギー）
- ノッティングヒル（イギリス・ロンドン）
- ベネチア（イタリア）
- オバール（ポルトガル）
- マルタ
- マデイラ島
- サンタクルス（テネリフェ島）
- カーボベルデ

カーニバル（謝肉祭）
カーニバルはキリスト教の四旬節（断食をしたり、食事を節制する期間。復活祭まで続く）の直前に行われる。よびものは、ブラジル・リオデジャネイロ（左）に代表されるようなパレードだ。

😈 おもなカーニバルスポット

176　感謝祭の日、アメリカでは4500万羽を超える

世界の文化

妻運び世界選手権
ソンカヤルビ（フィンランド）
男性の出場者が、妻をかついで障害物競走を行う。優勝者には、妻の体重と同じ重さのビールが贈られる。

バルタイ
タタールスタン（ロシア）
「バルタイ」は「ハチミツの祭り」という意味だ。草刈りの季節のはじまりに開かれ、クマをカバノキの葉で飾って祝う。

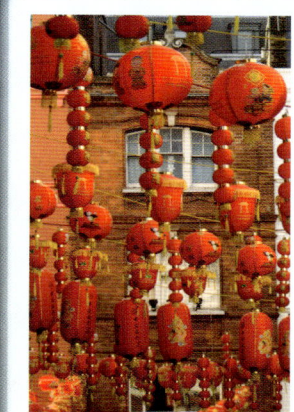

旧正月
冬の終わりにあたるため、中国では「春節」ともよばれる。提灯や龍を手にして、通りをねり歩くのが習わしだ。家庭では大掃除をして悪運を追いだし、新しい年を迎える。中国系の人口が多い国はすべて旧正月を祝う。

旧正月を盛大に祝う国・都市

リエカ
（クロアチア）

パトラ（ギリシャ）

リマソール（キプロス）

盂蘭盆　中国
「鬼月」（旧暦の7月）の盂蘭盆の日には、先祖の霊や魂が死者の国から戻ってくるといわれている。

北京（中国）

保寧マッドフェスティバル
保寧（韓国）
1998年からはじまった祭りで、参加者がたがいの体に泥をぬりあう。この泥には、肌によいミネラルが含まれているといわれている。

浅草（日本・東京）

阿波踊り
徳島（日本）
阿波踊りは、1586年に徳島の住民が新しい城の完成を祝ったのがはじまりともいわれている。現在では、伝統衣装に身を包んで通りをねり歩く踊り手たちをみるために、100万人以上の観光客が訪れる。

コルタカ（インド）

ゴア（インド）

ジャンマシュタミ
ムンバイ（インド）
ヒンドゥー教の神クリシュナの誕生日を祝う祭り。ヨーグルトなどの入ったつぼを高くつるした棒に男たちがよじのぼり、つぼを割って中味をこぼす。クリシュナが少年のころ、つぼからヨーグルトを盗んだという話に由来している。

シンガポール

フィリピン

インドネシア

エサラ・マハ・ペラヘラ祭り
キャンディ（スリランカ）
ブッダの残した歯を祝う「歯の祭り」。10日間にわたり、ダンサーや軽業師、火を操る曲芸師たちがキャンディに集結する。最終日の夜には、優美な衣をまとったゾウが仏歯を運ぶ。

モーリシャス

ベンディゴ・イースター祭り
ベンディゴ（オーストラリア）
1871年から続く、オーストラリアでもっとも歴史の長い祭り。イースター（復活祭）のパレードでは、世界最長のサンロン（皇帝の龍）がベンディゴの街をねり歩く。

シドニー（オーストラリア）

インクワラ
スワジランド
「初物の果実の祭り」を意味するこの祭りでは、王がカボチャや果物を食べる。人々が王をたたえて歌い踊り、収穫を祝う。

世界のパーティー
世界には魅力的な祭りがたくさんある。たとえばトマト祭り（左）のようなはちゃめちゃな祭りや、妻運び選手権のような変わった競技には、世界中から見物客が訪れる。

世界のパーティースポット

ウチワサボテン祭り
マンデラベイ（南アフリカ）
ジンジャービール、パンケーキ、ポットジェコ、バニーチャウ、フィッシュブライなどの伝統料理を祝う（そして食べる！）祭り。

テ・マタティニ
ニュージーランド
マオリ族の伝統舞踊の祭典。ニュージーランド中の踊り手が集まり、コンテストで技を競う。「テ・マタティニ」は「たくさんの顔」という意味だ。

七面鳥が食べられ、カナダでも300万羽が胃袋に消える。

177

テレビ

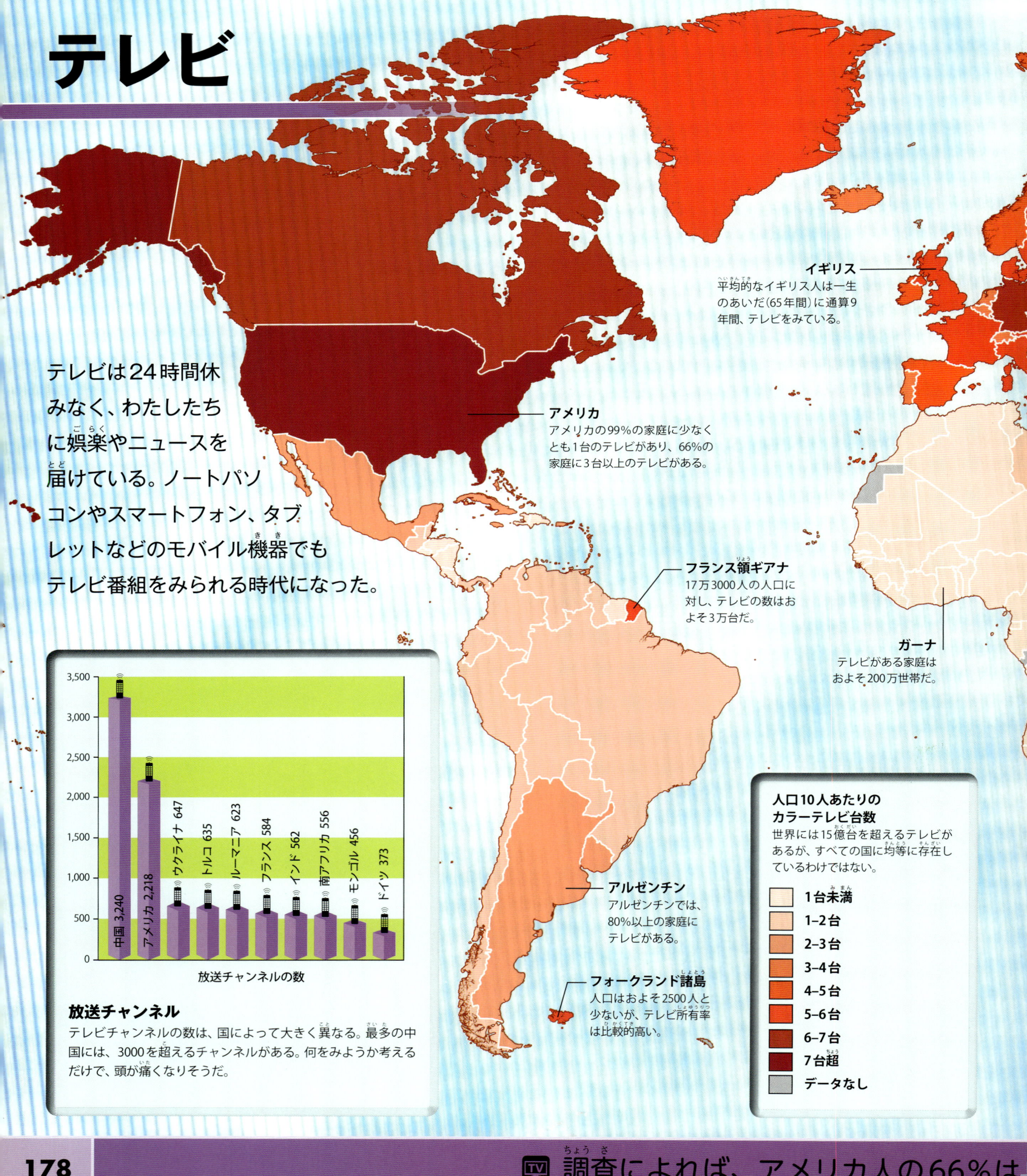

テレビは24時間休みなく、わたしたちに娯楽やニュースを届けている。ノートパソコンやスマートフォン、タブレットなどのモバイル機器でもテレビ番組をみられる時代になった。

イギリス
平均的なイギリス人は一生のあいだ（65年間）に通算9年間、テレビをみている。

アメリカ
アメリカの99%の家庭に少なくとも1台のテレビがあり、66%の家庭に3台以上のテレビがある。

フランス領ギアナ
17万3000人の人口に対し、テレビの数はおよそ3万台だ。

ガーナ
テレビがある家庭はおよそ200万世帯。

アルゼンチン
アルゼンチンでは、80%以上の家庭にテレビがある。

フォークランド諸島
人口はおよそ2500人と少ないが、テレビ所有率は比較的高い。

放送チャンネル
テレビチャンネルの数は、国によって大きく異なる。最多の中国には、3000を超えるチャンネルがある。何をみようか考えるだけで、頭が痛くなりそうだ。

放送チャンネルの数

- 中国 3,240
- アメリカ 2,218
- ウクライナ 647
- トルコ 635
- ルーマニア 623
- フランス 584
- インド 562
- 南アフリカ 556
- モンゴル 456
- ドイツ 373

人口10人あたりのカラーテレビ台数
世界には15億台を超えるテレビがあるが、すべての国に均等に存在しているわけではない。

- 1台未満
- 1–2台
- 2–3台
- 3–4台
- 4–5台
- 5–6台
- 6–7台
- 7台超
- データなし

178　調査によれば、アメリカ人の66%は

世界の文化

1週間あたりの視聴時間

専門家によれば、1日に2時間(1週間に14時間)以上テレビをみると、健康に悪影響を与えるおそれがあるという。しかし、イギリスとアメリカの人々は、その2倍も視聴している。

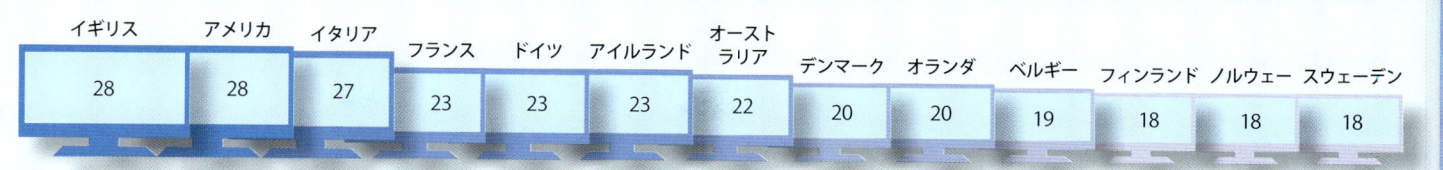

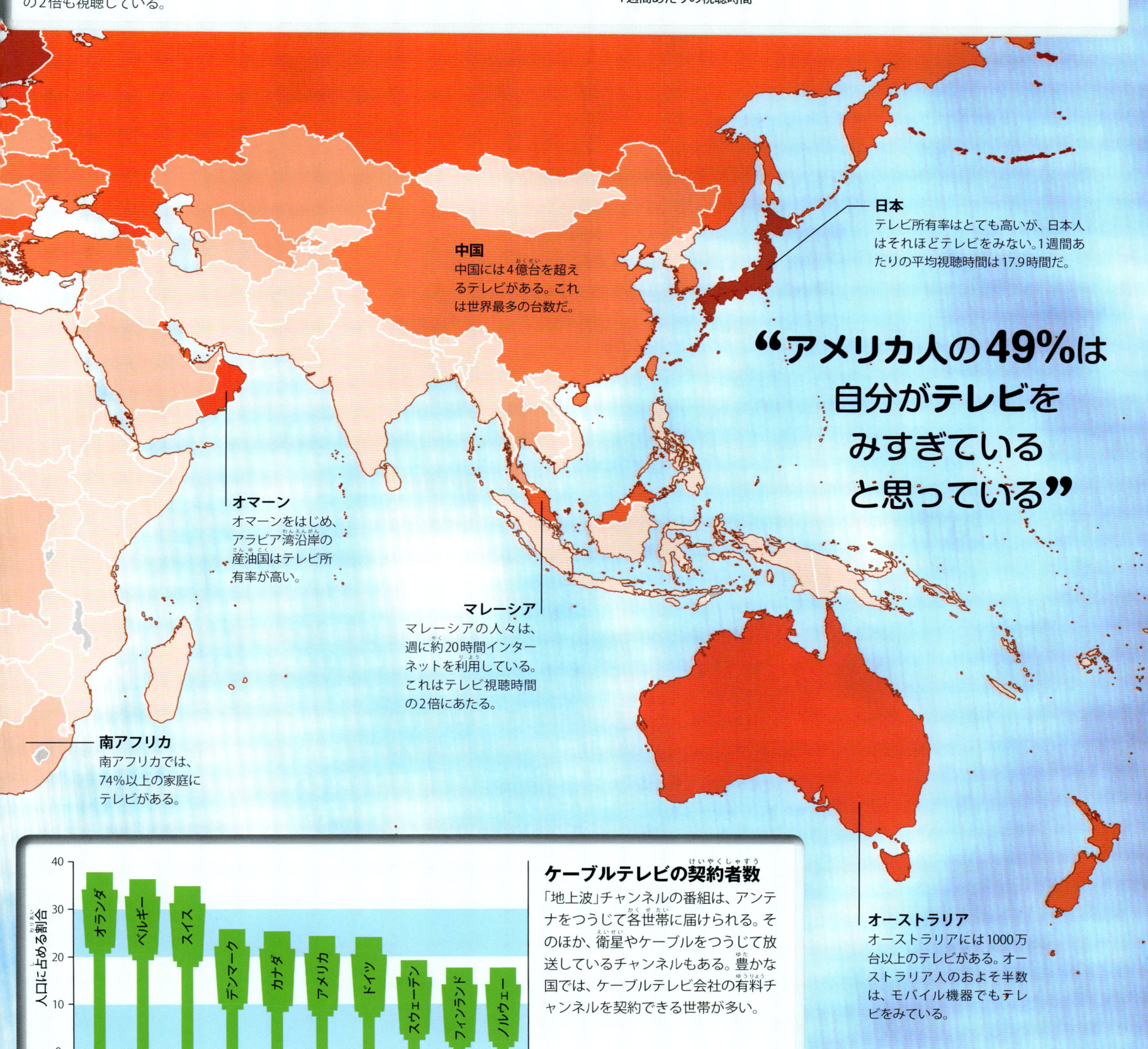

イギリス	アメリカ	イタリア	フランス	ドイツ	アイルランド	オーストラリア	デンマーク	オランダ	ベルギー	フィンランド	ノルウェー	スウェーデン
28	28	27	23	23	23	22	20	20	19	18	18	18

1週間あたりの視聴時間

日本
テレビ所有率はとても高いが、日本人はそれほどテレビをみない。1週間あたりの平均視聴時間は17.9時間だ。

中国
中国には4億台を超えるテレビがある。これは世界最多の台数だ。

オマーン
オマーンをはじめ、アラビア湾沿岸の産油国はテレビ所有率が高い。

マレーシア
マレーシアの人々は、週に約20時間インターネットを利用している。これはテレビ視聴時間の2倍にあたる。

南アフリカ
南アフリカでは、74％以上の家庭にテレビがある。

オーストラリア
オーストラリアには1000万台以上のテレビがある。オーストラリア人のおよそ半数は、モバイル機器でもテレビをみている。

> "アメリカ人の**49％**は自分が**テレビ**をみすぎていると思っている"

ケーブルテレビの契約者数

「地上波」チャンネルの番組は、アンテナをつうじて各世帯に届けられる。そのほか、衛星やケーブルをつうじて放送しているチャンネルもある。豊かな国では、ケーブルテレビ会社の有料チャンネルを契約できる世帯が多い。

人口に占める割合 (オランダ、ベルギー、スイス、デンマーク、カナダ、アメリカ、ドイツ、スウェーデン、フィンランド、ノルウェー)

食事どきにいつもテレビをみているという。

南北アメリカ

1 ロサンゼルス メモリアムコロシアム
カリフォルニア州（アメリカ）
9万3607人収容／1921年開業

2 ローズボウル
カリフォルニア州（アメリカ）
9万2542人収容／1922年開業

3 ドジャースタジアム
カリフォルニア州（アメリカ）
5万6000人収容／1962年開業

4 フェニックス大学スタジアム
アリゾナ州（アメリカ）
6万3400人収容／2006年開業

5 ベルセンター
ケベック州（カナダ）
2万1273人収容／1996年開業

6 ビーバースタジアム
ペンシルベニア州（アメリカ）
10万6572人収容／1960年開業

7 マディソンスクエアガーデン
ニューヨーク州（アメリカ）
2万2292人収容／1968年開業

8 アーサーアッシュスタジアム
ニューヨーク州（アメリカ）
2万3200人収容／1997年開業

9 オハイオスタジアム
オハイオ州（アメリカ）
10万2329人収容／1922年開業

10 ニーランドスタジアム
テネシー州（アメリカ）
10万2455人収容／1921年開業

11 サンフォードスタジアム
ジョージア州（アメリカ）
9万2746人収容／1929年開業

12 ブライアントデニースタジアム
アラバマ州（アメリカ）
10万1821人収容／1929年開業

13 タイガースタジアム
ルイジアナ州（アメリカ）
9万2542人収容／1924年開業

14 ダレル・K・ロイヤル テキサスメモリアルスタジアム
テキサス州（アメリカ）
10万119人収容／1924年開業

ミシガンスタジアム
アナーバー（アメリカ・ミシガン州）
11万4804人収容／1926年開業
「ザ・ビッグハウス」の愛称をもつアメリカ最大のスタジアム。アメリカンフットボールのチーム、ミシガン・ウルバリンズの本拠地。

エスタジオ・アステカ
メキシコ市（メキシコ）
10万5000人収容／1961年開業
世界最大のサッカー競技場で、メキシコ代表チームの本拠地。世界で唯一、FIFAワールドカップの決勝戦が2回行われたスタジアムでもある。

カンプノウ
バルセロナ（スペイン）
9万9354人収容／1957年開業
ヨーロッパ最大のスタジアムで、世界で11番目に大きい。

エスタジオ・ド・マラカナン
リオデジャネイロ（ブラジル）
8万2238人収容／1950年開業
1950年のFIFAワールドカップのためにつくられたスタジアムで、当時は20万人近くを収容できる世界最大のスタジアムだった。1990年代にスタジアムの一部が壊れたため、収容人数は大幅に少なくなった。2014年FIFAワールドカップのために改装工事を行った。

ポイント
色別に収容人数（スタジアムに入れる観客の数）を示す。
- 11万人超
- 10万〜11万人
- 9万〜10万人
- 8万〜9万人
- 8万人未満

スタジアム

スタジアムやアリーナは、地球上でもひときわ大きくてインパクトのある建造物だ。スタジアムでは、一流のスポーツチームやアスリートたちのスリルやドラマに満ちた試合はもちろん、ポップスのコンサートなどの音楽イベントも楽しめる。

ヨーロッパ

15 ミレニアムスタジアム
カーディフ（イギリス）
7万4500人収容／1999年開業

16 ウェンブリースタジアム
ロンドン（イギリス）
9万人収容／2007年開業

17 アリアンツアレーナ
ミュンヘン（ドイツ）
6万9901人収容／2005年開業

18 エスタジオ・サンティアゴ・ベルナベウ
マドリード（スペイン）
8万5454人収容／1947年開業

180　スポーツの観客による史上最大のウェーブは2008年8月、アメリカの

世界の文化

"スタジアムの観衆が発した過去最高の騒音は、**131.76デシベル**だ。2011年、トルコ・イスタンブールの**テレコムアリーナ**で、サッカーの試合中（ガラタサライ対フェネルバフチェ）に記録した"

綾羅島メーデースタジアム
平壌（北朝鮮）／15万人収容／1989年建設
マグノリアの花に似ているといわれるスタジアム。スポーツや軍事パレードに使われている。

記録的な入場者数
現在は安全が重視されるようになったが、立ち見や観客のつめこみすぎがふつうだったころは、いまよりスタジアムの観客数は多かった。ここでは、スポーツイベントでの入場者数トップ4を紹介しよう。

13万5000人：サッカー（ベンフィカ対ポルト）／エスタジオ・ダ・ルス（ポルトガル）／1987年1月

14万9415人（ほかにチケットなしの観客が2万人）：サッカー（スコットランド対イングランド）／ハムデンパーク（スコットランド）／1937年

19万5人：サッカー（綾羅島メーデースタジアム（北朝鮮）／1995年4月

19万9854人：サッカーのワールドカップ決勝戦（ブラジル対ウルグアイ）／エスタジオ・ド・マラカナン（ブラジル）／1950年7月

FNBスタジアム（サッカーシティ）
ヨハネスブルグ（南アフリカ）
9万4736人収容／1989年開業
アフリカ最大のスタジアム。カラバッシュというアフリカのひょうたんに形が似ていることから、「カラバッシュ」という愛称をもつ。2010年FIFAワールドカップのために、全面的に改修された。

メルボルン・クリケットグラウンド
ビクトリア州（オーストラリア）
10万18人収容／1854年開業
スポーツ競技場としては世界一高い照明塔がある。地元の人たちには「ザ・G」とよばれている。

アジア

19 アザディスタジアム
テヘラン（イラン）
10万人収容／1971年開業

20 ソルトレイクスタジアム
コルカタ（インド）
12万人収容／1984年開業

21 ルンピニーボクシングスタジアム
バンコク（タイ）
9500人収容／1956年開業

22 北京国家スタジアム（鳥の巣）
中国／8万人収容／2008年開業

23 光明ドーム競輪場
韓国／3万人収容
2006年開業

ブリストルモータースピードウェイで生まれた。15万7574人が参加した。

181

自動車レース

偉大なるチャンピオンたち
F1は「オープンホイールカー」レースの最高峰だ。各シーズンの優勝者は「ワールドチャンピオン」の称号を与えられる。ストックカーレースの最高峰はNASCARだ。

デイル・アーンハート・シニア
国籍：アメリカ
2001年にデイトナでのレースで事故死するまで、7回、NASCARの年間チャンピオンとなった。

サーキット一覧

- **ミシガンインターナショナルスピードウェイ** ブルックリン（アメリカ・ミシガン州）
- **シカゴランド・スピードウェイ** ジョリエット（アメリカ・イリノイ州）
- **インディアナポリス・モータースピードウェイ** スピードウェイ（アメリカ・インディアナ州）
- **アイオワ・スピードウェイ** ニュートン（アメリカ・アイオワ州）
- **ブリストル・モータースピードウェイ** ブリストル（アメリカ・テネシー州）
- **カンザス・スピードウェイ** カンザスシティ（アメリカ・カンザス州）
- **ラスベガス・スピードウェイ** ラスベガス（アメリカ・ネバダ州）
- **オートクラブ・スピードウェイ** フォンタナ（アメリカ・カリフォルニア州）
- **ケンタッキー・スピードウェイ** スパータ（アメリカ・ケンタッキー州）
- **シャーロット・モータースピードウェイ** コンコード（アメリカ・ノースカロライナ州）
- **サーキット・オブ・ジ・アメリカズ** オースティン（アメリカ・テキサス州）
- **ホームステッド・マイアミスピードウェイ** ホームステッド（アメリカ・フロリダ州）
- **ジル・ビルヌーヴ・サーキット** モントリオール（カナダ・ケベック州）
- **ドーバーインターナショナル・スピードウェイ** ドーバー（アメリカ・デラウェア州）
- **ダーリントン・レースウェイ** ダーリントン（アメリカ・サウスカロライナ州）
- **アトランタ・モータースピードウェイ** ハンプトン（アメリカ・ジョージア州）
- **デイトナインターナショナルスピードウェイ** デイトナビーチ（アメリカ・フロリダ州）
- **ホセ・カルロス・パーチェ・サーキット** サンパウロ（ブラジル）
- **ホッケンハイムリンク** ホッケンハイム（ドイツ）
- **ニュルブルクリンク** ニュルブルク（ドイツ）
- **スパ・フランコルシャン・サーキット** スパ（ベルギー）
- **シルバーストン・サーキット** シルバーストン（イギリス）
- **モンツァ・サーキット** モンツァ（イタリア）
- **サルト・サーキット** ル・マン（フランス）
- **カタルーニャ・サーキット** モントメロ（スペイン）
- **バレンシア・ストリートサーキット** バレンシア（スペイン）
- **モナコ・サーキット** モナコ

エンジンをうならせながらトラックを猛スピードで走りぬけ、障害物をすりぬけ、ヘアピンカーブを巧みに曲がるレースカー。自動車レースはスリリングな観戦スポーツだ。フォーミュラ1（F1）カーが走るレースは、世界各国で多くの観客を集めている。アメリカでは、市販の乗用車を使うストックカーレースの人気が高い。

NASCARスプリントカップ
スプリントカップシリーズは、ストックカーレースの世界最高峰だ。10か月にわたって36戦のレースが行われる。F1と同じように、シリーズをつうじた獲得ポイントの合計点で優勝者が決まる。

一般の自動車のタイヤ寿命は走行距離にして1万6000km

世界の文化

ミハエル・シューマッハ
国籍：ドイツ
7度のF1ワールドチャンピオン獲得という記録をつくった。90を超えるF1グランプリレースを制し、勝利数の新記録を達成した。

アイルトン・セナ
国籍：ブラジル
3度のF1ワールドチャンピオンを獲得した。F1レースの優勝41回は、歴代3位の記録。1994年にサンマリノグランプリのレースで事故死した。

フェルナンド・アロンソ
国籍：スペイン
史上最少でF1ワールドチャンピオンシップを連覇した（2005年と2006年）。2012年には、グランプリレースで30勝を果たした。

> "フォーミュラ1カーのハンドルの値段は、およそ2万ポンド"

ハンガロリンク
ブダペスト（ハンガリー）

バーレーンインターナショナルサーキット
サヒール（バーレーン）

ヤスマリーナサーキット
アブダビ（アラブ首長国連邦）

ブッダインターナショナルサーキット
グレーターノイダ（インド）

韓国インターナショナルサーキット
霊岩（韓国）

上海インターナショナルサーキット
上海（中国）

鈴鹿サーキット
鈴鹿市（日本）

セパンインターナショナル・サーキット
クアラルンプール（マレーシア）

マリーナベイ・ストリートサーキット
マリーナベイ（シンガポール）

キャラミ
ミッドランド（南アフリカ）

アルバートパークサーキット
メルボルン（オーストラリア）

ル・マン
フランスの都市ル・マンでは、世界でもっとも過酷な耐久レースが開催される。3人のドライバーがチームを組み、24時間休まずにスポーツカーを走らせる。ドライバーたちは2時間のスティント（各ドライバーに割り当てられた運転時間）の合間に、食事や休息をとる。

ポイント
世界のおもなトラックの所在地。
- 🟧 フォーミュラ1
- 🟦 NASCAR
- 🟩 ル・マン

フォーミュラ1（F1）
F1ワールドチャンピオンシップでは、超高性能の「オープンホイール（車輪が車体の外に出ている車）」レースカーが競いあう。世界中でグランプリレースが開催され、各レースで上位10位までのレースカーにポイントが与えられる。シーズンの終わりに、もっともポイントが高かったドライバーと自動車メーカーにトロフィーが贈られる。

ほどだが、F1カーでは長くても200kmしかもたない。

183

リバイアサン
カナダズワンダーランド
（カナダ・オンタリオ州）
最高時速 148 km
高さ 93 m ／長さ 1672 m

トップスリル・ドラッグスター
シーダーポイント（アメリカ・オハイオ州）
最高時速 193 km ／高さ 128 m ／長さ 853 m

インティミデーター 305
キングスドミニオン（アメリカ・バージニア州）
最高時速 145 km ／高さ 93 m ／長さ 1554 m

ミレニアムフォース
シーダーポイント
（アメリカ・オハイオ州）
最高時速 150 km
高さ 94 m ／長さ 2010 m

スーパーマン：エスケープ・フロム・クリプトン
シックスフラッグス・マジックマウンテン（アメリカ・カリフォルニア州）
最高時速 161 km
高さ 126 m ／長さ 376 m

ボルテックス
カロウィンズ
（アメリカ・ノースカロライナ州）
最高時速 80 km
高さ 27 m ／長さ 622 m

アルペンガイスト
ブッシュガーデンズ
（アメリカ・フロリダ州）
最高時速 107 km
高さ 59 m ／長さ 1148 m

アポカリプス
シックスフラッグス・アメリカ
（アメリカ・メリーランド州）
最高時速 89 km ／高さ 30 m
長さ 884 m

キンダカ
シックスフラッグス・グレートアドベンチャー
（アメリカ・ニュージャージー州）
最高時速 206 km
高さ 139 m ／長さ 950 m

モンテズム
ホピハリ（ブラジル）
最高時速 103 km
高さ 42 m ／長さ 1030 m

コロッサス
ソープパーク（イギリス）
最高時速 72 km ／高さ 30 m
長さ 850 m

アルティメット
ライトウォーターバレー
（イギリス）
最高時速 80 km ／高さ 33 m
長さ 2268 m

コロッソス
ハイドパーク・ゾルタウ（ドイツ）
最高時速 102 km
高さ 60 m ／長さ 1344 m

タワー・オブ・テラー
ゴールドリーフシティ
（南アフリカ）
最高時速 95 km ／高さ 34 m
長さ 100 m

キンダカ
このジェットコースターは、3.5秒で時速 0 km から 206 km にまで加速し、猛烈な勢いで45階のビルと同じ高さにかけのぼる。

トップ5
数字は上位1〜5位を示している。
速さ　高さ　長さ

ジェットコースター

猛烈なスピードで危険なカーブを走りぬけ、おそろしい急降下をくり広げるジェットコースターは、スリルを求める人を満足させてくれる乗りものだ。この地図では、世界でもっとも大きくておもしろいジェットコースターを紹介しよう。

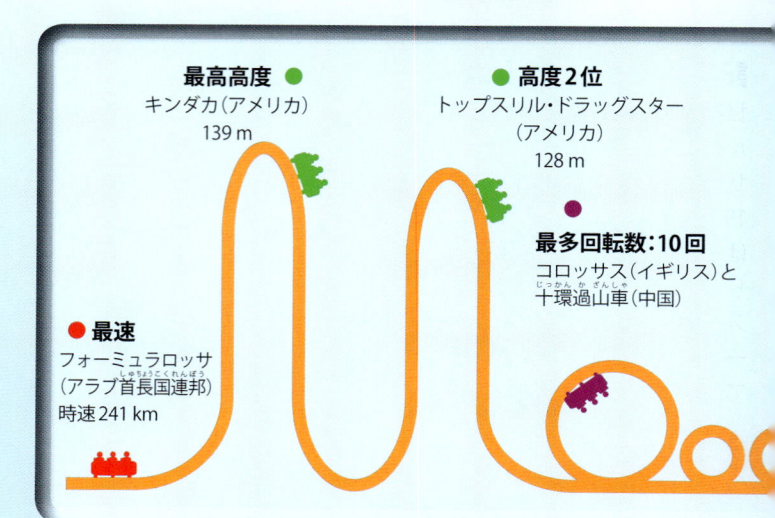

最高高度
キンダカ（アメリカ）
139 m

高度2位
トップスリル・ドラッグスター
（アメリカ）
128 m

最多回転数：10回
コロッサス（イギリス）と十環過山車（中国）

最速
フォーミュラロッサ
（アラブ首長国連邦）
時速 241 km

184　アメリカ・カリフォルニア州バレンシアにあるシックスフラッグス・

世界の文化

空飛ぶジェットコースター
アメリカ・フロリダ州のシーワールドにあるマンタ（右）では、空を飛んでいるような感覚を味わうことができる。車両がレールの下につりさげられているのが特徴だ。はじめはまっすぐ座った状態でつりさげられているが、走りはじめると車両が回転し、顔が地面のほうを向く仕組みになっている。

スチールドラゴン2000
ナガシマスパーランド（日本）
最高時速153km
高さ97m／長さ2437m

ドドンパ
富士急ハイランド（日本）
最高時速172km／高さ52m／長さ1189m

ディノコンダ
中華恐竜園（中国）
最高時速128km／高さ76m／長さ1058m

フォーミュラロッサ
フェラーリワールド（アラブ首長国連邦）
最高時速241km
高さ52m
長さ2070m

十環過山車
長隆歓楽世界（中国）
最高時速72km／高さ30m／長さ850m

FUJIYAMA
富士急ハイランド（日本）
最高時速130km
高さ70m
長さ2045m

高飛車
富士急ハイランド（日本）
最高時速100km
高さ43m／長さ1000m

タワー・オブ・テラーⅡ
ドリームワールド（オーストラリア・クイーンズランド州）
最高時速161km／高さ114m／長さ376m

4Dコースター
中国のディノコンダなどの4次元（4D）コースターでは、新たな次元のスリルが味わえる。シートが前方にも後方にも回転するため、猛スピードでレール上を走りながら、360度のひねりを体験できる。日本の富士急ハイランドにある「ええじゃないか」（下）も、4Dコースターだ。

> "世界最古のジェットコースター、リープ・ザ・ディップスのスピードは時速**29km**だ"

記録に残るジェットコースター
世界最古のコースターは、アメリカ・ペンシルベニア州レイクモントパークの「リープ・ザ・ディップス」という木製のコースターで、1902年に開業した。それ以来、コースターはより高く、より長く、より速く、そしてよりスリリングに進化してきた。現代のコースターは、ほとんどがスチール製だ。スチールは木よりも曲げやすいため、より複雑で極端なコースをつくれるようになった。

最大落下角度
高飛車（日本）
121度

最高重力
タワー・オブ・テラー（南アフリカ）
6.3G

マジックマウンテンには、世界最多17のジェットコースターがある。　185

世界の国旗(こっき)

【漢字の読み方】
合衆国(がっしゅうこく)、共和国(きょうわこく)、民主(みんしゅ)、人民(じんみん)、連邦(れんぽう)、連合(れんごう)、独立国(どくりつこく)、多民族国(たみんぞくこく)、社会主義(しゃかいしゅぎ)、諸島(しょとう)、中華人民共和国(ちゅうかじんみんきょうわこく)、朝鮮民主主義人民共和国(ちょうせんみんしゅしゅぎじんみんきょうわこく)、大韓民国(だいかんみんこく)、台湾(たいわん)

北アメリカ

| カナダ | アメリカ合衆国 | メキシコ合衆国 | ベリーズ | コスタリカ共和国 | エルサルバドル共和国 | グアテマラ共和国 | ホンジュラス共和国 |

南アメリカ

| グレナダ | ハイチ共和国 | ジャマイカ | セントクリストファー・ネーヴィス | セントルシア | セントビンセント及びグレナディーン諸島 | トリニダード・トバゴ共和国 | コロンビア共和国 |

| ウルグアイ東方共和国 | チリ共和国 | パラグアイ共和国 |

アフリカ

| アルジェリア民主人民共和国 | エジプト・アラブ共和国 | リビア | モロッコ王国 | チュニジア共和国 |

| リベリア共和国 | マリ共和国 | モーリタニア・イスラム共和国 | ニジェール共和国 | ナイジェリア連邦共和国 | セネガル共和国 | シエラレオネ共和国 | トーゴ共和国 |

| ブルンジ共和国 | ジブチ共和国 | エリトリア国 | エチオピア連邦民主共和国 | ケニア共和国 | ルワンダ共和国 | ソマリア連邦共和国 | スーダン共和国 |

| ナミビア共和国 | 南アフリカ共和国 | スワジランド王国 | ザンビア共和国 | ジンバブエ共和国 | コモロ連合 | マダガスカル共和国 | モーリシャス共和国 |

| ルクセンブルク大公国 | オランダ王国 | ドイツ連邦共和国 | フランス共和国 | モナコ公国 | アンドラ公国 | ポルトガル共和国 | スペイン |

| ポーランド共和国 | スロバキア共和国 | アルバニア共和国 | ボスニア・ヘルツェゴビナ | クロアチア共和国 | コソボ共和国(係争中) | マケドニア旧ユーゴスラビア共和国 | モンテネグロ |

アジア

| ラトビア共和国 | リトアニア共和国 | キプロス共和国 | マルタ共和国 | ロシア連邦 | アルメニア共和国 | アゼルバイジャン共和国 | グルジア | トルコ共和国 |

| カタール国 | サウジアラビア王国 | アラブ首長国連邦 | イエメン共和国 | イラン・イスラム共和国 | カザフスタン共和国 | キルギス共和国 | タジキスタン共和国 |

| 中華人民共和国 | モンゴル国 | 朝鮮民主主義人民共和国 | 大韓民国 | 台湾 | 日本国 | ミャンマー連邦共和国 | カンボジア王国 |

オーストララシアとオセアニア

| シンガポール共和国 | モルディブ共和国 | オーストラリア連邦 | ニュージーランド | パプアニューギニア独立国 | フィジー共和国 | ソロモン諸島 | バヌアツ共和国 |

独立国とは、ほかの国の支配(しはい)を受けず

世界の文化

"196ある独立国の国旗のなかで、四角形でないのはネパールの国旗だけだ"

ニカラグア共和国	パナマ共和国	アンティグア・バーブーダ	バハマ国	バルバドス	キューバ共和国	ドミニカ国	ドミニカ共和国
ガイアナ共和国	スリナム共和国	ベネズエラ・ボリバル共和国	ボリビア多民族国	エクアドル共和国	ペルー共和国	ブラジル連邦共和国	アルゼンチン共和国
ベナン共和国	ブルキナファソ	カーボヴェルデ共和国	ガンビア共和国	ガーナ共和国	ギニア共和国	ギニアビサウ共和国	コートジボワール共和国
カメルーン共和国	中央アフリカ共和国	チャド共和国	コンゴ共和国	コンゴ民主共和国	赤道ギニア共和国	ガボン共和国	サントメ・プリンシペ民主共和国
南スーダン共和国	タンザニア連合共和国	ウガンダ共和国	アンゴラ共和国	ボツワナ共和国	レソト王国	マラウイ共和国	モザンビーク共和国

ヨーロッパ

セーシェル共和国	デンマーク王国	フィンランド共和国	アイスランド共和国	ノルウェー王国	スウェーデン王国	アイルランド	英国(グレートブリテン及び北アイルランド連合王国)	ベルギー王国
イタリア共和国	サンマリノ共和国	バチカン市国	オーストリア共和国	リヒテンシュタイン公国	スロベニア共和国	スイス連邦	チェコ共和国	ハンガリー
セルビア共和国	ブルガリア共和国	ギリシャ共和国	モルドバ共和国	ルーマニア	ウクライナ	ベラルーシ共和国	エストニア共和国
イラク共和国	イスラエル国	ヨルダン・ハシェミット王国	レバノン共和国	シリア・アラブ共和国	バーレーン王国	クウェート国	オマーン国
トルクメニスタン	ウズベキスタン共和国	アフガニスタン・イスラム共和国	パキスタン・イスラム共和国	バングラデシュ人民共和国	ブータン王国	インド	ネパール連邦民主共和国	スリランカ民主社会主義共和国
ラオス人民民主共和国	フィリピン共和国	タイ王国	ベトナム社会主義共和国	ブルネイ・ダルサラーム国	インドネシア共和国	東ティモール民主共和国	マレーシア
マーシャル諸島共和国	ミクロネシア連邦	ナウル共和国	パラオ共和国	キリバス共和国	ツバル	トンガ王国	サモア独立国

独自の政治システムと定住人口をもつ国のことだ。

索引

ア

アーンハート・シニア，デイル 182
アイスマン 144
アイスランド 14, 16, 77, 106–107, 166
アイルランド 95, 179
アウストラロピテクス 136–137
アウトバーン 115, 122
亜寒帯針葉樹林 30, 33
アクロポリス 143
足跡化石 45, 74–75
アショーカ王 152–153
アステカ帝国 135, 146, 148, 149
アタカマ砂漠 34
アトランタ 116
アパルトヘイト 135
アフガニスタン 83, 97, 142, 143, 155
アブシンベル神殿 143
アフリカ争奪戦 155
アマゾン川 20, 21, 56
アマゾン熱帯雨林 32, 64, 110
アムール川／アルグン川 20, 21
雨 5, 6, 26–27
アメリカ合衆国
　生きもの 44–45
　軍事力 130, 131
　自然 23, 24, 26, 28, 38
　人間 76, 80, 86, 88, 89, 90, 91, 92, 94, 95, 96, 98, 99, 100, 101, 102, 103, 104, 105, 106, 107, 108, 109, 110
　文化 166, 172, 176, 178–179, 180, 182, 184
　歴史 151, 152, 153, 154, 155, 158, 160
アメリカ南北戦争 135, 152
アモコ・カディズ号 158–159
アヤソフィア 143
アラスカ 10, 14, 32, 40–41, 54
アラブ首長国連邦 94, 112–113
アラブの春 134, 157
アリ 60
アリゾナ号 159
アリューシャン海溝 9, 16
アルジェリア 24
アルゼンチン 13, 44, 54, 86, 106, 178
アルテミス神殿 143
アルミ缶 100–101
アレクサンドリアの大灯台 143
アレクサンドロス大王 135, 141
アロンソ，フェルナンド 183
アンゴラ 87
アンティオキア 11
アンデス山脈 12, 24, 66

イ

イースター島 132–133, 174, 176
イエメン 97
生きもの 6, 7, 40–71
　海洋生物 42, 48–49, 54–57
　外来種 50–51
　危険な〜 48–49
　固有 66–67
　砂漠 34–35
　生物多様性 64–65
　絶滅 66, 68–71
　適応 42–43
　保護 110–111
　捕食者 46–47
イギリス
　軍事力 130, 131
　時間帯 39
　人間 92, 94, 95
　文化 172, 174–175, 176, 178, 179, 180, 181
　歴史 135, 152, 154–155
医師 83
イスラエル 25, 130, 131
イスラム教 148, 168, 169
イタリア 89, 92, 106, 154–155, 173, 179
移動
　クジラ 54–55
　昆虫 60, 61
　サメ 56–57
　鳥 52–53
稲作 93
イニキ（ハリケーン） 28
イヌイット 75, 78
衣服 164
イラク 25, 103
イラン 26, 131, 181
医療 82, 83
インカ帝国 148, 149
インカワシ 13
隕石 22–23
隕石クレーター 23
インターネット接続 126–127, 164
インド
　軍事力 131
　自然 12, 27, 39
　人間 77, 81, 87, 89, 93, 95, 99, 103, 107
　文化 162–163, 164–165, 167, 173, 177, 178, 181
　歴史 134, 142, 151, 152–153, 157
インド・パキスタン戦争 134, 153
インドシナ戦争 134, 153
インドネシア 14, 15, 89, 97, 99, 103, 107, 137
インド洋 10
インフラ 115, 120–123
インフルエンザウイルス 84–85

ウ

ウィリスタワー 124, 125
ウイルス 84–85
ウィンザー城 151
ウェルウィッチア 62–63
ウォーホル，アンディ 172
ウォレシア 67
ウガンダ 81
ウクライナ 87, 98, 107, 174
ウズベキスタン 103
宇宙ごみ 128–129
ウマイヤ・カリフ帝国 135, 149
海 7
　汚染 19, 98, 100–101
　海洋保護 110–111
　海流 18–19, 24–25
　気候変動 108–109
　生物 42, 47, 48–49, 54–57
　バイオーム 30
埋立地 100, 101
雨林 32–33, 43, 64, 65
ウルグアイ 80
雲仙岳 15

エ

AIDS（エイズ） 85
HIV 85
英仏海峡トンネル 160–161
栄養不良 94–95
エクアドル 12, 135, 156
エジプト 24, 53, 92, 130, 131
エチオピア 67, 155
エッツィ 144
ENIAC（エニアック） 114
エニセイ川／アンガラ川／セレンガ川 20, 21
エネルギー 74, 104–107
F1 182–183
エベレスト 12, 13, 16
エボラウイルス 85
エリトリア 95
エルコンドル 13
エルサルバドル 106
エルサレム 153, 168
鉛害 98–99
エンクルマ，クワメ 156
エンジェル・オブ・ザ・ノース 174–175
エンパイアステートビル 125

オ

大型ハドロン衝突型加速器 134, 160
オオカバマダラ 60, 61
大阪 117
オーストラリア
　生きもの 45, 67
　自然 22, 24, 27, 29, 33
　人間 77, 83, 89, 92, 95, 97, 103, 107
　文化 167, 173, 177, 179, 181
オーストリア 87, 101
億万長者 90–91
オスマン帝国 149, 152–155
汚染 75, 98–99, 104
オビ川／イルティシ川 20–21
オホス・デル・サラド 13
オマーン 179
オランダ 89, 92, 101, 154–155, 179
オリンピアのゼウス像 143
オリンポス火山 12–13
オルテガ・ガオナ，アマンシオ 91
オルドバイ渓谷 136
オルメカ文明 135, 140, 141
音楽 135, 138, 164, 165
温帯バイオーム 30, 32

カ

カ 60
ガ 60
ガーナ 86, 88, 156, 178
カーニバル 176–177
カーロ，フリーダ 172
ガイアナ 80, 103
絵画 139, 165, 172–173
海溝 8, 9, 16–17
海山 16–17
海上輸送 118–119
海水面上昇 108–109
害虫、害獣 50–51
海底 6, 16–17
海氷 36, 109
海盆 16
海洋地殻 9
外来種 50–51
海流 18–19
カカポ 68–69
核 6, 7
格差 86–87
核兵器 130–131
革命 152–153, 156–157
カゲロウ 60
カザフスタン 103
火山 8, 13, 14–15
火星 12–13
化石 44–45, 136–137
化石燃料 74, 104–105, 106, 107
カタカリ 164–165
家畜 92–93
葛飾北斎 173
カトリーナ（ハリケーン） 28, 29
カナダ
　生きもの 45
　自然 22, 24
　人間 80, 88, 92, 94, 96, 98, 104, 106, 107, 110
　文化 177, 179, 180
カナリア諸島 66
カネム帝国 134, 149
カハマルカ 135, 152
ガボン 100
カムチャッカ地震 10
ガメド（サイクロン） 29
カメルーン 95, 166
貨物 118–119
ガラパゴス諸島 50, 66
カラバッジョ 173
カリフォルニア 32, 50, 66
カリンガ 152–153
カルタゴの包囲戦 153
カロリー摂取 94–95
川 6, 20–21
川の怪物たち 58–59
漢王朝 135, 141
環境汚染 98–99
韓国 101, 131, 177, 181
ガンジー，マハトマ 156
感謝祭 176

188

索引

甘粛省地震　11
感染爆発　84-85
環太平洋火山帯　14, 15
カンチェンジュンガ　12
干ばつ　103
カンボジア　103
環流　18, 19, 100
寒冷地砂漠　35

キ

気温　24-25, 108-109
気候変動　98, 108-109
寄生虫　50
北朝鮮　131, 174, 181
ギニアビサウ　82, 97
喜望城　151
キャッスル・オブ・グッド・ホープ　151
旧正月　177
キューバ　66, 83, 94, 152, 156
　教育　96-97
　共産主義　135, 157
協定世界時　38
恐竜　11, 22, 44-45
漁業　92, 93
キョクアジサシ　52-53
極地　7, 36-37, 43
極砂漠　31, 35
ギリシャ　142, 143, 153
キリスト教　148, 168-169
キリバス　38
キルギス　103
金　88-89
金鉱　88
近代技術の賜物　160-161
菌類　64

ク

グアテマラ　14, 80, 95
クウェート　25, 101, 103
空港　116
クジラ　40-41, 46, 47, 54-55
クメール帝国　149
クモ　48-49, 64
雲　6
グラーフ・ツェッペリン　161
クライスラービル　124
クラカタウ　14, 15
クラック・デ・シュバリエ　150
グリーンランド　24, 34, 53, 80, 109, 110
クリケット　181
グリニッジ標準時　39
グルジア　83, 97
クレーター　22-23
グレートゲーム　155
グレートジンバブエ　134, 148, 151
軍艦　130-131
軍事力　130-131, 152-153

ケ

ゲイツ, ビル　90
競輪　181
K2　12
ケープタウン　117
ケーブルテレビ　179
ゲーンズバラ, トーマス　172
ケニア　92, 95, 103, 107

ゲバラ, チェ　156
言語　164, 166-167
健康　82-83
原住民　78-79, 111
原子力エネルギー　106-107
原生地域　110-111
建造物　115, 124-125
建築
　近代　160-161
　高層建築物　124-125
　城　150-151
　中世　146-147
ケンナ（ハリケーン）　28
原発事故　98-99

コ

黄河　20, 21
甲殻類　64
航空機　130-131
航空交通　116-117, 160-161
航空旅客　116-117
洪水　26
鉱石　74
高層建築物　112-113, 115, 124-125, 160
構造プレート　8-9, 10, 12, 14, 16, 17
高速道路　115, 122
甲虫類　60, 61
交通　114-123
航路　118-119
コーヒー　92-93
氷　6, 36-37
氷の少女　145
国際宇宙ステーション　129
国際自然保護連合　68
国際通貨基金　89
国際日付変更線　38
黒死病　84, 85
国立公園　110-111
コスタリカ　130
古代　134, 135, 140-145
五大湖　20
古代文明　140-143
国旗　186-187
ごみ　100-101
ごみベルト　19, 100-101
小麦　92
固有種のホットスポット　67
コルカタ　76, 77
コロセウム　135, 142-143
コロンビア　15, 87, 135, 156
コロンブス, クリストファー　146
コンクリート　115
コンゴ川／チャンベシ川　20
コンゴ民主共和国　106
コンコルド　134, 161
コンスタンティノープルの陥落　135, 153
昆虫　48-51, 60-61, 64
コンピューター　114, 126-127

サ

サーンチーの大ストゥーパ　142
サイクロン　28-29
再生可能エネルギー　74, 106-107
在来種　50-51
サウジアラビア　94, 105, 131
魚　46, 47
　川にすむ～　58-59

　危険な～　48-49
砂丘　35
サセックス号　159
サッカー　180-181
ザッカーバーグ, マーク　91
札幌　117
サドベリー盆地　23
砂漠　4-5, 24, 31, 34-35, 42-43, 64, 78, 79
サハラ砂漠　34-35, 64, 110
サバンナ　30, 67
サファリ　170-171
サメ　46, 47, 48, 56-57
サンアンドレアス断層　9
産業革命　160
産業廃棄物　98-99
珊瑚海海戦　152, 153
サンゴ礁　30, 42, 111
三畳紀　44
サンタマリア　14
サンパウロ　76, 117
ザンビア　99
サンピエトロ大聖堂　147

シ

GPS衛星　129
ジェットコースター　184-185
塩　19
シカゴ　116
時間帯　38-39
識字能力　96-97
紫禁城　151
シク教　168, 169
地震　8, 10-11
地震波　10
シチリア島　53, 145
自動車レース　182-183
シドニー　117
シドニーオペラハウス　135, 161
ジブラルタル海峡　53
シャガール, マルク　173
上海（シャンハイ）　76, 77, 117, 119
周口店の洞窟　137
十字軍　134, 153
収束型境界　8
自由の女神像　174-175
シューマッハ, ミハエル　183
シュノーケリング　170-171
ジュラ紀　44
蒸気機関車　115
衝突クレーター　22-23
情報技術　126-127
小惑星の衝突　10, 22
適生
　原生地域　110-111
　砂漠　34-35
　森林　32-33
　バイオーム　30-31
食虫植物　62-63
植物　6, 7, 62-63
　外来種　50-51
　固有　66-67
　生物多様性　64-65
　適応　42-43
　バイオーム　30-31
植物区系界　62
植民地　154-155
食物
　食費　95

　生産　92-93
　摂取　94-95
食物連鎖　47
シリア　150
城　150-151
シロアリ　60
シロナガスクジラ　54-55
深海平原　16
シンガポール　24
人口
　食料生産　93
　増加　74-75
　年齢構成　80-81
　分布　76-77, 110-111
人工衛星　128-129
浸食　20
神聖ローマ帝国　134, 149, 152
深層循環　19
神道　168, 169
ジンバブエ　134, 148, 151
森林　30, 32-33, 110-111
森林破壊　32-33
人類　74-75, 136-137

ス

水銀　99
スイス　87, 89, 99, 100-101, 179
水力エネルギー　106-107
スウェーデン　24, 82, 101, 107, 166, 179
スーパーバグ　85
スエズ運河　119
スタジアム　164, 180-181
ストーンヘンジ　142, 143
スピードウェイ　182
スフィンクス　134, 174-175
スペイン　106, 107, 154-155, 166, 172, 176, 177, 180, 183
スペインかぜ　84, 85
スペースシャトル　128
スポーツ　180-183
スリナム　77, 103, 166
スリム・ヘル, カルロス　91
スリランカ　55, 67, 177
スワジランド　82-83, 177
スンダランド　67

セ

生活費　86-87
生息環境
　固有の生物　66-67
　絶滅　68-69
　適応　42-43
生物群系　30-31, 67
生物圏　7, 74
生物多様性　64-65
生物発光　42
世界の七不思議　142-143
石炭　104-105, 106, 107
脊椎動物　64
石油
　資源　104-105, 106
　流出　98, 158-159
石器時代　138-139
絶滅　11, 22, 50-51, 68-69, 70-71
絶滅寸前種　68
セナ, アイルトン　183
セネガル　26, 174

189

セミ　60, 61
先史時代　135, 136–139
戦車　130–131
戦場　152–153
潜水艦　130–131
陝西省　11
戦争　130–131, 152–153
セントルシア　83
腺ペスト　84, 85

ソ

草原　30, 35
装身具　134, 138
ゾウムシ　64
ソウル　117
藻類　64
ゾーイ（サイクロン）　29
ソビエト連邦　157
ソマリア　25, 97
ソロモン諸島　101
ソンガイ帝国　149
ソンムの戦い　134–135, 152

タ

タイ　107, 181
第一次世界大戦　134–135, 152, 158
大英帝国　135, 154–155
大観覧車　170–171
大気　6, 104, 108
大気汚染　98–99
体重　94–95
大絶滅　22
代替エネルギー　74, 106–107
タイタニック号　135, 159
対地同期軌道　128, 129
第二次世界大戦　134, 152, 153, 159
ダイビング　170–171
台風　28–29
台風チップ　29
台北（タイペイ）　117, 124, 125
太陽　7
太陽光エネルギー　106–107
大陸棚　17
大陸地殻　9
対流　7
タジキスタン　103
ダッカ　76, 77
ダラス　116
ダルフール　26
タワー　125
タンザニア　25, 136
男女の差　97
淡水生物　56, 58–59
断層　9
タンボラ　14, 15

チ

地衣類　64
チェサピーク湾　23
済州（チェジュ）　117
地殻　6, 7, 8–9
地球
　構造　6–7
　自転　7, 38
　内部　6
地球温暖化　98, 108–109

地球低軌道　129
チクシュルブ　23
地熱エネルギー　106–107
チムー帝国　148, 149
茶　92
チャンネル　178
中位数年齢　80–81
中央アフリカ　97
中央海嶺　16–17
中央大西洋海嶺　8, 14, 16
中国
　生きもの　44–45, 67
　軍事力　131
　自然　11, 12, 25, 26
　人間　77, 81, 87, 89, 93, 95, 97, 99, 101, 105, 107
　文化　167, 169, 173, 175, 177, 178, 179
　歴史　134, 137, 142, 143, 151, 156
中世　146–149, 152–153
諸城（チューチョン）　44, 45
中東　105
中等教育　96
チュニジア　24, 176
チョウ　60, 61, 69, 70
超大型干渉電波望遠鏡群　135, 160
彫刻　139, 165, 172, 174–175
朝鮮戦争　134, 153
彫像　174–175
チリ　10, 12, 13, 92, 144, 145
チンギス・ハーン　134, 149, 175
チンボラソ山　12

ツ

通貨　89
ツタンカーメン　144
津波　8, 10
ツンドラ　31, 35, 78, 111

テ

ティアワナコ帝国　148, 149
帝国
　古代　140–141
　植民地　154–155
　中世　148–149
ティパス　13
低木林　31
ディワーリ　165
適応　42–43
鉄道　114–115, 120–121, 160
鉄砲水　26
デリー　76, 77, 117
テレビ　178–179
伝染病　84–85
天然ガス　104–105, 106, 107
天然資源　74, 102–105
天皇海山列　17
デンマーク　166, 179
電話・電信　115, 126–127, 160

ト

ドイツ　44, 89, 101, 106, 107, 115, 136, 150, 154–155, 178, 179, 180, 183
陶器　139
東京　76, 77, 116, 117
峠道　122
唐山地震　11

道路　115, 122–123
都市　76–77
ドニャ・パス号　159
ドバイ　112–113
ドミニカ共和国　26, 98
ドラクロワ，ウジェーヌ　172
トランスフォーム型境界　8
鳥　42, 46–53, 68–71
鳥インフルエンザ　85
トリニダード・トバゴ　98, 104
トルクメニスタン　103
トルコ　11, 178, 181
奴隷貿易　155
トンガ　94
トンネル　121
トンボ　60

ナ

ナイジェリア　100, 104, 172
ナイル川　20
ナウル　94
NASCAR（ナスカー）　182
ナマズ　58–59
ナミビア　4–5, 77, 87
ナミブ砂漠　4–5, 34
南極　7, 26–27, 34–35, 36–37, 55
軟体動物　64
難破船　158–159

ニ

二酸化炭素　99, 108
ニジェール　83
ニッケル　99
日本
　自然　10, 15, 27, 29, 33
　人間　77, 81, 83, 89, 92, 93, 99, 107
　文化　169, 173, 177, 179
　歴史　145, 151, 154–155
ニューカレドニア　67
ニュージーランド　27, 33, 55, 81, 93, 97, 177
ニューヨーク市　76, 115, 174

ヌ

ヌエストラ・セニョーラ・デ・アトーチャ号　159

ネ

ネアンデルタール人　136, 137
ネズミ　50
熱帯雨林　30, 32, 33, 64, 65
熱帯低気圧　28–29
ネパール　12, 175, 187
ネバドデルルイス　15
年齢分布　80–81

ノ

農業　75, 92–93, 102
農作物　92–93
農薬　98–99
ノバルプタ　14
ノマド　78–79
ノミ　50, 61
ノルウェー　39, 87, 101, 102, 106, 107, 166, 172, 179
ノルテチコ文明　135, 142

ハ

バーケンヘッド号　159
パーティー　177
バーミヤンの仏像　142, 143
バイオーム　30–31, 67
バイオ燃料　106–107
バイカル湖　21
廃棄物　100–101
ハイチ　11, 26, 86, 102
パキスタン　12, 25, 92, 95, 131
白亜紀　44–45
バサワン　173
橋　115, 120, 123, 134, 161
パタゴニア砂漠　34
バタビア号　159
ハチ　48, 60, 61
爬虫類　43, 46–51, 58–59
発散型境界　8
バッタ　60
パッフィン・ビリー　115
ハッブル宇宙望遠鏡　129
バトル・オブ・ブリテン　152
パナマ　53
パナマ運河　118, 160
バヌアツ　167
バビロンの空中庭園　143
パプアニューギニア　33, 67, 81, 97, 167
ハヤブサ　46–47
パラグアイ　166
パラナ川　20
パラントロプス　136–137
パリ　27, 116
ハリケーン　28–29
バリ島　165
バリンジャー・クレーター　23
バルディビア地震　10
パレルモ　145
ハワイ　13, 14, 28, 38, 66
バングラデシュ　26, 27, 29, 77
半砂漠　35
パンデミック　84–85
氾濫草原　30, 67
万里の長城　135, 142, 143

ヒ

ビーチ　170–171
東アフリカ地溝帯　8, 15
東太平洋海嶺　9, 16
東日本大震災　10
東メラネシア諸島　67
ピカソ，パブロ　172, 173
ビクトリア湖　21
ピサの斜塔　147
ビザンティン帝国　135, 149
美術　164, 165, 172–175
ビスマルク号　159
ヒツジ　93
ピナトゥボ　14
ヒマラヤ山脈　8, 13, 65, 109
肥満　94
姫路城　151
百年戦争　152
氷河　37, 108–109, 110
氷山　37, 158

索引

氷床　36, 37, 108, 110
表層海流　18
ピラミッド　142–143, 146
ピラルクー　58
昼と夜　38
ビルヘルム・グストロフ号　159
貧困　86–87
ヒンドゥー教　164-165, 168, 169

フ

ファッション　164
フアニータ　145
フィリピン　14, 67, 77, 107, 144
フィンランド　177, 179
ブータン　83
フーバーダム　160, 161
風力エネルギー　74, 106–107
フォークランド諸島　104, 178
フォーミュラ1　182–183
福岡　117
豚インフルエンザ　85
仏教　168, 169
舞踊　164–165
ブラジル　26, 54, 76, 92, 96, 103, 106, 107, 130, 172, 176, 180, 181, 183
プラスチックごみ　100–101
フランクフルト　116
フランス　89, 92, 104, 106, 122, 130, 131, 154–155, 172, 178, 179
フランス革命　135
フランス領ギアナ　178
フランス領ポリネシア　94
プリン, セルゲイ　91
プリンスウィリアム湾　10
ブルクハウゼン城　150
ブルジュハリファ　112–113, 124, 125
ブルックリン橋　115
ブルンジ　87
プレー　15
フレーデフォート衝突構造　23
プレート境界　8–9
ブロードバンド　127
文化　138–139, 162–187
文学　165
文明　134, 140–141, 148–149

ヘ

兵器　130–131
平均寿命　82–83
ペイジ, ラリー　91
兵馬俑　142, 143
ベーコン, フランシス　172
北京(ペキン)　76, 77, 116, 117, 151, 181
ベスター, ウィリー　173
ベゾス, ジェフ　91
ベタンクール, リリアンヌ　90
ベトナム　87, 92, 134
ベトナム戦争　134, 153
ペトラ　143
ペトロナスツインタワー　124, 125
ベネズエラ　104, 106, 135, 156, 175
ヘビ　43, 46, 48–51
ベラルーシ　32, 83, 87
ベラロ　114–115
ペルー　88, 92, 98, 102, 135, 142, 145, 152, 156, 166, 176
ペルー・チリ海溝　9, 16

ベルギー　179
ペルシャ帝国　135, 140-141
ペルシャ湾　98
ベルホヤンスク　24, 25

ホ

包囲戦　153
貿易　118–119
放射性廃棄物　98–99
放射性物質　98–99
ボーラ・サイクロン　29
ポーランド　32, 173, 174
ホーリー祭　162–163
ボクシング　181
保護　75, 110–111
捕食者　46–47
北海　104
北極　7, 31, 36, 64, 65, 74, 75
ホッパー, エドワード　172
ポップミュージック　164, 180
哺乳類　46–51, 68–71
ホホジロザメ　48, 56–57
ホモ属　134, 136–137
ポリネシア　66
ボリバル, シモン　156
ボリビア　82, 86, 87, 94, 135, 156
ポルトガル　154-155, 181
ボルネオ　27, 33, 65
ボロブドゥール　147
香港(ホンコン)　116, 117, 127
香港かぜ　85
本初子午線　39
ポンデュガール　142, 143

マ

マーブルタウン　24
埋葬　135, 139, 144–145
マウソロス霊廟　143
マウナケア　13
マウリヤ帝国　135, 141, 153
マカルー　12
マケドニア王国　135, 141
マダガスカル　67, 97
マチュピチュ　135, 146
マッコウクジラ　55
祭り　162–163, 165, 176–177
マニラ　77
マヤ文明　135, 140, 141, 146
マラウイ　83
マリ　96, 134, 148, 176
マリアナ海溝　17
マルタ島　53
マルティニーク　15
マレーシア　81, 175, 179
マングローブ　30, 67
マントル　6, 7

ミ

ミイラ　144–145
ミシシッピ川　20, 26, 56
水
　飲料水　102, 103
　汚染　98–99
　きれいな〜　82, 102–103
　循環　6
　利用　75, 102

湖　6, 20–21, 109
港　119
南アフリカ　54, 67, 87, 89, 99, 136, 151, 173, 177, 178, 179, 181
南スーダン　26, 83, 123
ミャンマー　175
明朝　135, 149

ム

ムガル帝国　135, 149
無人飛行機　130
無脊椎動物　64
群れ　60–61
ムンク, エドヴァルド　172
ムンバイ　76, 77, 117

メ

メイレーレス, ビクトル　172
メキシコ　24, 28, 54, 66, 76, 80, 98, 106, 142, 144, 172, 175, 176, 180
メキシコ市　76, 180
メキシコ湾流　19
メヘラーンガル砦　151
メルボルン　117

モ

毛沢東　134, 145, 156
モウドクフキヤガエル　48–49, 65
モーリタニア　96, 102
モザンビーク　83, 97
モナコ　82, 83
モニカ(サイクロン)　29
モネ, クロード　172
モロッコ　80, 86
モンゴル　45, 77, 95, 175, 178
モンゴル帝国　134, 149
モンスーン　27

ヤ

山　6, 12–13, 14-15, 16–17, 122

ユ

岳敏君(ユイミンジュン)　173
遊動民　78–79
有毒植物　62–63
有毒動物　48–49, 65
ユーヤイヤコ　13
雪　6, 26–27
ユスリカ　60, 61
ユダヤ教　168

ヨ

揚子江　20, 21, 26
ヨハネスブルグ　117, 181
読み書きの能力　96–97
夜と昼　38

ラ

ラーマーヤナ　164–165
ラプラタ川　20
ラリベラ　147

リ

リオデジャネイロ　26, 117, 176, 180
陸氷　36
リサイクル　74, 100–101, 103
リビア　24
リヒテンシュタイン　130
リベリア　83, 86, 155
旅行　170–171
リンドウマン　144

ル

ル・マン　183
ルウェンゾリ山地　13
ルーマニア　178
ルクソール　24
ルシタニア号　159

レ

レーニン, ウラジーミル　145, 156
歴史　132–161, 174–175
レスリング　181
列車　114–115, 120
レッドリスト　68
レユニオン島　27, 29
レンピッカ, タマラ・ド　173

ロ

ローツェ　12
ロードス島の巨像　143
ローマ帝国　115, 135, 141, 153
ロサンゼルス　72–73, 116
ロシア
　軍事力　131
　自然　10, 24, 25, 26, 39
　人間　87, 89, 91, 92, 97, 99, 103, 105, 107
　文化　167, 173, 174, 175, 177
　歴史　135, 154–55, 156, 157
ロッキー山脈　12
ロンドン　116

ワ

ワトソン, ヤンニマ・トミー　173
ワニ　49, 58–59
ワリ帝国　135, 148, 149
湾岸戦争　98

Acknowledgements

Dorling Kindersley would like to thank: Caitlin Doyle for proofreading, Helen Peters for indexing, Haisam Hussein, Anders Kjellberg, Peter Minister, Martin Sanders, and Surya Sarangi for illustration, Deeksha Miglani and Surbhi N. Kapoor for research, and David Roberts for cartographic assistance.

The publisher would like to thank the following for their kind permission to reproduce their photographs:

(Key: a-above; b-below/bottom; c-centre; f-far; l-left; r-right; t-top)

2 Andy Biggs: www.andybiggs.com (tc). **Corbis:** Alaska Stock (tr). **3 Corbis:** Floris Leeuwenberg (ftr); SOPA / Pietro Canali (tl). **Getty Images:** Art Wolfe (tr). **Sebastian Opitz:** (tc). **4–5 Andy Biggs:** www.andybiggs.com. **22 Getty Images:** Mark Garlick (br). **23 Corbis:** Charles & Josette Lenars (cr). **24–25 Robert J. Hijmans:** Hijmans, R.J, S.E. Cameron, J.L. Parra, P.G. Jones and A. Jarvis, 2005. *Very high resolution interpolated climate surfaces for global land areas.* International Journal of Climatology 25: 1965–1978 (base-map data). **26–27 Robert J. Hijmans:** Hijmans, R.J, S.E. Cameron, J.L. Parra, P.G. Jones and A. Jarvis, 2005. *Very high resolution interpolated climate surfaces for global land areas.* International Journal of Climatology 25: 1965–1978 (base-map data). **28–29 Adam Sparkes:** Data of the tropical cyclones projected by Adam Sparkes. Base image: NASA Goddard Space Flight Center Image by Reto Stöckli (land surface, shallow water, clouds). Enhancements by Robert Simmon (ocean color, compositing, 3D globes, animation). Data and technical support: MODIS Land Group; MODIS Science Data Support Team; MODIS Atmosphere Group; MODIS Ocean Group Additional data: USGS EROS Data Center (topography); USGS Terrestrial Remote Sensing Flagstaff Field Center (Antarctica); Defense Meteorological Satellite Program (city lights). **29 NOAA:** (tc). **30 Dorling Kindersley:** Rough Guides (tl, tr). **Shutterstock:** Edwin van Wier (crb). **31 Dreamstime.com:** (tc). **PunchStock:** Digital Vision / Peter Adams (tr). **35 NASA:** Goddard Space Flight Center, image courtesy the NASA Scientific Visualization Studio, (bl). **36 Dorling Kindersley:** Rough Guides / Tim Draper (bl). **Dreamstime.com:** Darryn Schneider (tr). **40–41 Corbis:** Alaska Stock. **42 Alamy Images:** Martin Strmiska (bl). **Getty Images:** Werner Van Steen (c). **43 NHPA / Photoshot:** Ken Griffiths (cr). **45 Corbis:** Science Faction / Louie Psihoyos (tr). **Dorling Kindersley:** Christian Williams (tc). **48 Alamy Images:** National Geographic Image Collection (bl). **Dorling Kindersley:** Courtesy of the Weymouth Sea Life Centre (bc). **49 Dreamstime.com:** Francesco Pacienza (tr). **53 Corbis:** Roger Tidman (br). **55 Corbis:** Paul Souders (ca). **56 Corbis:** Minden Pictures / Mike Parry (cl); National Geographic Society / Ben Horton (tc). **60 Dorling Kindersley:** Courtesy of the Natural History Museum, London (cra, c). **Getty Images:** Visuals Unlimited, Inc. / Alex Wild (cr). **61 Alamy Images:** Premaphotos (tl). **Corbis:** Visuals Unlimited / Robert & Jean Pollock (tr). **Getty Images:** Mint Images / Frans Lanting (tc). Photoshot: Gerald Cubitt (br). **62–63 Dreamstime.com:** Jezper. **62 Alamy Images:** Tim Gainey (bc); John Glover (br). **FLPA:** Imagebroker / Ulrich Doering (cb). **Getty Images:** Shanna Baker (clb); Alessandra Sarti (bl). **64 Dorling Kindersley:** Courtesy of Oxford University Museum of Natural History (clb). **64–65 Dr. Clinton N. Jenkins:** Data: IUCN Red List of Threatened Species / www.iucnredlist.org / BirdLife International; Processing: Clinton Jenkins / SavingSpecies.org; Design & Render; Félix Pharand–Deschênes / Globaia.org. **66 Dorling Kindersley:** Rough Guides (cl). **67 Corbis:** Ocean (crb). **Dorling Kindersley:** Roger and Liz Charlwood (crb/New Caledonia). **72–73 Corbis:** SOPA / Pietro Canali. **74–75 Getty Images:** Doug Allan. **75 Corbis:** Aurora Photos / Bridget Besaw (tl); Frank Lukasseck (ftl); Minden Pictures / Ch'ien Lee (tc); John Carnemolla (tr). **76–77 Center for International Earth Science Information Network (CIESIN):** Columbia University; International Food Policy Research Institute (IFPRI); The World Bank; and Centro Internacional de Agricultura Tropical (CIAT). **84 Corbis:** Dennis Kunkel Microscopy, Inc. / Visuals Unlimited (tc); Dr. Dennis Kunkel Microscopy / Visuals Unlimited (tr). **85 Getty Images:** Kallista Images (cr). **89 Dreamstime.com:** Cammeraydave (tr). **90 Corbis:** dpa / Horst Ossinger (br); James Leynse (bc). **91 Corbis:** epa / Justin Lane (bl); Kim Kulish (cra); epa / Mario Guzman (br). **Getty Images:** AFP (cr); (bc). **93 Dreamstime.com:** Kheng Guan Toh (br). **101 Corbis:** Peter Adams (bl). **105 Corbis:** Shuli Hallak (bc). **107 Dreamstime.com:** Milosluz (bc). **108–109 NASA:** Goddard Space Flight Center Scientific Visualization Studio. **109 NASA:** 1941 photo taken by Ulysses William O. Field; 2004 photo taken by Bruce F. Molnia. Courtesy of the Glacier Photograph Collection, National Snow and Ice Data Center / World Data Center for Glaciology. (bl). **110–111 UNEP–WCMC:** Dataset derived using the Digital Chart of the World 1993 version and methods based on the Australian National Wilderness Inventory (Lesslie, R. and Maslen, M. 1995. National Wilderness Inventory Handbook. 2nd edn, Australian Heritage Commission. Australian Government Publishing Service, Canberra) (base-map data). **112–113 Sebastian Opitz. 114–115 Dreamstime.com:** Dmitry Mizintsev (c). **114 Corbis:** (bc); Science Faction / Louie Psihoyos (br). **115 Corbis:** Bettmann (crb); Cameron Davidson (br). **Dorling Kindersley:** Courtesy of The Science Museum, London (tc). **Getty Images:** Three Lions (bc). **116–117 Michael Markieta:** www.spatialanalysis.ca. **118–119 Prof. Dr. Bernd Blasius:** Journal of the Royal Society Interface, *The complex network of global cargo ship movements*, p1094, 2010 (base-map data). **122 Getty Images:** Radius Images (bc). **126–127 Chris Harrison** (base-map). **128–129 ESA. 128 NASA:** Columbia Accident Investigation Report, (bc). **129 ESA:** (cra). **NASA:** Image created by Reto Stockli with the help of Alan Nelson, under the leadership of Fritz Hasle (br). **130 Corbis:** DoD (br). **132–133 Getty Images:** Art Wolfe. **134 Corbis:** Radius Images (bl); Peter Turnley (br). **Getty Images:** (cr). **135 Corbis:** Sodapix / Bernd Schuler (b). **136–137 Corbis:** W. Cody. **137 Science Photo Library:** MSF / Javier Trueba (crb). **138 akg-images:** Oronoz (clb/Mousterian Tool). **Dorling Kindersley:** The American Museum of Natural History (bl); Natural History Museum, London (cl, clb). **Getty Images:** AFP (tc); De Agostini (tr). **139 akg-images:** Ulmer Museum (bc). **Getty Images:** De Agostini (crb). **141 Dorling Kindersley:** Courtesy of the University Museum of Archaeology and Anthropology, Cambridge (tl); Ancient Art / Judith Miller (bc/Urn); Alan Hills and Barbara Winter / The Trustees of the British Museum (tc); Stephen Dodd / The Trustees of the British Museum (tr). **Getty Images:** De Agostini (bl). **144 Alamy Images:** Ancient Art & Architecture Collection Ltd (tc). **Getty Images:** Copper Age (tl). **Rex Features:** (tr). **148 Dorling Kindersley:** © The Board of Trustees of the Armouries (tr); The Wallace Collection, London (cb). **149 Dorling Kindersley:** © The Board of Trustees of the Armouries (cla); Lennox Gallery Ltd / Judith Miller (cra); William Jamieson Tribal Art / Judith Miller (bl); Courtesy of the Royal Armories (tc); The Trustees of the British Museum (cb); Peter Wilson / CONACULTA–INAH–MEX. Authorized reproduction by the Instituto Nacional de Antropología e Historia (clb). **150 Corbis:** Walter Geiersperger (cl); Robert Harding World Imagery / Michael Jenner (clb). **151 Alamy Images:** Peter Titmuss (bc). **Corbis:** Design Pics / Keith Levit (cra). **Dreamstime.com:** (bl). **Getty Images:** AFP (cr). **156 Corbis:** Bettmann (cb, cra). **Getty Images:** (c). **157 Corbis:** Bryan Denton (bl); Peter Turnley (cr). **Getty Images:** AFP (ca); (c); (clb). **159 Dreamstime.com:** (bc). **162–163 Corbis:** Floris Leeuwenberg. **164 Dreamstime.com:** Randy Miramontez (c); Constantin Sava (bl). **165 Alamy Images:** Hemis (br). **Corbis:** Godong / Julian Kumar (tr). **Dreamstime.com:** F9photos (cr); Teptong (crb). **Getty Images:** Philippe Lissac (tc). **172 Alamy Images:** GL Archive (tr); The Art Archive (cb). **Corbis:** Bettmann (cl, cr); Oscar White (cla); The Gallery Collection (crb). **Dorling Kindersley:** Philip Keith Private Collection / Judith Miller (br). **Getty Images:** De Agostini (cra, cra/Gainsborough); Stringer / Powell (tc). **172–173 123RF.com. 173 Corbis:** (cl, cr, cb); Contemporary African Art Collection Limited (clb). **Getty Images:** AFP (bc); (tl, tr); (cla). **174 Corbis:** In Pictures / Barry Lewis (br). **175 Corbis:** JAI / Michele Falzone (cra). **Dorling Kindersley:** Rough Guides (bc); Surya Sankash Sarangi (c). **176 Dorling Kindersley:** Alex Robinson (br). **177 Corbis:** Jose Fuste Raga (bc). **178–179 Dreamstime.com:** Luminis (background image). **180 Alamy Images:** Aerial Archives (cl). **Getty Images:** (ca). **180–181 Getty Images:** AFP (cb); (ca). **181 Corbis:** Arcaid / John Gollings (br). **Getty Images:** (ca). **182 Corbis:** GT Images / George Tiedemann (tr); Icon SMI / Jeff Vest (br). **182–183 Dreamstime.com:** Eugenesergeev (tyre tracks on the map). **183 Getty Images:** AFP (tr); (tl, tc, cr, bc). **184 Alamy Images:** David Wall (tr). **Dreamstime.com:** Anthony Aneese Totah Jr (c). **Getty Images:** AFP (cl). **185 Alamy Images:** G.P.Bowater (tr); Philip Sayer (tc). **Getty Images:** AFP (br)

All other images © Dorling Kindersley
For further information see: www.dkimages.com

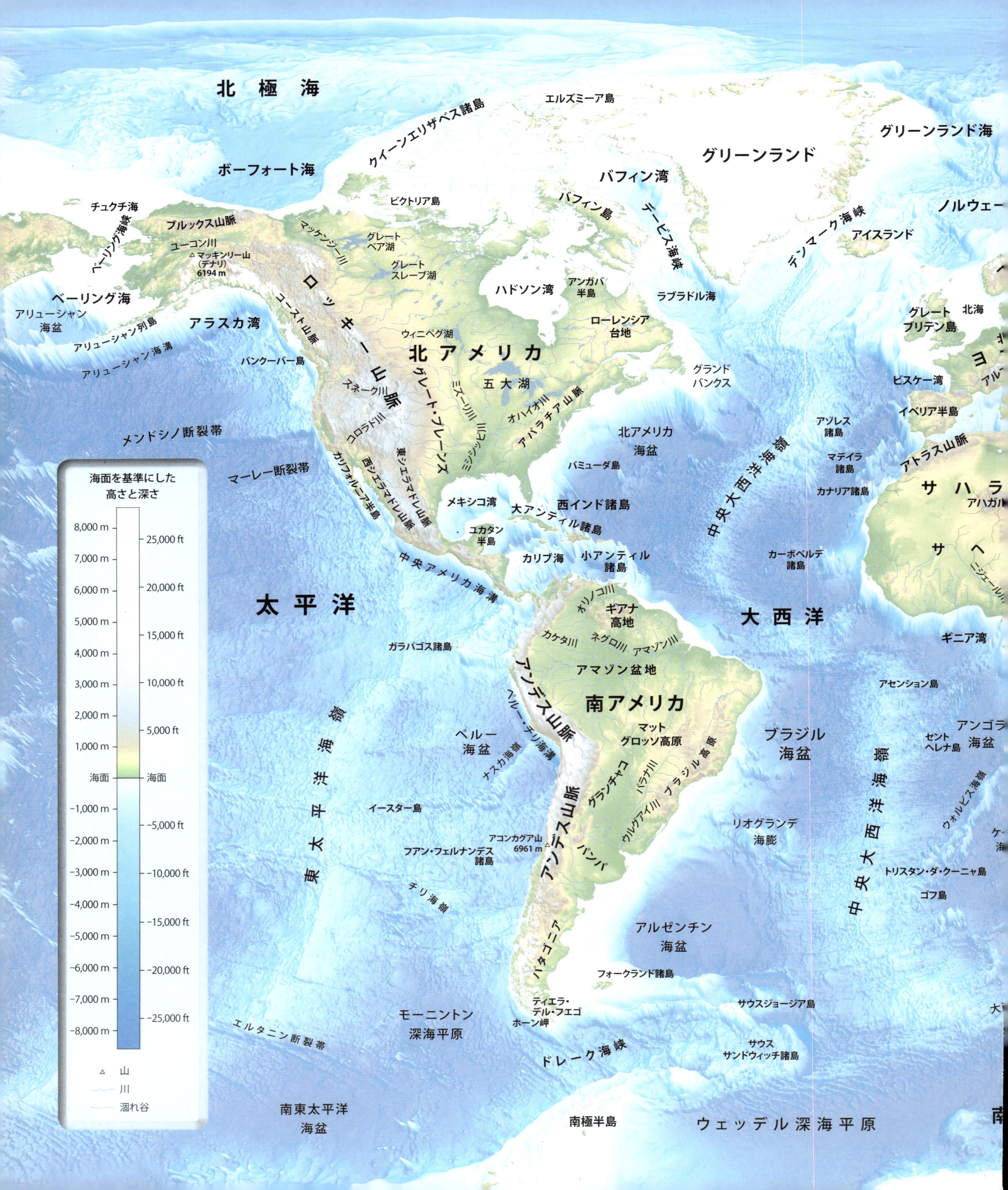

北極海
エルズミーア島
クイーンエリザベス諸島
グリーンランド海
グリーンランド
ボーフォート海
バフィン湾
ビクトリア島
バフィン島
ノルウェー
チュクチ海
ブルックス山脈
マッケンジー川
グレート ベア湖
デービス海峡
デンマーク海峡
アイスランド
ベーリング海峡
ユーコン川
マッキンリー山 (デナリ) 6194 m
グレート スレーブ湖
ハドソン湾
アンガバ 半島
ベーリング海
ラブラドル海
グレート ブリテン島
北海
アリューシャン 海盆
アラスカ湾
コースト山脈
ロッキー山脈
ローレンシア 台地
アリューシャン列島
ウィニペグ湖
北アメリカ
アリューシャン海溝
バンクーバー島
グランド バンクス
ビスケー湾
スネーク川
グレート・プレーンズ
ミズーリ川
五大湖
イベリア半島
オハイオ川
アパラチア山脈
メンドシノ断裂帯
コロラド川
ミシシッピ川
北アメリカ 海盆
アゾレス 諸島
アトラス山脈
マデイラ 諸島
カリフォルニア半島
西シエラマドレ山脈
東シエラマドレ山脈
バミューダ島
マーレー断裂帯
中央大西洋海嶺
海面を基準にした 高さと深さ
メキシコ湾
西インド諸島
カナリア諸島
サハラ
アハガル
大アンティル諸島
ユカタン 半島
8,000 m
7,000 m
6,000 m
5,000 m
4,000 m
3,000 m
2,000 m
1,000 m
海面
-1,000 m
-2,000 m
-3,000 m
-4,000 m
-5,000 m
-6,000 m
-7,000 m
-8,000 m
25,000 ft
20,000 ft
15,000 ft
10,000 ft
5,000 ft
-5,000 ft
-10,000 ft
-15,000 ft
-20,000 ft
-25,000 ft
カリブ海
小アンティル 諸島
カーボベルデ 諸島
中央アメリカ海溝
ニジェール川
太平洋
オリノコ川
ギアナ 高地
大西洋
ギニア湾
カケタ川
ネグロ川
アマゾン川
ガラパゴス諸島
アマゾン盆地
アンデス山脈
アセンション島
ペルー・チリ海溝
南アメリカ
マット グロッソ高原
ペルー 海盆
ナスカ海嶺
ブラジル 海盆
セント ヘレナ島
アンゴラ 海盆
ブラジル高原
グランチャコ
パラナ川
東太平洋海嶺
イースター島
ウォルビス海嶺
リオグランデ 海膨
ウルグアイ川
アコンカグア山 6961 m
中央大西洋海嶺
フアン・フェルナンデス 諸島
パンパ
トリスタン・ダ・クーニャ島
ゴフ島
チリ海嶺
アルゼンチン 海盆
パタゴニア
フォークランド諸島
サウスジョージア島
ティエラ・ デル・フエゴ
ホーン岬
モーニントン 深海平原
エルタニン断裂帯
サウス サンドウィッチ諸島
ドレーク海峡
山
川
涸れ谷
南東太平洋 海盆
南極半島
ウェッデル深海平原